JavaScript Schnelleinstieg

Ulrike Häßler

JavaScript

Schnelleinstieg

Dynamische Webseiten
programmieren in 14 Tagen

mitp

Bibliografische Information der Deutschen Nationalbibliothek
Die Deutsche Nationalbibliothek verzeichnet diese Publikation in der Deutschen Nationalbibliografie; detaillierte bibliografische Daten sind im Internet über https://dnb.d-nb.de abrufbar.

Bei der Herstellung des Werkes haben wir uns zukunftsbewusst für umweltverträgliche und wiederverwertbare Materialien entschieden.
Der Inhalt ist auf elementar chlorfreiem Papier gedruckt.

ISBN 978-3-7475-0778-0
1. Auflage 2024

www.mitp.de
E-Mail: mitp-verlag@lila-logistik.com
Telefon: +49 7953 / 7189 - 079
Telefax: +49 7953 / 7189 - 082

eco zoom
natureOffice.com/DE-077-529981
CO2e-emissions compensated

Lektorat: Janina Vervost
Sprachkorrektorat: Jürgen Benvenuti
Covergestaltung: Janina Vervost, Christian Kalkert
Covergrafik & Icons: Tanja Wehr, sketchnotelovers
Satz: Petra Kleinwegen
Druck: Plump Druck & Medien GmbH, Rheinbreitbach

Inhalt

Einleitung

Vorwort

1 Vorbereitungen und Werkzeuge

2 Variablen und Syntax

3 Grundlegende Datentypen

4 Zusammengesetzte Datentypen

5 Programme steuern – Ablaufkontrolle

6 Funktionen

7 Objekte

8 Arrays

9

JSON – JavaScript Object Notation

10

Document Object Model

11

Ereignisse – Events

12

Formulare prüfen und Daten versenden

13

Asynchrones JavaScript

14 Window, Cookies und die Web-APIs

Anhang

Stichwortverzeichnis

Einleitung

Programmieren lernen in 14 Tagen

Mit diesem Buch haben Sie sich für einen einfachen, praktischen und fundierten Einstieg in JavaScript entschieden. Sie lernen ohne unnötigen Ballast alles, was SIE wissen müssen, um JavaScript effektiv für Projekte in Ihrem Berufs- und Interessensgebiet einzusetzen. Alles, was Sie dafür benötigen, sind grundlegende Kenntnisse in HTML und CSS.

Wenn Sie Zeit genug haben, können Sie jeden Tag ein neues Kapitel durcharbeiten und so innerhalb von zwei Wochen Programmieren lernen. Am besten lesen Sie das Buch neben der Computer-Tastatur und probieren die Programmbeispiele und Übungen gleich aus. Sie werden schnell erste Erfolge erzielen und Freude an der Programmierung mit JavaScript finden.

Der Sandkasten – Programmbeispiele zum Download

Sie müssen die Beispiele in diesem Buch nicht abtippen. Der Code der Beispiele und zu den Übungen steht Ihnen auf der Webseite des Verlags unter *www.mitp.de/0778* zur Verfügung.

Fast immer liegen die Beispiel-Lösungen in einer externen JavaScript-Datei, sodass Sie die Wahl haben, sich eine eigene Lösung zu erarbeiten oder den Lösungsweg zu studieren.

Kostenloses E-Book

Geben Sie den untenstehenden Code unter

https://mitp.code-load.de/

in das Textfeld ein und klicken Sie auf EINLÖSEN, um das E-Book (als PDF und EPUB) herunterzuladen.

`26f4f1axbb`

Fragen und Feedback

Unsere Verlagsprodukte werden mit großer Sorgfalt erstellt. Sollten Sie trotzdem einen Fehler bemerken oder eine andere Anmerkung zum Buch haben, freuen wir uns über eine direkte Rückmeldung an `lektorat@mitp.de`.

Falls es zu diesem Buch bereits eine Errata-Liste gibt, finden Sie diese unter *www.mitp.de/0778* im Reiter DOWNLOADS.

Wir wünschen Ihnen viel Erfolg und Spaß bei der Programmierung mit JavaScript!

Vorwort

Sofort ins kalte Wasser – ein fremdes Skript lesen und verstehen

Die ersten Gehversuche mit JavaScript starten die meisten Webdesigner mit einem fertigen Skript, das sie z.B. auf GitHub finden und vielleicht in einzelnen Anweisungen nach ihrer Vorstellung ändern.

Für den ersten Schritt in die Programmierung mit JavaScript reicht eine normale Webseite. Das `script`-Element am Ende des Dokuments (vor dem schließenden body-Tag) braucht keinerlei Attribute. Innerhalb der öffnenden und schließenden `script`-Tags wirken JavaScript-Anweisungen nur auf dieser Seite.

HTML:

```
<!DOCTYPE html>
<html>
<head>
   <title>Sofort ins kalte Wasser!</title>
</head>
<body>
   <h1>Sofort ins kalte Wasser!</h1>
   <blockquote>
      <p class="hallo">Hallo Welt!</p>
      <p>Die klassische Einführung in die Programmierung.</p>
      <cite>Obi Web Kenobi</cite>
   </blockquote>
<script>
document.querySelector ("body").style = "color: green";
</script>
</body>
</html>
```

Der Aufruf `document.querySelector` ist das JavaScript-Äquivalent zum CSS-Selektor. In den runden Klammern des Aufrufs kann ein beliebiger CSS-Selektor stehen. In diesem Beispiel ist es ein HTML-Tag-Selektor. Nach den schließenden runden Klammer erzeugt `.style` ein style-Attribut im öffnenden body-Tag und `"color: green"` ist eine ganz normale CSS-Regel.

`document.querySelector` ist sozusagen das JavaScript-Äquivalent eines CSS-Selektors und erreicht die Elemente über einen CSS-Selektor. Nach demselben Muster würde ein CSS-`class`-Selektor in den runden Klammern wirken. Schreiben Sie `".hallo"` in die runden Klammern und wählen Sie eine andere CSS-Regel, z.B. die Schriftgröße und die Hintergrundfarbe, um gezielt den Text im `p`-Element mit der Klasse `hallo` zu stylen.

```
document.querySelector(".hallo").style =
   "font-size: 24px; background: yellow";
```

Der CSS-Selektor wird mit demselben Punkt vor dem Klassennamen angesprochen wie in der CSS-Datei, das Semikolon trennt die beiden Regeln voneinander.

Das aufgeschobene Vorwort

Einsatz von JavaScript

In den frühen Zeiten des Internets gab es nur statische Seiten auf der Basis von HTML. Erst CSS, JavaScript und PHP haben das Internet populär gemacht. In den Anfängen brachte JavaScript Effekte und kleine Animationen für die Webseite und übernahm dann mehr die Rolle des Vermittlers zwischen der Anwendung auf dem Server und dem Benutzer. Heute gestaltet JavaScript nicht nur Webseiten, sondern sitzt auch hinter PDF-Dateien und in Photoshop, in den Anwendungen für mobile Geräte und ist der Kern von Node.js, einem weiteren Webserver neben Apache.

Dieses Buch konzentriert sich auf die Grundlagen von JavaScript für Webseiten, auf praktische Anwendungen von einfachen Effekten bis hin zur Prüfung und Übermittlung von Formulardaten.

- Der erste Teil widmet sich den einfachen Vokabeln und der Grammatik von JavaScript: Datentypen wie Zahlen und Zeichenketten, Objekten und Arrays, Kontrollstrukturen und Funktionen.
- Der zweite Teil dreht sich um die Anwendung dieser Grundlagen in Webseiten: Wie ändert man Inhalte, erkennt Ereignisse wie einen Mausklick, erzeugt HTML-Elemente on the fly und weist ihnen CSS zu?

- Die Reaktion auf Aktionen des Benutzers eröffnet schließlich den Weg in die Kommunikation mit dem Server: Wie funktioniert die Übergabe der Benutzereingaben aus dem Formular an die Anwendung auf dem Server?

Programmiersprachen vs. natürliche Sprachen

Programmiersprachen haben viel mit natürlichen Sprachen gemeinsam: Sie haben Vokabeln und eine Grammatik – ihre `Syntax`. So wie man eine natürliche Sprache nicht allein aus dem Lehrbuch lernt, brauchen die Vokabeln der Programmiersprache und ihre Anwendung praktische Übung. Es dauert, bis Sie eine Diskussion in italienischer Sprache führen können, aber für den Anfang ist es super, wenn wir den Fremdenführer gut verstehen. Das Verständnis für ein fremdes Skript ist ein großer Schritt, um eigene Programme zu entwickeln.

Bis Sie als Einsteiger den ersten Algorithmus für eine Aufgabe formulieren können, passiert dasselbe wie bei den ersten Sätzen einer frisch erlernten Sprache: Da stottert man schon mal, aber mit jedem Gespräch wird es flüssiger.

Zwei Schritte vor, ein Schritt zurück

Bei den Grundlagen von JavaScript stellen sich Einsteiger die Frage: »Was mache ich mit dieser ganzen Theorie überhaupt?«. Dabei geht es weder um Vollständigkeit noch um technische Akkuratesse, sondern um das Verständnis für die Konzepte. Erst wenn es nach der Vorstellung von einfachen Datentypen, Arrays, Objekten und Funktionen an das Ändern des HTML-Dokuments (das `Document Object Model`) geht, offenbaren sich viele Konzepte von JavaScript. Das vorliegende Buch greift darum an vielen Stellen zwei Schritte vor und verweist andererseits aus den Kapiteln zur Anwendung von JavaScript in Webseiten zurück auf die Grundlagen. Keine Sorge: Der praktische Umgang wirft ein neues Licht auf die Konzepte und bringt das tiefe Verständnis.

JavaScript-Versionen und Browser-Versionen

ECMAScript und JavaScript

JavaScript wurde 1995 von Netscape entwickelt und von Microsoft als JScript adaptiert. Ein Standard wurde aber erst durch die ECMA (European Computer Manufacturers Association) erreicht.

Die Grundlagen von JavaScript werden von der ECMA standardisiert, das W3C steuert alles rund um das Document Object Model zu, also den Teil von JavaScript, der sich speziell auf Webseiten bezieht. Auf jeden Fall aber werden JavaScript-Versionen als ECMAScript veröffentlicht. ECMAScript 6 war ein großer Sprung im Jahr 2015 und ist eine stabile Version für alle modernen Browser. Heute nutzt die ECMA Jahreszahlen anstelle von Versionsnummern und beschert uns jedes Jahr mit einer neuen Versionsnummer.

Das läuft nicht anders als bei neuen Elementen in HTML oder neuen Eigenschaften für CSS: Bis neue Versionen für die Programmierung von Webseiten genutzt werden können, muss sicher sein, dass die Browser die Neuheiten auf einer breiten Basis unterstützen. Darum gilt die Version 6 von JavaScript bis heute als Eckpfeiler für Online-Anwendungen.

Browser-Unterstützung

Das Erscheinen einer neuen Version bedeutet natürlich nicht, dass alle Browser direkt auf den Zug aufspringen. Als Entwickler fiebert man dem einen oder anderen lang ersehnten Feature entgegen, aber wir können es in der Regel erst nutzen, wenn die Mainstream-Browser die neuen Funktionen in ihre Versionen eingebaut haben und der größte Teil der potenziellen Benutzer wiederum auf die aktuellen Versionen der Browser umgestiegen ist.

1 Vorbereitungen und Werkzeuge

1.1 HTML und CSS

1.1.1 Korrektes HTML

Es ist nicht wichtig, ob Sie bereits PHP, TypeScript oder Java programmiert haben: Ohne solide Kenntnis und Erfahrung mit HTML und CSS ist der Einstieg in JavaScript steil und steinig. Schließlich ist ein Hauptgrund für den Einsatz von JavaScript der Eingriff in die Darstellung der Webseite. Valides – also korrektes – HTML ist die Basis für JavaScript. Obwohl die Browser viele HTML-Fehler ignorieren, schlagen falsch verschachteltes HTML und fehlende Hochkommas im HTML-Tag zurück. Darum gehört der Validator zum Alltag des JavaScript-Programmierers.

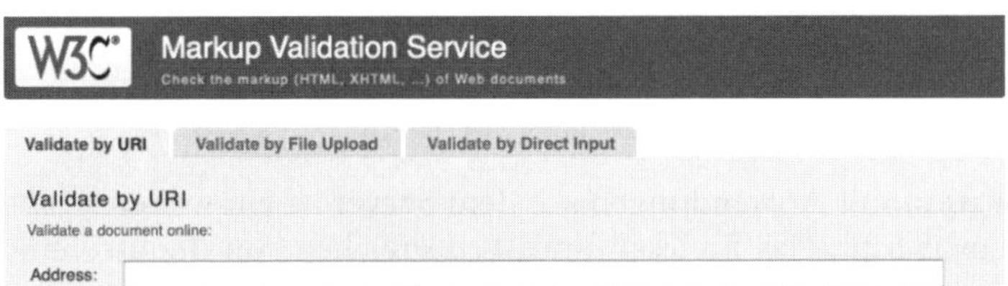

Abb. 1.1: *https://validator.w3.org* – Prüfen, ob die HTML-Struktur stimmt

1.1.2 Wie viel CSS-Kenntnis ist wichtig?

Wie gut Sie sich mit CSS auskennen sollten, hängt davon ab, auf welche Einsatzgebiete von JavaScript Sie sich in erster Linie vorbereiten:

- Animationen und Effekte
- Design und Layout von Webseiten
- Kommunikation mit dem Server

Wenn Sie JavaScript einsetzen wollen, um die Grenzen von CSS-Animationen zu überschreiten – etwa Animationen starten, wenn sie im Browserfenster sichtbar werden –, sind gute Kenntnisse in CSS-Animationen gefragt.

Bei Änderungen am Design von Content-Management-Systemen wie WordPress, Joomla oder Drupal kann das CSS anspruchsvoll sein. Dort sitzen auf einem einzelnen Element gut ein Dutzend CSS-Eigenschaften aus unterschiedlichen Quellen.

Konzepte wie `Cascading` (das Einfließen von Stilen aus vorangegangenen CSS-Regeln) und CSS-Selektoren brauchen ein tiefes Verständnis. Ein `section`-Element einer Seite beherbergt oft ein gutes Dutzend Stile aus verschiedenen Quellen:

Abb. 1.2: Der Erste-Hilfe-Koffer für den Einblick ins CSS ist die Browser-Konsole.

Die Kommunikation mit Anwendungen auf dem Server ist ein weiteres Einsatzgebiet von JavaScript. Das Einlesen und Weiterreichen von Benutzereingaben kommt mit einfachen Eingriffen in die Darstellung im Browser aus. Hier reichen solide Grundlagen von CSS.

1.1.3 HTML- und CSS-Kenntnisse – alles halb so wild

Zur Programmierung mit Sprachen wie Java oder C gehört die Formatierung der Ausgabe. Die Benutzerschnittstelle einer Desktop-Anwendung ist ein Monster von Menüs und Programmfenstern sowie die Reaktion auf Benutzereingaben und auf Nachrichten vom Betriebssystem. In JavaScript übernehmen HTML und CSS die Formatierung der Benutzerschnittstelle vollständig. Selbst wenn die Kenntnis von HTML und CSS nur oberflächlich ist, haben Sie damit schon einen großen Teil des Weges zur Programmierung von Webseiten »im Kasten«.

1.2 JavaScript einbinden

1.2.1 Ein Sandkasten für JavaScript – Sandbox

JavaScript braucht keinen Webserver für die Ausführung, sondern läuft in einem beliebigen Ordner auf dem eigenen Rechner. Ein Texteditor und ein Browser, das ist schon alles, was für die ersten Schritte mit JavaScript erforderlich ist.

Dem Editor (besser »Programmeditor«) ist ein eigener Abschnitt gewidmet, aber für die ersten Schritte reichen etwa TextEdit auf dem Mac, Notepad unter Windows oder nano unter Unix. Wichtig ist, dass der Editor keine Formatierung einbringt – keine Buttons für fette oder kursive Schrift, keine Schriftgrößen oder -farben.

Die Vorbereitungen für die ersten Schritte mit JavaScript beschränken sich also auf das Anlegen eines Ordners – der Sandbox. Der Name des Ordners ist nicht relevant – `meine-webseite`, `sandbox` oder `klara`. JavaScript wird im Browser ausgeführt, für die Formatierung der Ausgabe sorgen HTML und CSS. Das macht den Einstieg in JavaScript einfacher als das Erlernen anderer Programmiersprachen.

```
▼ sandbox
  ▶ index.html
  ▶ script.js
```

Im ersten Teil dieses Buchs ist die HTML-Datei nur ein Grundgerüst aus `head` und `body`.

HTML:

```
<head>
   <title></title>
</head>
<body>
   <h1>Hallo Browser!<h1>
</body>
```

Die Datei `index.html` öffnet sich durch einen Doppelklick im Browser, aber Änderungen nach dem Öffnen der Seite zeigt der Browser erst an, wenn die Seite neu geladen wird. Darum empfiehlt Abschnitt 1.4 Programmeditoren mit einem Live-Server. Doch zunächst erst einmal zum Einbinden von JavaScript in Webseiten.

1.2.2 Das HTML-script-Element

JavaScript-Anweisungen können mit dem HTML-script-Tag direkt in das HTML-Dokument gesetzt oder als Datei mit der Namenserweiterung `.js` in eine gesonderte Datei geschrieben werden. Das script-Tag bindet die externe JavaScript-Datei mit einem src-Attribut ein.

Das script-Element kann an beliebiger Stelle eines HTML-Dokuments stehen: im Seitenkopf oder innerhalb der öffnenden und schließenden body-Tags. Die empfohlene Arbeitsweise ist eine Skript-Datei mit der Dateierweiterung `.js` und dem defer-Attribut nach dem Laden der CSS-Dateien im Kopf der HTML-Datei.

HTML:

```
<head>
   <script src="script.js" defer></script>
</head>
<body> … </body>
</html>
```

Viele Content-Management-Systeme binden das JavaScript noch vor dem schließenden body-Tag ein. Ein defer-Attribut wird dann nicht gebraucht.

```
<head> … <head>
<body>
   …
   <script src="script.js"></script>
</body>
```

Am Ende können Sie kleine Skripte auch direkt vor dem schließenden body-Tag einsetzen.

```
<body>
   <script>
      Anweisung;
      Anweisung;
   </script>
</body>
```

Im Allgemeinen ist es nicht empfehlenswert, die Skript-Anweisungen direkt ins HTML zu setzen. Aber wenn das Programm nur wenige Zeilen enthält und nur auf einer Seite gebraucht wird, spricht nichts dagegen.

1.2.3 JavaScript-Module: Import und Export

Mit ECMAScript 6 ist eine weitere Methode zum Einbinden von Skript-Dateien angekommen, die heute von allen modernen Browsern unterstützt wird: JavaScript-Module. Wenn Sie Skripte von Dritten einbinden, wird ihnen diese Option früher oder später begegnen.

Module organisieren Skript-Dateien, indem sie Anwendungen in überschaubarere Teile herunterbrechen und sie in separaten Dateien speichern. Das »Hauptprogramm« holt diese Fragmente in das Skript zurück: Sie werden als Module importiert.

Das type-Attribut des script-Elements kennzeichnet JavaScript-Dateien als `module`. Sowohl Skript-Dateien, die Module importieren, als auch Skripte, die Elemente exportieren, müssen als `type="module"` notiert werden.

```
<script src="app.js" type="module" defer></script>
```

Code, der in der Anwendung nur stören würde, wird in ein Modul exportiert – z.B. tools.js. Die zentrale Skript-Datei importiert die Module, die tatsächlich gebraucht werden.

Im Rahmen dieses Buchs bleiben wir beim klassischen Einbinden von JavaScript-Dateien mit dem script-Tag.

1.3 JavaScript laden

1.3.1 Ausführungsreihenfolge beim Laden von Webseiten

Der Browser liest das HTML-Dokument Zeile für Zeile von oben nach unten und beginnt bereits mit der Darstellung der Seite, bevor er das Dokument vollständig geladen hat. Bei einer externen Skript-Datei stoppt der Browser, bis die Datei heruntergeladen ist. Das kann zu einer spürbaren Latenz der Anzeige führen. Große Skript-Dateien im Seitenkopf führen zu einer Verzögerung im Aufbau des Dokuments, dem »Rendern«.

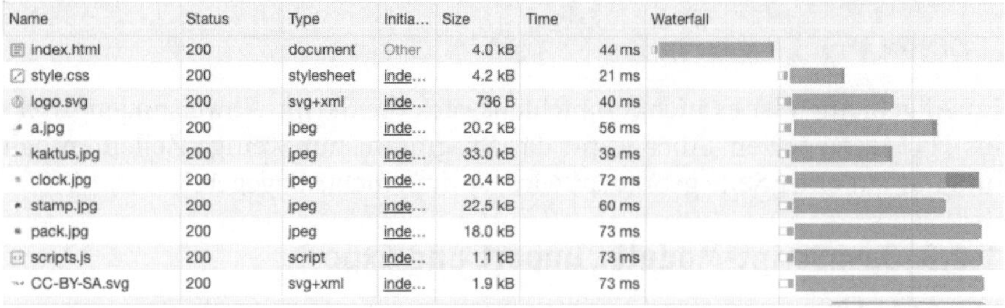

Name	Status	Type	Initia...	Size	Time	Waterfall
index.html	200	document	Other	4.0 kB	44 ms	
style.css	200	stylesheet	inde...	4.2 kB	21 ms	
logo.svg	200	svg+xml	inde...	736 B	40 ms	
a.jpg	200	jpeg	inde...	20.2 kB	56 ms	
kaktus.jpg	200	jpeg	inde...	33.0 kB	39 ms	
clock.jpg	200	jpeg	inde...	20.4 kB	72 ms	
stamp.jpg	200	jpeg	inde...	22.5 kB	60 ms	
pack.jpg	200	jpeg	inde...	18.0 kB	73 ms	
scripts.js	200	script	inde...	1.1 kB	73 ms	
CC-BY-SA.svg	200	svg+xml	inde...	1.9 kB	73 ms	

Abb. 1.3: Der »Wasserfall« stellt das Laden der Elemente der Webseite als Grafik dar.

1.3.2 Ausführungsreihenfolge festlegen mit async und defer

Skripte wurden bis vor wenigen Jahren häufig am Ende des Dokuments vor dem schließenden body-Tag geladen, um ohne großen Aufwand sicherzustellen, dass alle Ressourcen (Bilder, CSS-Dateien ...) bereits geladen sind. Heute hat das script-Tag zwei Attribute: `defer` oder `async`. Sie verhindern den Zwischenhalt, aber laden die Skript-Datei »just in time«.

Mit `defer` und `async` können Sie Skript-Dateien im head-Element des Dokuments einbinden und sicherstellen, dass der Browser sie in der richtigen Reihenfolge lädt, ohne den Seitenaufbau zu unterbrechen.

```
<script src="script1.js"></script>
<script src="script2.js"></script>
```

`script1.js` lädt ein Bild, `script2.js` wendet einen Filter auf das Bild an. Sitzen die Skript-Tags im Kopf der Seite, erzeugen sie beide Fehler: `script1.js` kennt das HTML-Element für die Platzierung des Bilds nicht, `script2.js` kann den Filter nicht auf das Bild anwenden.

```
<script src="script1.js" defer></script>
<script src="script2.js"></script>
```

Mit `defer` wird das Bild zwar geladen und eingesetzt, aber dieser Prozess dauert an, während der Browser `script2.js` schon ausführt. Zum Zeitpunkt der Ausführung von `script2.js` ist das Bild noch nicht geladen. Dieselbe Situation tritt ein, wenn `script1.js` als `async` markiert wäre.

```
<script src="script1.js" defer></script>
<script src="script2.js" defer></script>
```

Der Browser lädt Skripte mit einem defer-Attribut in der Reihenfolge, in der sie im Code erscheinen. Dabei wird der Browser nicht blockiert, er führt diese Skripte aber erst aus, wenn das Dokument vollständig geladen ist.

Skripte mit einem async-Attribut werden ebenfalls ohne eine Blockade ausgeführt, aber ohne Beachtung der Reihenfolge. Das kann dazu führen, dass `script2.js` vor `script1.js` geladen und ausgeführt wird. Wenn es nicht auf die Reihenfolge beim Laden der Skripte ankommt, wäre `async` die praktikable Lösung.

1.4 Mein Freund, der Editor

1.4.1 Die Werkzeuge der Programmeditoren

Sie können jeden Texteditor benutzen, aber gute Programmeditoren sind schon für HTML und CSS unersetzlich, für JavaScript gilt dies umso mehr. Die Anforderungen sind:

- **Syntax-Highlighting** – der Editor macht die Grammatik der Programmiersprache durch unterschiedliche Farben sichtbar.

- **Einrücken** – bringt die hierarchische Struktur von Code-Blöcken sauber zum Vorschein und erleichtert die Fehlersuche.
- **Code Folding** (Blöcke zusammenfalten) – verbirgt Code-Segmente, die aktuell nicht gebraucht werden.
- **Code Completing** – zeigt nach wenigen Buchstaben Hinweise auf Befehle, Anweisungen und Methoden.
- **Automatisches Klammern** – setzt direkt doppelte Hochkommas, runde, eckige und geschweifte Klammern und positioniert den Cursor in die Klammer.
- **SplitView** oder **SplitScreen** – zeigt ein Dokument in einem geteilten Fenster, um einen gleichzeitigen Einblick in lange Codeseiten zu bieten.

1.4.2 Visual Studio Code

Der beste Editor ist der, den man durch und durch kennt. Tatsächlich finden Sie heute viele hervorragende kostenlose Code-Editoren im Netz.

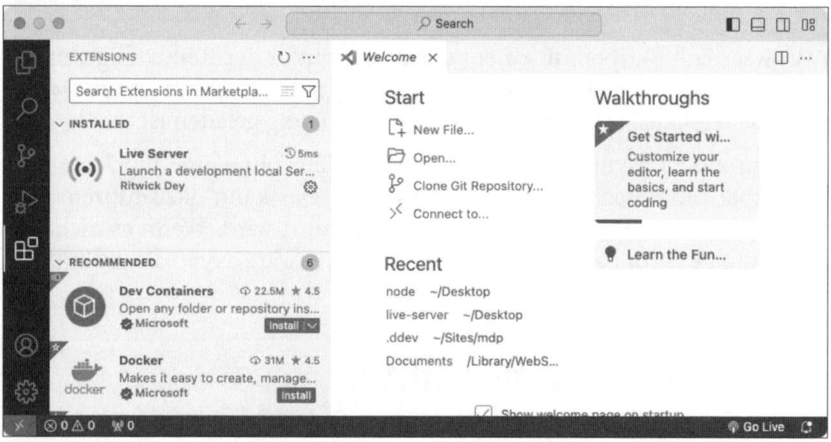

Abb. 1.4: Screenshot: Visual Studio Code – empfohlene Erweiterung: Live Server

Visual Studio Code (VSC) von Microsoft ist der Industriestandard und läuft »auf 'nem Bierdeckel« (charmante Umschreibung für »unter jedem Betriebssystem«). Anforderungen wie

- Syntax-Highlighting,
- das Zusammenklappen von Anweisungsblöcken,
- Auto-Vervollständigen

erfüllen die meisten Programmeditoren aus dem Effeff, aber Visual Studio Code kann mehr. Für die JavaScript-Entwicklung ist eine Live-Server-Umgebung unbezahlbar. Ein Live-Server ist eine Anwendung im Code-Editor, die sich zum Webserver aufspannt. Sie sehen den Effekt von Änderungen nach dem Speichern, ohne die Seite im Browser durch ein Refresh neu zu laden. Für Visual Studio Code (VSC) gibt es diese Funktion als Erweiterung.

1.4.3 Bare Bones BBEdit

BBEdit läuft nur unter macOS und kostet etwa 50 €, aber hat den Live-Server schon an Bord, ebenso Syntax-Highlighting, Code Folding, Code Completing, automatische Klammern und SplitView. Ohne eine Erweiterung oder ein Plug-in lädt BBEdit Dateien ohne FTP/SFTP-Programm direkt vom Webserver und beim Speichern wieder zurück auf den Webspace.

1.4.4 IDE – Integrierte Entwicklungsumgebung

Eine IDE (Integrated Development Environment) ist eine ganze Suite mit Entwicklerwerkzeugen, die mehrere Programmiersprachen unterstützt und häufig von großen Teams genutzt wird. Meist macht die Konfiguration viel Arbeit und überfordert Einsteiger schnell ohne jeglichen Mehrwert. Beispiele für IDEs sind PhpStorm und Xcode für macOS.

1.5 Die Browser-Konsole – die Sprechstundenhilfe

1.5.1 Browser

Moderne Browser sind die Grundlage für das Design und Layout von Webseiten mit HTML und CSS. Selbst heute, da sich die Browser nach den Zwistigkeiten der Frühzeit einander angenähert haben, reicht der bevorzugte Browser nicht, um alle JavaScript-Programme ausreichend zu testen. Kleine Abweichungen gibt es immer noch, und am besten versorgen Sie sich mit allen Browsern, die auf dem eigenen System verfügbar sind. Auch ältere Version der Browser sollten in der Sammlung nicht fehlen.

Der Blick auf den Desktop-Monitor reicht nicht. Mobile Geräte für Android und iOS werden im Laufe der Entwicklung zu einer unverzichtbaren Ergänzung beim Testen Ihrer Anwendungen. Während es für macOS Simulatoren sowohl für iOS-Geräte als auch für Android gibt, bleibt PC- und Unix-

Benutzern die Sicht auf iOS verwehrt, wenn sich keine hilfreiche Freundin mit einem iPhone findet.

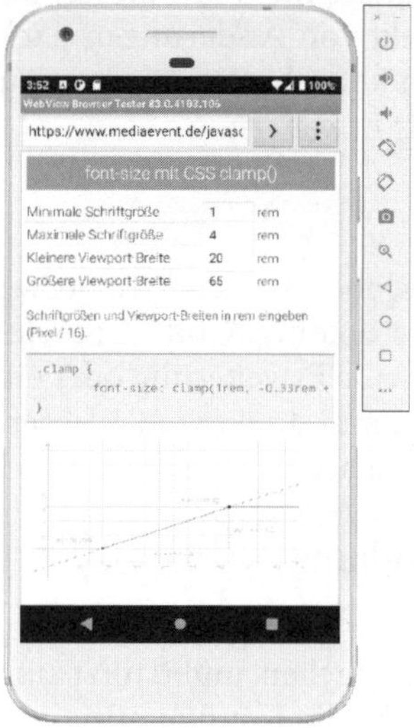

Abb. 1.5: Android-Simulator

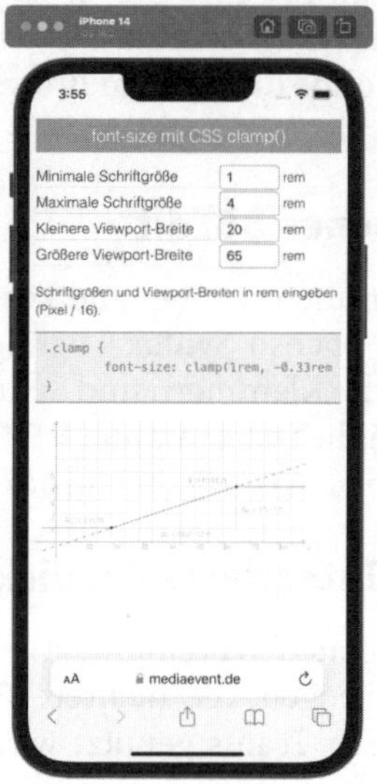

Abb. 1.6: iOS-Simulator

Die Installation der Simulatoren ist kein »Klick mich, hier bin ich«, aber der Aufwand der Installation lohnt sich. Die Darstellung der Simulatoren ist exakter, beim Testen sind sie schneller bei der Hand als eine Sammlung mobiler Geräte.

Apple hat den Simulator für mobile Geräte von der Apple Watch bis zum iPad in die Entwicklungsumgebung `Xcode` unter `Developer` > `Tools/Simulator` eingebettet. Apple-Nutzer können Xcode kostenlos im App Store laden.

Für Android-Geräte stellt Google Android Studio auf *https://developer.android.com/studio* für Windows und macOS zur Verfügung.

1.5.2 Die Browser-Konsole

Das wichtigste Werkzeug der Browser wiederum ist ihre Browser-Konsole, die sich hinter den Entwicklerwerkzeugen verbirgt. Die Konsole zeigt Fehler an, hilft bei der Suche nach Logikfehlern und ist die erste Wahl, um eine Anweisung ohne großen Aufwand zu testen.

Alle Browser – von Chrome über Edge und Firefox bis zu Safari – haben eine Konsole, aber der Zugriff auf die Konsole ist bei jedem Browser unterschiedlich.

1.5.3 Safari

Der Apple-Browser eröffnet den Weg zur Browser-Konsole erst, wenn unter den Safari-Einstellungen die Entwicklerwerkzeuge aktiviert werden.

Abb. 1.7: Safari (macOS): Einstellungen – Erweitert – Menü »Entwickler« in der Menüleiste anzeigen

Von da an sitzt der Punkt »Entwickler« dauerhaft und gut sichtbar in der Menüleiste.

1.5.4 Chrome

Safari und Chrome haben denselben Ursprung – Webkit –, aber die Konsole liegt bei Chrome hinter den drei Punkten ⋮ rechts oben im Browserfenster.

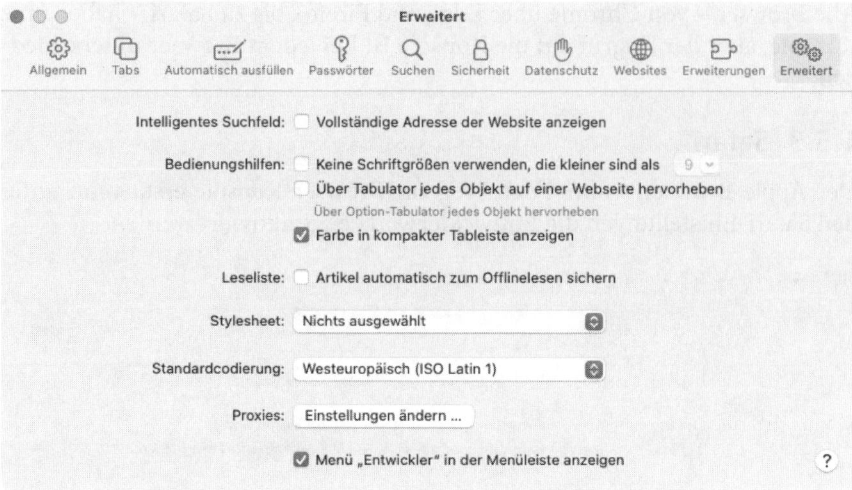

Abb. 1.8: Unter »Weitere Tools« liegen die »Entwicklertools« weit unten.

1.5.5 Firefox

Firefox zeigt auf der rechten Seite des Browserfensters die drei kleinen Balken eines Hamburger-Menüs ≡, von dort aus am unteren Ende des Menüs »Weitere Werkzeuge« >> »Browser-Konsole«.

1.5.6 Ein Blick in die Browser-Konsole

Trotz kleiner Unterschiede in der Funktionalität agieren die Browser-Konsolen aller Hersteller in gleicher Weise. Sie zeigen uns den HTML-Quelltext der Seite, aber für die JavaScript-Entwicklung ist das Register `Console` der Dreh- und Angelpunkt.

JavaScript zeigt mit dem Befehl `console.log` Testausgaben, die sicherstellen, dass das Programm auf dem richtigen Weg ist, zeigt Fehlermeldungen und die Ursache des Fehlers (Abbildung 1.9).

Abb. 1.9: Die Console zeigt Testausgaben, die aktuellen Werte von Variablen und das Ergebnis einfacher Abfragen.

Viele der Beispiele in diesem Buch zeigen Konsolen-Ausgaben. Um sie von Code-Beispielen zu unterscheiden, haben sie ihr eigenes Format:

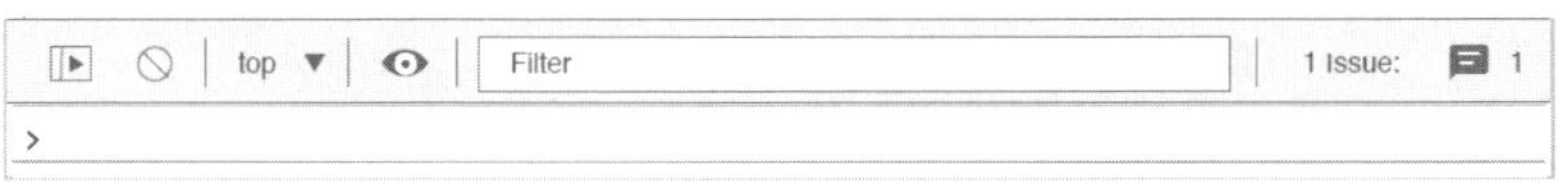

1.6 Praktische Konsolen-Befehle

1.6.1 Die Konsole unter den Entwicklertools

Ohne die Konsole der Browser ist die JavaScript-Entwicklung ein Blindflug. Das ist nun mal so: Die meiste Zeit beim Programmieren verbringen wir mit der Suche nach Fehlern.

Es gibt zwei grundsätzliche Wege, mit der Konsole zu arbeiten:

- entweder durch `console.log()`-Anweisungen innerhalb des JavaScript-Codes,
- oder indem man Anweisungen direkt in die letzte Zeile der Konsole schreibt.

Die Browser-Konsolen – ob Chrome oder Firefox, Safari oder Edge – unterscheiden sich nur marginal.

1.6.2 Direkte Eingaben in der Konsole

Direkte Eingaben nach dem ›-Zeichen der untersten Zeile der Konsole testen Variablen und Objekte und zeigen ihre aktuelle Struktur. Öffnen Sie die Browser-Konsole einer beliebigen Webseite und schreiben Sie die folgende Anweisung hinter das ›-Zeichen:

`alert()` öffnet ein Dialogfenster und zeigt den Text »Hallo Welt!« an, obwohl die Anweisung im Skript nicht vorkommt. Sie können Anweisungen ausführen und testen, bevor Sie Änderungen im Skript vornehmen. Die folgenden Skript-Anweisungen berechnen die Mehrwertsteuer aus einem Bruttobetrag:

HTML:

```
<!DOCTYPE html>
<html lang="de">
<head>
   <title>Mehrwertsteuer berechnen</title>
</head>
<body>
<script>
const x = 199.90;
const mwstSatz = 19;
const mwst = x * mwstSatz / 119;
</script>
</body>
</html>
```

Mal eben in der Konsole überschlagen, ob die Formel so richtig ist:

Beim Rechnen in der Konsole beachten Sie bitte immer, dass JavaScript Zahlen mit einem Dezimalpunkt und nicht mit einem Komma verlangt!

Wenn Konsolen-Ausgaben und Tests überhandnehmen, löscht ein Rechtsklick auf die Konsole und »Protokoll löschen« oder die Tastaturkombination `Ctrl` + `L` die Ausgaben.

1.6.3 Konsolen-Ausgabe im Skript: console.log()

`console.log()` prüft, ob Zwischenergebnisse der Erwartung entsprechen, ob einer Funktion die gewünschten Werte übergeben wurden oder ob das Skript den richtigen Zweig ansteuert. Die generelle Syntax ist:

```
console.log(var1, var2, var3 …);
```

Der einfachste Aufruf übergibt nur einen Text als String in Hochkommas, z.B. um herauszufinden, ob das Skript tatsächlich in diesen Zweig läuft.

```
if (a < b) {
   console.log( "a kleiner als b");
   …
}
```

Der Abruf eines aktuellen Variablenwerts braucht nur den Namen der Variablen.

```
const mwst = x * mwstSatz / 119;
console.log(mwst);
```

Ein Komma trennt mehrere Ausgaben voneinander. So setzen Sie z.B. einen kurzen Kommentar zur Ausgabe eines Variablenwerts ein.

```
console.log("Array arr", arr);
```

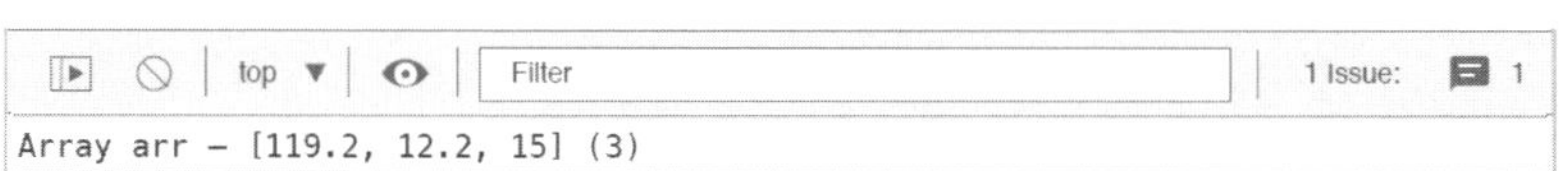

Neben Kommentaren stellen Farben wichtige Ausgaben heraus. Wenn vor einem Argument der Konsole ein %c für `Color` sitzt, wird das folgende Argument zum CSS der Konsolen-Zeile.

```
console.log( "Alles noch normal. %c Aber jetzt wird's gelb",
             "background: yellow");
```

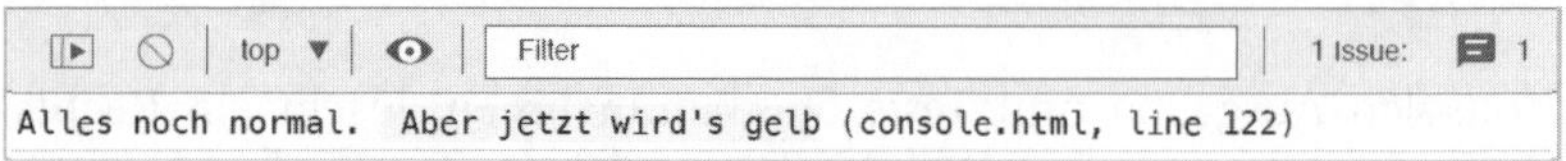

2 Variablen und Syntax

2.1 Variablen

2.1.1 Variablen anmelden

Programme lesen Daten, ändern Daten und erzeugen neue Daten. Irgendwo müssen diese Daten gespeichert werden.

Eine Variable ist der Name für einen Speicher in den Tiefen des Rechners und agiert wie eine Schachtel mit einer Beschriftung. In eine Schachtel passen Daten von einfachen Zahlen wie 17 oder 3.01724, der Name einer Autorin wie »Jane Austen« bis hin zu einer Liste von Fahrradgeschäften mitsamt Preisen.

JavaScript hat drei Schlüsselwörter für die Deklaration (Bekanntmachung) von Variablen: `var`, `let` und `const`. `var` ist die älteste Form und sollte uns immer seltener begegnen. `let` und `const` wurden 2015 in ECMAScript Version 6 vorgestellt und sind heute der Standard.

2.1.2 Variablen mit let deklarieren

Um eine Linie in einer Grafik zu zeichnen, werden zwei Punkte gebraucht, und für jeden Punkt zwei Variablen.

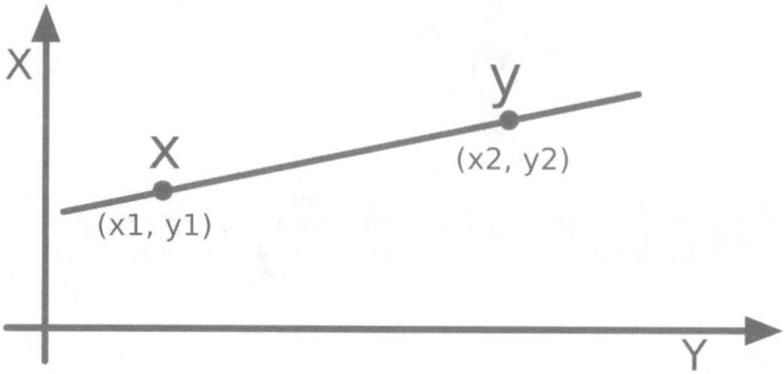


```
let x1 = 20;
let y1 = 1;
let x2 = 65;
let y2 = 4;
console.log(x1, y1, x2, y2);
```

`let` bedeutet: Jetzt wird eine Variable deklariert. Im Beispiel wird der Variablen auch gleich ein Wert zugewiesen: Die Variable wird initialisiert. x1, y1 und x2, y2 sind die Namen oder Beschriftungen. Das Gleichheitszeichen weist den Variablen ihre Werte zu. Programme brauchen nicht nur Zahlen, sondern auch Zeichenfolgen (Strings). Zeichenfolgen sitzen in Hochkommas.

```
let anschrift = "Hohe Straße 28";
```

Bevor ECMAScript Version 6 in Kraft trat, wurden Variablen mit dem Schlüsselwort `var` angemeldet oder das Skript nutzte Variablen direkt ohne Schlüsselwort. Die direkte Technik war ein Sündenfall der Frühzeit und führt im Handumdrehen zu schwer auffindbaren Fehlern. Auch Deklarationen mit `var` führen durch ungewolltes Überschreiben zu Fehlern.

2.1.3 const – konstante Variablen

Auch Konstanten sind Variablen, die alle möglichen Werte enthalten können, aber sie werden im Laufe des Programms nicht geändert. Wenn doch, wirft das Skript einen Fehler aus. Die Deklaration einer Variablen mit `const` als unveränderliche Variable ist also eine Sicherheitsmaßnahme gegen versehentliches Überschreiben und verbessert die Lesbarkeit.

```
let alter = 42;
alter = 50;
console.log("alter", alter); // alter: - 50

const frucht = "Erdbeere";
frucht = "Pfirsich";
// TypeError: Attempted to assign to readonly property.
```

Mit `let` ist eine Deklaration ohne Initialisierung erlaubt, aber Konstanten können nicht ohne Initialisierung deklariert werden.

```
let frucht;
const baum;
```

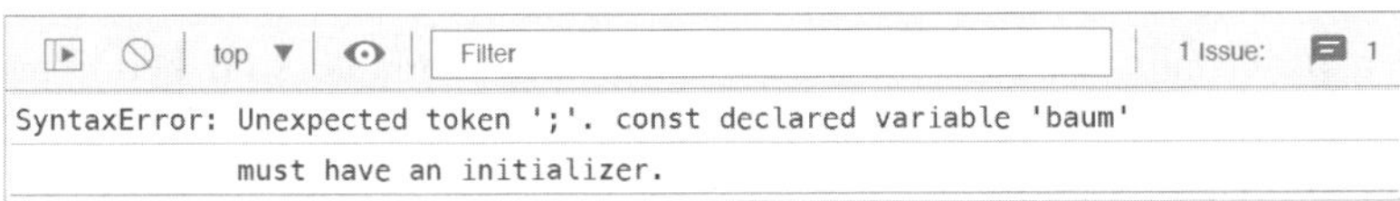

Die meisten Deklarationen von Variablen in den Beispielen in diesem Buch nutzen `const`, weil es vor ungewollten Änderungen schützt.

```
const breite = 800;
const faktor = 2;
breite = 800 * 2;
```

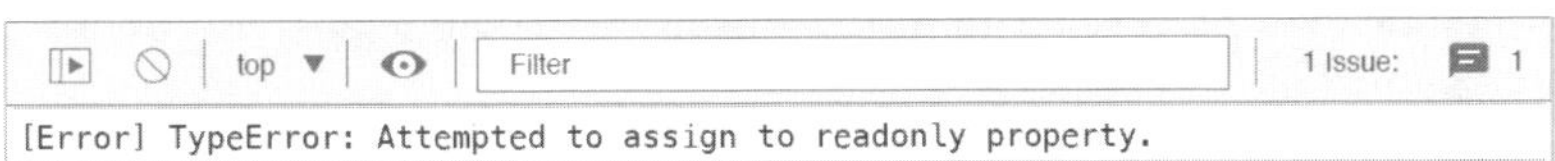

2.1.4 Mehrere Variablen deklarieren und initialisieren

Statt Variable für Variable in je eine Zeile zu schreiben, können Sie Mehrfach-Zuweisungen nutzen.

```
let x, y, z;
```

Die Werte können durch die Deklaration mit `let` später zugewiesen werden. Auch mehrere Konstanten können sich eine Zeile teilen.

```
const a = 10, b = 25, d = 5;
```

2.1.5 let oder const?

Es wäre kein Problem, `let` für alle Variablen im gesamten Skript zu nutzen. Ich setze hingegen bevorzugt `const` ein, wo es geht, und nutze `let` nur, wenn der Variablen neue Werte zugewiesen werden. Wenn nach ein paar Monaten eine Änderung am Programm durchgeführt wird, holt die Trennung zwischen `const` und `let` die Zusammenhänge schneller wieder ins Gedächtnis zurück. Und wie bereits erwähnt: Der Schutz vor versehentlichem Überschreiben spart viel Zeit bei der Suche nach Fehlern.

2.1.6 Variablennamen und Konventionen

1. Namen von Variablen beginnen grundsätzlich mit einem Buchstaben (per Konvention mit einem Kleinbuchstaben), einem Unterstrich oder einem $-Zeichen.
2. Ziffern innerhalb des Namens sind erlaubt und Umlaute sind kein Problem.
3. Gegen Bindestriche und Leerzeichen in Variablennamen ist JavaScript allergisch: Beides führt sofort zu einem JavaScript-Fehler.
4. Bei Groß- und Kleinschreibung ist JavaScript penibel: X ist eine andere Variable als x.

Auch wenn jetzt viele Variablennamen x, y oder a und b sind: Der Variablenname sollte uns auch in drei Monaten sagen, für was die Variable steht. Da Variablennamen weder Leerzeichen noch Bindestriche enthalten dürfen, entstehen lange Wörter. JavaScript-Programmierer arbeiten gern mit dem sogenannten camelCase.

```
let errorMessage;
```

Der Anfangsbuchstabe ist klein, der zweiten Begriff beginnt mit einem Großbuchstaben. Diese Konvention finden wir auch in den mitgelieferten Methoden in JavaScript, besonders bei den ausdrucksvollen Namen des Document Object Models (der Umsetzung der HTML-Struktur in JavaScript) im Abschnitt 10.3.

```
document.querySelectorAll(".banner")
elem.nextElementSibling
XMLHttpRequest
```

2.1.7 Beispiel: Rechnen mit Variablen

Jetzt haben wir die Zutaten für die Berechnung der Steigung der Geraden beisammen. Am Ende führt dieses Beispiel zu einem Skript, das den bevorzugten Wert (preferred Value) der CSS-Funktion `clamp(min, preferredValue, max)` (Abschnitt 12.1) berechnet. Schriftgrößen mit CSS `clamp()` sind dynamisch und brauchen nur eine Zeile, um der Größe des Browserfensters vom Handy bis zum großen Bildschirm gerecht zu werden. Das Festlegen einer minimalen und maximalen Schriftgröße ist einfach, aber der bevorzugte Wert wird anhand der Steigung einer Geraden berechnet.

Um die Steigung einer Geraden zwischen zwei Punkten zu berechnen, brauchen Sie zwei Punkte mit jeweils einem x- und einem y-Wert.

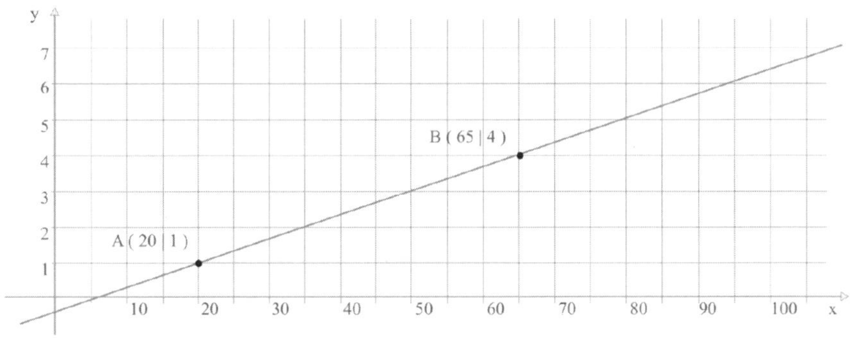

Abb. 2.1: Steigung einer Geraden berechnen

Damit die Eingangswerte x1, y1, x2 und y2 im Laufe des Programms nicht versehentlich überschrieben werden, sind sie als `const` angelegt. `steigung` hingegen ist die Variable und darum mit `let` deklariert.

```
const x1 = 20;
const y1 = 1;
const x2 = 65;
const y2 = 4;

let steigung = (y2 - y1) / (x2 - x1);
console.log("Steigung", steigung);
console.log("y bei x = 100", 100 * steigung);
```

`console.log("Steigung", steigung)` ist die Anweisung, den aktuellen Wert in der Konsole auszugeben. Die Zeichenkette in Hochkommas `"Steigung"` wird wörtlich ausgegeben (und darf darum mit einem großen S geschrieben werden), `steigung` hingegen ist der Wert der Variablen, das Ergebnis der Berechnung.

Die zweite Konsolen-Ausgabe ist ein kleiner Test, ob JavaScript wirklich rechnen kann: 100 * steigung ist der y-Wert bei x = 100.

Das Minuszeichen und der Schrägstrich / sind die Operatoren in der Berechnung. Die runden Klammern um `(y2 - y1)` und `(x2 - x1)` legen die Reihenfolge fest: Die Berechnungen innerhalb der runden Klammern haben Vorrang vor der Division.

2.1.8 Gültigkeitsbereich von Variablen: Scope

In älteren Skripten begegnet man noch der Deklaration von Variablen mit dem Schlüsselwort `var` und auch der Verwendung von Variablen ohne jegliches Schlüsselwort. Auch wenn mit ECMAScript 2015 `const` und `let` in den Standard aufgenommen wurden, ist die Deklaration von Variablen mit `var` oder ohne Schlüsselwort auch weiterhin legal. Neuere Versionen von JavaScript setzen ältere nicht außer Kraft.

Eine Variable, die mit dem veralteten Schlüsselwort `var` oder ohne Schlüsselwort deklariert wurde, kann sowohl erneut deklariert als auch überschrieben werden und lässt sich mit einem Aktenordner vergleichen: Sie können die Blätter im Aktenordner herausnehmen und neue Blätter abheften, die zu einem gänzlich anderen Thema gehören. Das erschwert die Pflege des Programms und führt schnell zu Fehlern.

Hingegen dürfen Variablen aus dem Stamm `let` geändert, aber nicht erneut deklariert werden. Sie entsprechen einem Aktenordner mit einer Aufschrift »Versicherungsunterlagen 2024«.

Variablen mit `const` können nicht erneut deklariert und auch nicht geändert werden: Sie entsprechen einem gebundenen Buch.

Diese Erklärung allein ist nur die Spitze des Eisbergs für den Umgang mit JavaScript-Variablen. Ein weiteres Konzept der Reichweite und Gültigkeit von Variablen ist die Frage, wo sie deklariert wurden und von welchen Stellen aus sie erreicht werden. Wir reden vom Scope – dem »Gültigkeitsbereich«.

Sowohl `const` als auch `let` legen Variablen mit einem eingeschränkten Gültigkeitsbereich an: Sie gelten nur innerhalb des Blocks, in dem sie deklariert wurden. Genau diese Einschränkung sorgt für mehr Sicherheit.

2.2 Syntax – die »Grammatik« von JavaScript

Programmiersprachen folgen – genauso wie natürliche Sprachen – Regeln, wie ein Skript oder Programm aufzubauen ist. Diese Liste ist deutlich kürzer als für Sprachen wie Deutsch oder Spanisch.

- **Operatoren**

  JavaScript nutzt mathematische Operatoren wie +, -, * und /, um Werte zu berechnen. Das Gleichheitszeichen ist der Zuweisungs-Operator.

  ```
  const breite = 200;
  const höhe = 125;
  let fläche = breite * höhe;
  ```

- **Ausdruck (Expression)**

  Ein Ausdruck ist eine Kombination aus Variablen, Operatoren und Werten, die einen neuen Wert berechnet.

  ```
  let fläche = breite * höhe;
  ```

- **Semikolon**

  Das Semikolon am Ende einer Zeile ist in JavaScript nicht erforderlich. Nur wenn mehrere Anweisungen in einer Zeile stehen, müssen sie durch ein Semikolon voneinander getrennt werden. Viele Style-Guides empfehlen sogar, kein Semikolon hinter der schließenden geschweiften Klammer von Klassen, Objekten und Funktionen zu setzen. Immer ein Semikolon hinter Anweisungen, aber nicht hinter schließende geschweifte Klammern: Das bringt Konsistenz in die Programmstruktur.

- **Schlüsselwörter (Keywords)**

  Schlüsselwörter identifizieren Aktionen. Allen voran sind `let` und `const` die ersten Schlüsselwörter, denn sie kennzeichnen Variablen in JavaScript.

- **Kommentare (Comments)**

  Alles auf einer Zeile nach einem doppelten Schrägstrich und alles zwischen /* und */ auf ein oder mehreren Zeilen ist ein Kommentar und wird vom Browser ignoriert.

  ```
  /**
     function mwstEinsetzen gibt ein HTML-div-Element zurück
  ```

```
   @param { betrag, satz }
*/

function mwstEinsetzen(betrag, satz) {
   // Berechnung aus Betrag und MwSt-Satz
   const x = betrag * satz / (100 + satz);
   const mwst = document.createElement("div");
   mwst.innerHTML = betrag * satz / (100 + satz) + " €";

   return mwst;
}
```

- **Namen (Identifier)**

  Namen oder Bezeichnungen identifizieren Variablen und Funktionen. Die Regeln, wie Namen gebildet werden können, sind die gleichen wie in den meisten Programmiersprachen.

  - Namen müssen mit Buchstaben von A bis Z bzw. von a bis z, dem Dollarzeichen $ oder einem Unterstrich _ anfangen.
  - Das erste Zeichen darf keine Ziffer sein, Bindestriche sind nicht erlaubt, denn sie sind für das Minuszeichen reserviert.
  - Namen sind case-sensitiv, das bedeutet, JavaScript ist penibler bei Groß- und Kleinschreibung als jeder Oberlehrer.

- **Hochkommas**

  Hochkommas begrenzen Zeichenfolgen (Strings), und zwar entweder in Form von "doppelten" oder 'einfachen Hochkommas' oder von `Backticks` (die auch für französische und spanische Akzente benutzt werden). Anführungszeichen und Apostrophe sind keine Hochkommas.

3 Grundlegende Datentypen

3.1 Primitive (einfache) Datentypen

Das Konzept der »Datentypen« mag auf den ersten Blick abstrakt klingen, aber wir gehen täglich problemlos mit Datentypen um: Die Zahl der Knöpfe einer Jacke ist eine ganze Zahl, 499,90 € als Preis des Fernsehers eine Gleitkommazahl, Namen wie »Hanna« sind Zeichenfolgen. Ob das Licht in der Küche brennt oder nicht, ist ein Wahrheitswert.

Das ist jetzt nur ein erster Überblick über die einfachen Datentypen von JavaScript, der in den folgenden Abschnitten schrittweise vertieft wird.

- **Number**

  Für JavaScript sind alle Zahlen vom Typ `Number`, gleich ob Integer (Ganzzahl) oder Float (Gleitkommazahl).

  ```
  1024 18 1. 42. 963245.0004 3.134
  ```

- **Strings**

  sind Zeichenfolgen, die durch Hochkommas vom Rest des Skripts getrennt sind.

  ```
  "Äpfel" "Der beste Film" 'JavaScript' '😃' `1330`
  ```

- **Boolean**

  sind logische Werte oder Wahrheitswerte und können nur die Werte `true` oder `false` annehmen.

```
let licht = true;
let dunkel = false;
```

- **Null**

  Absichtliche Abwesenheit eines Werts – besser vorstellbar als »leer«.

- **Undefined**

  ist eine Variable, der noch kein Wert zugewiesen wurde, also eine undefinierte Variable.

```
let passt;
console.log("passt", passt, typeof passt);
// passt - undefined - "undefined"
```

- **BigInt**

  sind Zahlen, die so groß sind, dass `Number` nicht mit ihnen umgehen kann. Um eine Zahl vom Typ BigInt zu erzeugen, wird ein n an einen Integer angehängt oder BigInt() aufgerufen.

```
const big = 836465633845746n;
console.log("big", big, typeof big);
// big - 836465633845746n - "bigint"
```

- **Symbol**

  Der Datentyp `Symbol` kam erst mit ECMAScript 2015 in JavaScript an und ist ein unveränderlicher Wert, der Eigenschaften eindeutig identifiziert. Symbol wird z.B. als Schlüssel in Objekten verwendet, um eindeutige Eigenschaften zu definieren, damit Skript-Bibliotheken ohne Namenskonflikte verwendet werden können.

3.2 Zahlen – Number

3.2.1 Integer und Float

Viele Programmiersprachen machen einen Unterschied zwischen ganzen Zahlen (Integer) und Gleitkomma- bzw. Fließkommazahlen (Float). In JavaScript hingegen sind alle Zahlen vom Typ Number. Aber Achtung! Gleitkommazahlen werden mit einem Punkt anstelle des Kommas wie im Deutschen geschrieben!

```
const foo = 42;
const bar = 42.0;
if (foo === bar) {
   console.log("foo und bar sind dieselben Werte");
} else {
   console.log("foo und bar sind nicht gleich");
}
foo und bar sind dieselben Werte
```

JavaScript speichert Zahlen entsprechend dem IEEE-754-Standard (Institute of Electrical and Electronics Engineers) in einem 64-bit-Gleitkommaformat. Das reicht für die Werte

von -9007199254740991 - (2^{53}-1) **bis** 9007199254740991 + (2^{53}-1)

Unter- und oberhalb dieser Werte sind Zahlen in JavaScript nicht mehr präzise.

3.2.2 Plus, Gleitkommazahlen und die Stellen nach dem Punkt

Das Plus-Zeichen addiert zwei Werte. Wird eine ganze Zahl zu einer Gleitkommazahl addiert, ist das Ergebnis eine Gleitkommazahl. Für den Benutzer spielt es allerdings oft eine Rolle, dass ein Ergebnis ganzzahlig ist. Wenn ein Getränk in Literflaschen abgefüllt ist, kann das Skript Zahlen auf- oder abrunden (dazu mehr im Abschnitt 4.2).

```
const x = 117;
const y = 28.17;
const res = x + y;
console.log("res", res);

res - 145.17000000000002 (number.html, line 96)
```

Sollte das Ergebnis nicht einfach 145.17 sein? Offenbaren sich hier Mängel in der Gleitkommazahlen-Präzision? Der Fehler entsteht, weil die Dezimalzahl 0.1 nicht in eine endliche binäre Gleitkommazahl konvertiert werden kann.

Die meisten Brüche können nicht präzise dargestellt werden. Gleitkommazahlen werden in der Hardware als Brüche zur Basis 2 (Binärzahlen) dargestellt.

```
0.001 = 0/2 + 0/4 + 1/8        // zur Basis 2

// hat denselben Wert wie

0.125 = 1/10 + 2/100 + 5/1000 // zur Basis 10
```

Das Problem der Darstellung von Gleitkommazahlen beziehungsweise Brüchen tritt so richtig ins Licht bei einem Wert wie ⅓. Genähert zur Basis 10:

```
0.3 besser genähert durch 0.33, noch besser 0.333
```

Es ist egal, wie viele Stellen nach dem Komma folgen, der exakte Wert von ⅓ wird nie getroffen. Also stoppt der Wert ein paar Stellen nach dem Punkt und versucht sich an einer Annäherung. So also kommt der Wert 145.17000000000002 zustande. Dieses Problem betrifft alle Programmiersprachen und nicht nur JavaScript.

3.2.3 Negative Zahlen, unendlich und NaN

Natürlich kennt JavaScript negative Zahlen wie –17 oder -21.994 (das ist nicht Einundzwanzigtausend-und, sondern eine Gleitkommazahl!).

Ebenso kann JavaScript unendlich – Infinity – darstellen. Das eingebaute Schlüsselwort ist `Infinity` mit einem großen I.

```
const z = 0;
const not = 17 / 0;
console.log("not", not); // not - Infinity
```

Was häufig vorkommt, ist ein Wert NaN – Not a Number. NaN entsteht meist durch einen Fehler im Code, wenn eine Operation zu einem ungültigen Zahl führt. Ein klassisches Beispiel ist das Teilen einer Variablen mit dem Wert 0 durch eine andere Variable, die ebenfalls 0 ist.

```
let x = 17;
let y = 21;
...

x = 0;
y = 0;
```

```
let result = x/y
console.log("Resultat", res);
```

Die Browser-Konsole wird keinen Fehler zeigen – ein heimtückischer Fehler also.

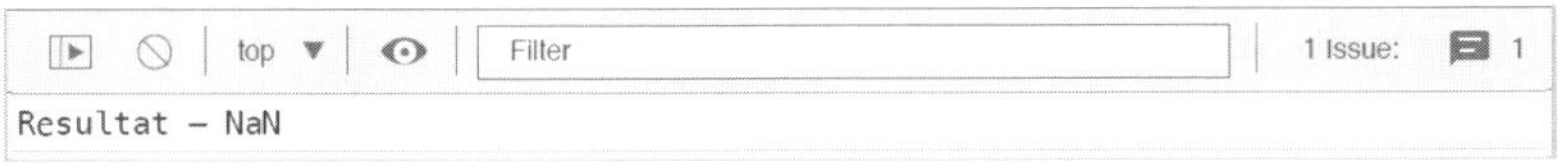

3.3 Boolean – Wahrheitswerte

3.3.1 true und false

Auf der untersten Ebene brechen Computer alles auf 0 und 1 herunter. `true` und `false` könnte man als Synonyme für 1 und 0 betrachten.

Variablen vom Typ Boolean können nur einen von zwei Werten annehmen: `true` oder `false`. Wir nutzen Boolean, um festzustellen, ob zwei Werte gleich sind, ob eine Aktion stattgefunden hat, vor allem aber, um das Programm mit bedingten Anweisungen wie `if/else`, `switch` oder `while` zu steuern.

```
const a = 28;
const b = 17;

let result = b > a;         // false
result = a > b;             // true
result = a + 7 > b + 120; // false
```

3.3.2 Boole'sche Operatoren

Die klassischen Operatoren für Boole'sche Werte sind && (logisches Und), || (logisches Oder) und ! (logisches Not).

- `a && b` gibt true zurück, wenn beide Operanden true sind,
- `x || y` gibt true zurück, wenn mindestens einer der Operanden true ist,
- `!b` gibt das Gegenteil des Wahrheitswerts von b zurück.

```
const a = true;
const b = false;
```

```
const und = a && b;      // false
const oder = a || b;     // true
const nicht = !b;        // true
```

Skripte vergleichen die Werte von Boole'schen Variablen genauso wie die Werte von Strings und Zahlen. Boole'sche Vergleichsoperatoren werden uns in erster Line in if-Abfragen und Schleifen begegnen:

```
const alter = 16;
const freigabe = true;

if (alter >= 16 && freigabe) {
   console.log("Du darfst den Film sehen");
} else {
   console.log("Der Film hat keine Freigabe")
}
```

3.4 Strings – Zeichenketten

3.4.1 Verarbeitung von Zeichenfolgen

Wenn JavaScript für Webseiten eingesetzt wird, dominieren Strings oder Zeichenfolgen – Webseiten sind Strings. Strings sind Zeichen aller Art: Adressen, Namen, ganze Wörter oder Sätze, Satzzeichen und Emojis. Da Strings in Hochkommas gesetzt werden, lässt sich das auch so ausdrücken: Alles in Hochkommas ist ein String.

```
const satz = "Hier steht eine Zeichenfolge";
```

Diese Schreibweise wird als »String Literal« bezeichnet. Literal (wörtlich) steht für die einfachste aller möglichen Notationen oder Schreibweisen. Mal kurz vorgegriffen: Alternativ zur literalen Schreibweise könnten wir einen String auch wie folgt festlegen:

```
const obj = new String("Hier steht eine Zeichenfolge");
```

Damit haben wir ein String-Objekt, das sich im Großen und Ganzen wie ein normaler String verhält.

In Webseiten interpretiert JavaScript die Eingaben in Formularfelder als String, selbst wenn das input-Tag vom Typ `number` ist. Neue Elemente können direkt als Strings in die Webseite eingesetzt werden:

```
document.getElementById("gallery").innerHTML =
    '<img src="bild.png" width="200" height="100">';
```

3.4.2 Hochkommas

JavaScript kennt drei Arten von Hochkommas: doppelte, einfache Hochkommas und Backticks. Wenn ein String mit einem doppelten Hochkomma beginnt, muss ihn ein doppeltes Hochkomma schließen. Entsprechend ist ein einfaches Hochkomma am Ende erforderlich, wenn der String mit einem einfachen Hochkomma beginnt.

Die dritte Art von Hochkommas ist das Backtick (Tottaste für Akzente wie é). Das Backtick ist relativ jung und spielt eine besondere Rolle unter den Hochkommas (siehe auch Abschnitt 3.4).

```
const str1 = "Doppelte Hochkommas";
const str2 = '2 "einfache" Hochkommas';
const str3 = "42.7";
const str4 = `Hochkommas innerhalb von "Backticks'`;

const str5 = "So nicht';
// [Error] SyntaxError: Unexpected EOF

const str6 = „Anführungszeichen";
// [Error] SyntaxError: Invalid character '\u201e'
```

Innerhalb von doppelten Hochkommas dürfen einfache Hochkommas stehen und umgekehrt doppelte Hochkommas zwischen einfachen Hochkommas. Am Ende dürfen einfache und doppelte Hochkommas in Backticks sitzen. Federführend sind dabei immer die äußeren Hochkommas.

Anführungszeichen und Apostroph hingegen sind keine Hochkommas. Je nach Schrift muss man sehr genau hinschauen, aber – dem Himmel sei Dank – bewahren uns gute Programmeditoren vor Anführungszeichen, wenn sie über die Tastatur eingegeben werden.

Stehen Zahlen in Hochkommas, bilden sie ebenfalls einen String, den das Skript nicht ohne Weiteres als Zahl erkennt.

3.4.3 Strings zusammensetzen

Das Plus-Zeichen fügt Strings aneinander – die Zeichenfolgen werden »konkateniert«.

```
const stg1 = "Antikes";
const stg2 = "Zeitalter";
const result = stg1 + " " + stg2;
console.log("result", result);
```

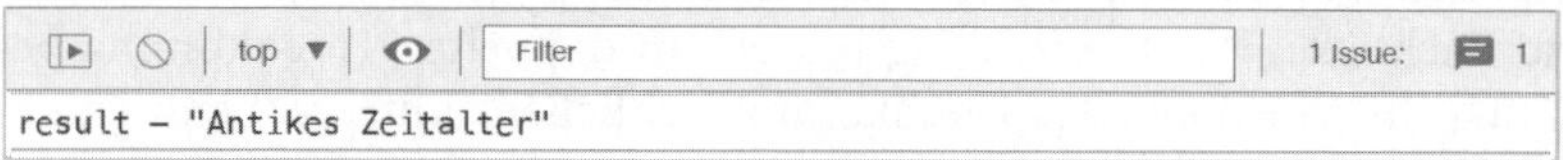

Das Leerzeichen zwischen den beiden Variablen ist ebenfalls ein String. Hier hält es den Abstand zwischen den beiden Wörtern.

```
const mathe = 2 + ' und ' + 2 + " = 4";
console.log("mathe", mathe);
```

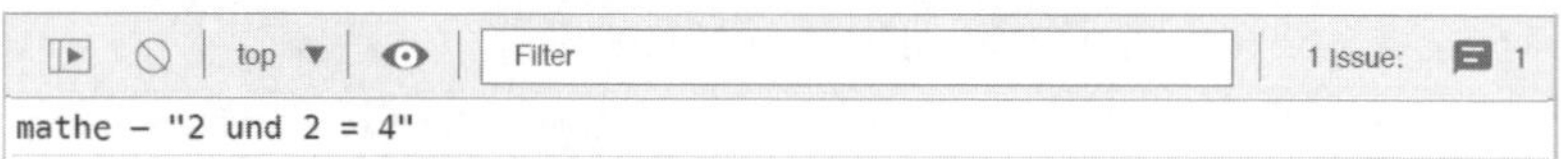

Durch die Konkatenation mit Strings werden Zahlen zum Teil des Strings.

Der Plus-Operator ist doppelt belegt. »+« ist einmal ein mathematisches Plus und einmal fügt das Plus Zeichenketten zu neuen Zeichenkette zusammen. Diese Doppelbelegung des Plus-Zeichens ist ein wunder Punkt von JavaScript, denn sie führt schnell zu Fehlern und bringt zusätzlichen Schreib- und Programmieraufwand.

3.4.4 Backticks (auch Template Literals)

Backticks sind erst mit ECMAScript 2015 in JavaScript eingezogen und bringen Strings besondere Kunststücke bei. Strings in einfachen oder doppelten Hochkommas lassen sich nicht ohne Weiteres teilen, um sie auf zwei Zeilen unterzubringen.

```
let str = "Wenn es jetzt schon so früh dunkel wird,
   dann beginnt die Winterzeit";
```

Der Zeilenumbruch inmitten der Zeichenfolge führt zu einem Syntaxfehler »SyntaxError: Unexpected EOF«. Backticks hingegen akzeptieren die Trennung in mehrere Zeilen.

```
let str = `Wenn es jetzt schon so früh dunkel wird,
   dann beginnt die Winterzeit`;
```

Innerhalb von Backticks können nicht nur Strings, sondern auch Variablen und Ausdrücke stehen. Das verbessert die Lesbarkeit und ist obendrein weniger fehleranfällig.

3.4.5 Variablen in Strings

Innerhalb von Backticks sitzen Variablen und Ausdrücke wie x + y in geschweiften Klammern, denen ein $-Zeichen vorangeht: ${x} oder ${x + y}.

```
const x = 129;
const st = 19;
const mwst = `Im Betrag ${x + x * st / 100} €
   sind ${x * st / 100} €  MwSt. enthalten`;
console.log(mwst)
```

Am Rande: Die Konsole gibt den String mit demselben Zeilenumbruch aus, den das Skript setzt. Eine Ausgabe des Strings in der Webseite unterdrückt den Zeilenumbruch, denn HTML ignoriert Zeilenumbrüche und mehrfache Leerzeichen.

3.4.6 typeof

Immer wieder setzt man Zahlen und Zeichenfolgen zusammen. Um sicherzugehen, ob eine Zahl oder ein String vorliegt, hinterfragt `typeof` den Datentyp.

```
console.log("x*st/100", x*st/100, typeof(x*st/100));
// [Log] x * st / 100 - 24.51 - "number"

console.log("mwst", mwst, typeof mwst);
```

```
//[Log] mwst - "Im Betrag 153.51 € sind 24.51 € MwSt. enthalten"
    - "string"
```

Auch 24.51 ist einfach »Number«.

3.5 undefined, null und empty

3.5.1 undefined

In diesem Beispiel sollen Sie eine Bildergalerie mit JavaScript in eine Seite einfügen. JavaScript kennt die Dateinamen und Abmessungen der Bilder noch nicht, wenn die Seite geladen wird, sondern bekommt diese Daten aus einer JSON-Datei oder von einer PHP-Anwendung auf dem Server.

```
let gallery;
console.log("gallery", gallery);
```

Damit ist die Variable `gallery` definiert, aber die Konsole wird als Wert der Variablen `undefined` anzeigen. JavaScript weist mit `let` deklarierten Variablen den Wert `undefined` zu, wenn kein Wert definiert wird.

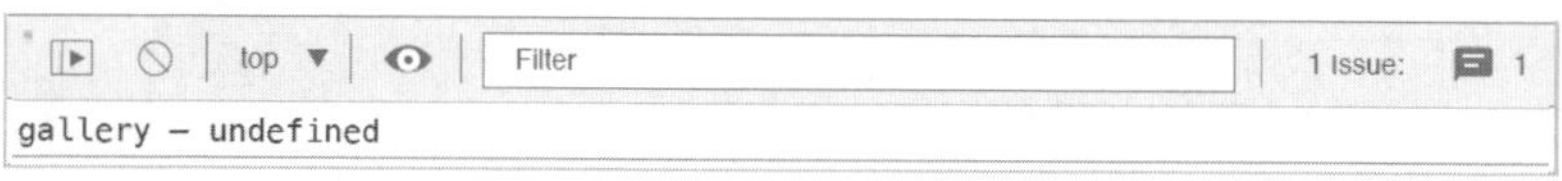

Das Skript wirft keine Fehlermeldung aus. Die Variable ist einfach »noch nicht deklariert«.

3.5.2 null und empty

`null` wird einer Variablen zugewiesen, um aufzuzeigen, dass der Variablen kein Wert zugewiesen wurde.

Es gibt keine Methode wie `string.empty`, um herauszufinden, ob ein String leer ist. Die Länge des Strings ist der beste Weg, um festzustellen, ob ein String leer, also `empty` ist. Genauso steht es um Arrays.

```
const obst = [];
if (obst) {
   console.log("Elemente ausgeben");
} else {
   console.log("Kein Obst vorhanden");
```

```
}
// [Log] Elemente ausgeben
```

Selbst wenn das Array leer ist, würde die erste Option ausgeführt. `array.length` findet heraus, ob ein Array leer ist.

```
if (obst.length > 0) {
   console.log("Elemente ausgeben");
} else {
   console.log("Kein Obst vorhanden");
}
// [Log] Kein Obst vorhanden
```

3.6 Datentyp-Konvertierungen

3.6.1 String in Zahl umwandeln

JavaScript ist eine sogenannte »dynamisch typisierte« Programmiersprache und verzichtet auf einen expliziten Datentyp bei der Deklaration von Variablen. Eine Variable kann anfangs eine ganze Zahl sein, aber später durch eine Anweisung oder Umwandlung eine Gleitkommazahl. Das Motto von JavaScript ist: »Sieht man doch: 5 und 499.50 sind Zahlen, „Hanna" ist eine Zeichenkette«.

Der Wechsel von einem Datentyp in einen anderen ist also legal. Eine Variable kann als Ganzzahl (Integer) deklariert sein, durch eine Multiplikation zur Gleitkommazahl werden, und am Ende gibt das Skript die Variable als Zeichenkette (String) aus.

```
let wert = 27;
wert = wert * 4.5;
...
wert = "Hoher Betrag"
```

Diese Flexibilität hat ihre Vor- und Nachteile. Sie kann die Entwicklung schneller gestalten, weil sich Entwickler bei der Deklaration von Variablen keine Gedanken um den Datentyp machen müssen. In komplexen Programmen können individuelle Module besser miteinander kommunizieren.

Zu den Nachteilen gehört, dass Fehler oft schwer aufzudecken sind und sich vielleicht erst zeigen, wenn das Programm schon im Einsatz ist. Es ist auch aufwendiger, das Skript eines anderen Entwicklers zu verstehen, und selbst die Pflege des eigenen Codes ist unter Umständen schwieriger.

JavaScript legt sich nicht auf Datentypen fest, sondern erlaubt, dass eine Variable durch eine Zuweisung einen anderen Datentyp annimmt. Dann wird aus einem String eine Zahl, aus einem Integer ein Float und aus einem Float ein String.

```
let i = "-17.98";
console.log("i", i, typeof i);

i = -17.98;
console.log("i", i, typeof i);
```

3.6.2 String zu Number

Das Konvertieren von Strings zum Datentyp `Number` ist etwa erforderlich, wenn das Skript eine Berechnung anhand von Benutzereingaben in ein Formularfeld durchführen soll. Werte von Eingabefeldern kommen im Skript als Strings an, auch wenn der Benutzer nur Ziffern eingibt. In so einem Fall gibt es keine implizite Umwandlung durch eine Zuweisung, sondern JavaScript hat die Funktion `parseInt()`, um einen String in eine ganze Zahl umzuwandeln.

```
let num = parseInt(i);
console.log("parseInt", num, typeof num);
```

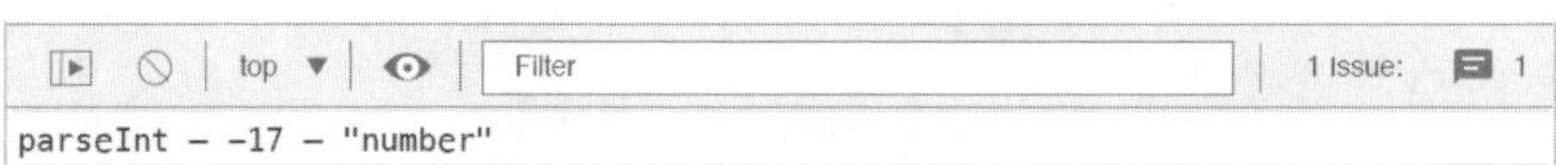

`parseInt()` »parst« alles bis zum ersten nichtnumerischen Zeichen (im Beispiel der Punkt) und interpretiert es als Zahl. Äquivalent dazu gibt es `parseFloat()`, wenn eine Gleitkommazahl vorliegt. Auch `parseFloat` parst alles bis zum ersten nichtnumerischen Zeichen (das €-Zeichen wird also gekappt), aber erkennt den Dezimalpunkt.

```
const f = "17.98€";
let fnum = parseFloat(f);
console.log("parseFloat", fnum, typeof fnum);
```

Und noch eine Variante: `Number()` akzeptiert Ziffern, den Dezimalpunkt und obendrein das Plus- und Minuszeichen.

```
let nnum = Number("+244.78");
console.log("Number", nnum, typeof nnum);
```

Eine neuere Option ist der Unary-Operator oder kurz Plus-Operator. Da müssen wir auch nicht mehr überlegen, ob ein Integer oder ein Float vorliegt.

```
let u = "24.75";
let uni = +u;
console.log("Unary", uni, typeof uni);
```

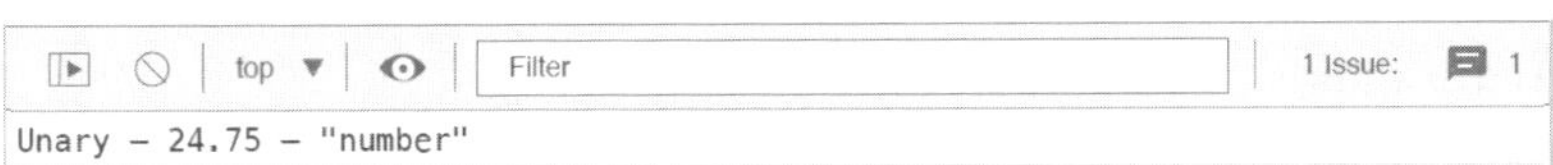

`Number` und der Unary-Operator sind strenger als `parseInt` und `parseFloat` und akzeptieren kein nichtnumerisches Zeichen hinter Ziffern und Dezimalpunkt.

```
const euro = "17.49 €"
console.log("euro", Number(euro), typeof euro);
console.log("euro", +euro, typeof euro);
```

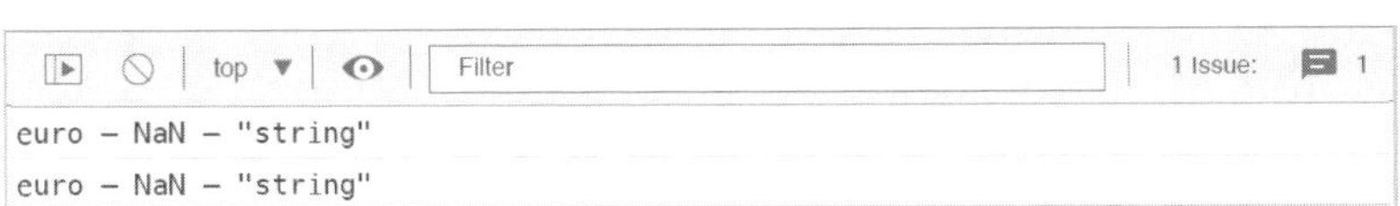

`NaN(Not a Number)` kam kurz bereits in Abschnitt 3.2 vor. JavaScript interpretiert NaN nicht als Fehler, weil es z.B. für Abfragen wie »liegt hier eine Zahl vor?« benutzt wird.

In interaktiven Anwendungen müssen Skripte vor mathematischen Operationen sicherstellen, dass bei der Umwandlung eines Strings in eine Zahl tatsächlich eine Zahl vorliegt.

```
const mwst = euro * 19;
console.log("euro * 19", euro * 19);
if (mwst == NaN) {
   console.log("Keine Umwandlung möglich")
} else {
   console.log("Mehrwertsteuer ", mwst)
}
```

`NaN` kann nicht mit `NaN` verglichen werden, denn nur eines ist klar: NaN ist keine Zahl. Darum gibt es eine spezielle Funktion für die Prüfung, ob eine Variable einen Zahlenwert enthält: isNaN().

```
if (isNaN(mwst)) {
   console.log("mwst ist keine Zahl");
}
```

3.6.3 Number zu String

`.toString()` wandelt eine Zahl in einen String um.

```
let betrag = 1024;
betrag = betrag.toString();
```

3.6.4 Number zu Boolean

Gleich, welche Zahl in ein Boolean umgewandelt wird: Nur 0 liefert `false`, ansonsten liefern alle Zahlen nach der Umwandlung `true`.

```
const betrag = 1024;
const b = Boolean(betrag);
console.log("betrag", betrag, b, typeof b);
// [Log] betrag - 1024 - true - "boolean"
```

3.6.5 String zu Boolean

Dasselbe gilt für Strings: Nur ein leerer String führt zu `false`.

```
const fee = "Holla die Waldfee";
console.log("fee", Boolean(fee), typeof Boolean(fee));
// [Log] fee - true - "boolean"

const leere = "";
console.log("leere", Boolean(leere), typeof Boolean(leere));
// [Log] leere - false - "boolean"
```

3.6.6 Implizite Typumwandlung

An vielen Stellen wandelt JavaScript Zahlen in Strings, Strings in Zahlen, Arrays in Zahlen und sogar Boolean in Zahlen um. Manche dieser still und automatisch ausgeführten Umwandlungen sind praktisch, andere hingegen bergen hinterhältige Fallen.

```
const foo = " 17 " - 8;
console.log("foo", foo); // [Log] foo - 9
```

`" 17 "` ist ein String, wird aber bei einer Subtraktion, Multiplikation und Division automatisch in Number umgewandelt. Hingegen ist das Plus-Zeichen doppelt belegt: Es ist nicht nur ein mathematisches Plus, sondern auch der Konkatenations-Operator, der Strings aneinanderhängt.

```
const bar = "17" + 8;
console.log("bar", bar); // [Log] bar - "178"
```

`Number(true)` wandelt den Wahrheitswert `true` in die Zahl 1 um. Mit dem Plus-Zeichen funktioniert das auch ohne eine Zeile Code.

```
const wahr = true + true;
console.log("wahr", wahr); // [Log] wahr - 2
```

Es ist eine Sache der eigenen Einstellung, ob man Typumwandlungen wie in diesen Beispielen nicht lieber explizit durchführt.

Automatische Typkonvertierungen werden Ihnen noch des Öfteren begegnen.

4 Zusammengesetzte Datentypen

4.1 Objekte

Einfache Datentypen wie Number, String und Boolean können immer nur einen einzelnen Wert speichern. Zusammengesetzte Datentypen – auch als komplexe Datentypen und im Weiteren als *Objekte* bezeichnet – können hingegen mehr als eine Komponente speichern.

Objekte sind Sammelbehälter für Daten der unterschiedlichsten Art. Beispiele oder Anwendungen von Objekten sind Adressen mit Namen, Straße, Ort oder ein Volkshochschulkurs mit dem Titel und der Anzahl der Plätze im Kurs.

```
const kurs = {
   title: "Stricken und Häkeln",
   coach: "Sara Arabi",
   places : 18,
   started: true,
   location: "München"
}
```

Auch JavaScript-Objekte werden ohne explizite Bezeichnung des Datentyps deklariert, aber sie sind anhand der geschweiften Klammern einfach zu erkennen. Das Objekt `kurs` enthält Strings, Number und einen Boolean-Wert als Informationen zu einem Kurs. Die Informationen des Objekts wie `title` und `places` bezeichnet man als Eigenschaften (Properties).

Außerhalb des Objekts spricht das Skript sie mit einem Präfix an: dem Namen des Objekts, gefolgt von einem Punkt, dem »Dot«. `kurs.places` ist also eine Eigenschaft des Objekts `kurs` und stellt eine besondere Art von Variable dar.

Eigenschaft lassen sich ändern und ausgeben – sind sie Variablen, die mit dem Namen des Objekts beginnen.

```
kurs.places = 20;
kurs.location = "Essen";
console.log("kurs", kurs);
```

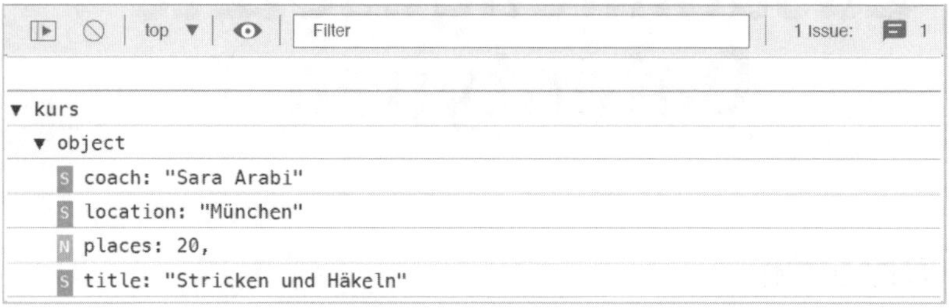

Das wichtigste Objekt für den Web-Entwickler ist das Document Object Model (kurz DOM), denn dieses JavaScript-Objekt ist die Schnittstelle zum HTML-Dokument mit all seinen Elementen. Dem DOM widmet sich ein großer Teil dieses Buchs mit dem Abschnitt ausgiebig.

Die nächsten Abschnitte brauchen diese kurze Vorstellung des komplexen Datentyps Object, denn Objekte bringen Eigenschaften und Verfahren (Methoden) für die primitiven Datentypen wie Number, String und Boolean mit.

4.2 Das Objekt Math

4.2.1 Vom Exponenten bis zur Wurzel

Das globale Objekt Math ist der wissenschaftliche Taschenrechner für das Runden von Zahlen, für Wurzel- und Winkelberechnungen und für die Werte von π und e. `Math` ist ein statisches Objekt und muss nicht erzeugt werden, bevor es eingesetzt wird. Mit einfachen Worten: Math kann direkt verwendet werden.

Also die Browser-Konsole öffnen und Math und einen Punkt eingeben, dann klappt die scrollbare Liste auf.

Abb. 4.1: Die JavaScript-Konsole zeigt eine vollständige Liste aller Math-Funktionen und -Methoden.

```
const pi = Math.PI;
console.log("pi", pi); // pi - 3.141592653589793
```

Die Syntax für alle Math-Eigenschaften ist `Math.property`.

4.2.2 Mathematische Konstanten

JavaScript beherbergt eine Reihe von mathematischen Konstanten, die allesamt Eigenschaften des Math-Objekts sind. Weil sie Konstanten sind, schreibt JavaScript sie in Großbuchstaben – selbst die Euler'sche Zahl e, die ansonsten in der Mathematik immer als Kleinbuchstabe geschrieben wird.

`Math.E`	Die Euler'sche Zahl ~`2.71828`.
`Math.LN10`	Natürlicher Logarithmus zur Basis 10; ungefähr `2.303`.
`Math.LN2`	Natürlicher Logarithmus zur Basis 2; ungefähr `0.693`.
`Math.LOG10E`	Logarithmus zur Basis 10 von E; ungefähr `0.434`.
`Math.LOG2E`	Logarithmus zur Basis 2 von E; ungefähr `1.443`.
`Math.PI`	Kreiszahl, Verhältnis des Kreisumfangs zum Durchmesser, ~`3.14159`
`Math.SQRT1_2`	Quadratwurzel von ½; ungefähr `0.707`.
`Math.SQRT2`	Quadratwurzel von 2; ungefähr `1.414`.

4.2.3 Math-Methoden

Die Math-Methoden arbeiten mit Werten vom Typ Number, nicht aber mit BigInt. Sie werden mit `Math`, gefolgt von einem Punkt, gefolgt vom Namen der gewünschten Eigenschaft oder Methode aufgerufen.

`Math.abs()`	absoluter Wert von x
`Math.ceil()`	kleinste Ganzzahl (Integer), die größer oder gleich x ist
`Math.cos()`	Kosinus von x
`Math.exp()`	ex, wobei x das Argument und e die Euler'sche Zahl (`2.718`) – Basis des natürlichen Logarithmus) – ist
`Math.floor()`	größte ganze Zahl (Integer), die kleiner oder gleich x ist
`Math.fround()`	nächstgelegene Float-Darstellung von x mit einfacher Genauigkeit
`Math.max()`	größte von null oder mehr Zahlen
`Math.min()`	kleinste von null oder mehr Zahlen
`Math.pow()`	Basis x zum Exponenten y (xy)
`Math.random()`	erzeugt eine Pseudo-Zufallszahl zwischen 0 und 1
`Math.round()`	Wert der Zahl x, gerundet auf die nächste ganze Zahl
`Math.sign()`	Gibt das Vorzeichen von x zurück, also ob x positiv (1), negativ (-1) oder 0 ist
`Math.sin()`	Sinus von x
`Math.sqrt()`	positive Quadratwurzel von x
`Math.tan()`	Tangens von x
`Math.trunc()`	gibt den ganzzahligen Teil von x zurück und entfernt alle Nachkommastellen

Das ist nur eine Auswahl. Um alle Methoden und Eigenschaften des Math-Objekts zu erkunden, fragen wir die Browser-Konsole.

```
console.log("Math", Object.getOwnPropertyNames(Math));
```

4.2.4 Die Browser-Konsole: der eingebaute Taschenrechner

Mathematische Operationen können direkt in der Konsole des Browsers ausgeführt werden. Das geht auch über die einfache Addition oder Multiplikationen von Zahlen hinaus.

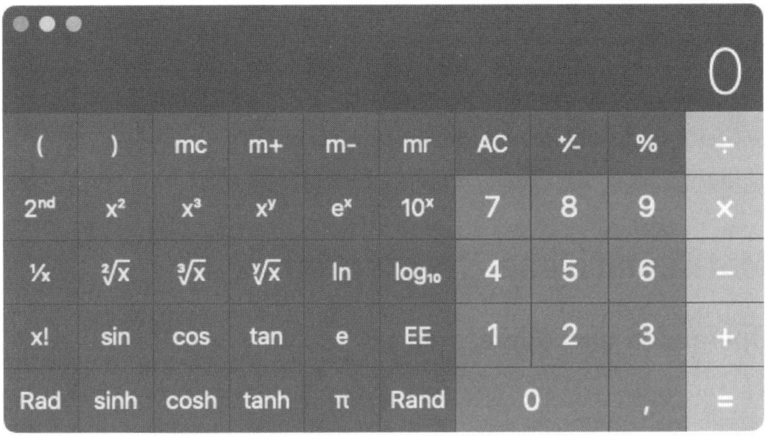

Abb. 4.2: Der macOS-Rechner

4.2.5 Würfeln mit Math

`Math.random()` erzeugt eine Zufallszahl zwischen 0 und 1. Ein Würfelspiel braucht Zahlen zwischen 1 und 6. `Math.random () * 6` erzeugt eine Zahl zwischen 0 und 5.99. Das Skript zählt 1 dazu, damit auch eine 6 fällt. `Math.floor ()` erzeugt aus dem Ergebnis eine ganze Zahl. Die verschachtelten Aufrufe werden von innen nach außen entwickelt.

```
for (let i=0; i<12; i++) {
   console.log("Math.random", Math.floor((Math.random() * 6) + 1));
}
```

Die for-Anweisung rund um den Aufruf von `console.log()` erzeugt zwölf Zufallszahlen zwischen 1 und 6.

4.3 Übungen: Math

1. Welche Methode von Math gibt die größte der Zahlen 20, 5 und 110 zurück?
2. Wie kann Math die nächste ganze Zahl von 2,7 zurückgeben?
3. Welche Methode berechnet die Quadratwurzel von 2?

Musterlösung: `sandbox/math/index.html`

4.4 Mathematische Operatoren

4.4.1 Operanden und Operatoren

Abgesehen von einfacher Addition und Multiplikation prüft JavaScript, ob Zahlen gerade oder ungerade sind, stellt den Wertebereich von Zahlen fest und konvertiert zwischen Grad und Radiant in der Trigonometrie. Operatoren rechnen eins und eins zusammen, vergleichen Werte und Ergebnisse von Abfragen und weisen Variablen neue Werte zu. JavaScript nutzt die Symbole, die wir alle kennen: +, -, * und /.

Die Daten, auf denen Operatoren agieren, heißen Operanden.

```
           Operanden
          ┌────┴────┐
          ▼         ▼
const y = 18 + 24;
        ▲    ▲
        └────┴──── Operatoren
```

Die mathematischen Operatoren addieren, subtrahieren, teilen und multiplizieren oder prüfen anhand der Modulo-Funktion, ob Zahlen gerade oder ungerade oder teilbar durch 17 sind.

Addition	+	**Division**	/	**Multiplikation**	*
Subtraktion	-	**Inkrement**	++	**Negation**	-
Dekrement	--	**Modulo**	%	**Exponent**	**

```
let x = 2 + 4;
console.log("Addition", x); // Addition - 6
x = 4 - 2;
console.log("Subtraktion", x); // Subtraktion - 2
x = 3 * 2;
console.log("Multiplikation", x); // Subtraktion - 6
x = 16 / 4;
console.log("Division", x); // Division - 4
x = 3 ** 2;
console.log("Exponent", x); // Division - 9
x++;
console.log("Inkrement", x); // Inkrement - 10
x--;
console.log("Dekrement", x); // Dekrement - 9
x = -x;
console.log("Negation", x); // Negation - -9
x = 15 % 6;
console.log("Modulo", x); // Modulo - 3
```

Neben den vier Grundrechenarten ist das Inkrement mit dem doppelten Plus-Zeichen eine Kurzschrift für + 1, das Dekrement für - 1. Die Negation dreht das Vorzeichen um. Und am Ende wäre da noch Modulo – der Restoperator.

4.4.2 Verkettung oder Addition?

Das Plus-Zeichen hat noch eine weitere Bedeutung: Es hängt Strings – Zeichenketten wie `Nordsee` und `strand` – aneinander (Konkatenation, concatenation).

```
let x = "Hallo" + "Welt";
console.log("x", x); // x - "HalloWelt"

let a = "4" + 7;
console.log("a", a); // a - "47"
```

In der Programmiersprache PHP ist der Punkt das Symbol für die Verkettung. Die Doppelbelegung des Plus-Zeichens in JavaScript ist ein Wespennest, denn JavaScript nutzt das Plus-Zeichen auch, um Zeichenketten miteinander zu verbinden.

4.4.3 Zuweisungen

Auch das Gleichheitszeichen ist ein Operator. Es weist der Variablen auf der linken Seite einen Wert zu. Die Variationen des Gleichheitszeichens erzeugen eine Kurzschrift.

Zuweisen	=	**Dividieren und zuweisen**	/=
Addieren und zuweisen	+=	**Multiplizieren und zuweisen**	*=
Subtrahieren und zuweisen	-=	**Exponent und zuweisen**	**=
Modulo und zuweisen	%=		

Die Zuweisungen ersparen Schreibarbeit – dafür erfordern sie eine ordentliche Portion Sorgfalt.

```
let x = 42;
console.log("Einfach zuweisen", x); // Einfach zuweisen - 42

x += 8;
console.log("x += 8", x); // x += 8 - 50

x -= 10;
console.log("x -= 10", x); // x -= 10 - 40

x *= 10;
console.log("x *= 10", x); // x *= 10 - 400

x /= 16;
console.log("x /= 16", x); // x /= 16 - 25

x %= 7;
console.log("x %= 7", x); // x %= 4 - 4

x **= 3;
console.log("x **= 3", x); // x **= 3 - 64
```

4.4.4 Vergleichsoperatoren

Das doppelte Gleichheitszeichen testet auf Gleichheit der Werte und gibt `true` oder `false` zurück.

hat denselben Wert	==	**strenges Gleich**	===
ungleich	!=	**strenges Ungleich**	!==

```
let x = 2;

x = 2 == 2;
console.log("x = 2 == 2", x); // x = 2 == 2 - true

x = 2 == '2';
console.log("x = 2 == '2'", x); // x = 2 == '2' - true
```

Offensichtlich testet das doppelte Gleichheitszeichen nicht auf die Gleichheit des Typs, sondern nur auf die Gleichheit der Werte, denn die Zahl 2 hat denselben Wert wie der String „2". Erst das dreifache Gleichheitszeichen prüft sowohl den Wert als auch den Datentyp.

```
x = 2 === '2';
console.log("x = 2 === '2'", x); // x = 2 === '2' - false
```

Die meisten Entwickler testen lieber gleich mit dem dreifachen Gleichheitszeichen, um sich Nägelkauen, Kopfschmerzen und Fehler zu ersparen.

Wir brauchen auch das Gegenteil von Gleichheit. Das einfache Gleichheitszeichen wird mit einem Ausrufezeichen negiert.

```
x = 2 != 2;
console.log("x = 2 != 2", x); // x = 2 != 2 - false
```

2 ist 2, also liefert der Ausdruck 2 != 2 den Wert `false`, und das gilt auch für den Vergleich zwischen 2 und „2". Die Werte sind gleich.

```
x = 2 != '2';
console.log("x = 2 != '2'", x); // x = 2 != '2' - false
```

Das Pendant zum dreifachen Gleichheitszeichen ist !==, das am Ende die Ungleichheit von Wert als auch Datentyp nachweist.

```
x = 2 !== '2';
console.log("x = 2 !== '2'", x); // x = 2 !== '2' - true
```

4.4.5 Größer als oder kleiner als?

Das ist mal einfach …

größer als	>	**kleiner als**	<
größer oder gleich	>=	**kleiner oder gleich**	<=

```
let x = 128 > 100;
console.log("x = 128 > 100", x); // x = 128 > 100 - true

x = 200 < 100;
console.log("x = 200 < 100", x); // x = 200 < 100 - false

x = 100 >= 50;
console.log("x = 100 >= 50", x); // x = 100 >= 50 - true

x = 20 <= 20;
console.log("x = 20 <= 20", x); // x = 20 <= 20 - true
```

4.4.6 Multiplikation und Division

Das Multiplikationszeichen ist der * (Asterisk), und weder das kleine x noch das mathematische Multiplikationszeichen ×. Der Schrägstrich oder Slash / ist das Zeichen für die Division.

```
const a = 15;
const b = 25;

const sum = a * b;
const divi = b / a;
```

4.4.7 Modulo

Der Modulo-Operator – der %-Operator oder Rest-Operator – mit dem Prozentzeichen % wirkt exotisch. Der erste Operand wird durch den zweiten geteilt und der Rest der ganzzahligen Division wird zurückgegeben.

Modulo begegnet uns auch in CSS und unterlegt z.B. mit `nth-child(4n + 1)` jede vierte Spalte in einer Tabelle mit Hellgrau.

```
 +-- Erster Operand
 |
183 % 3
      |
      +-- Zweiter Operand

183 / 3 = 61 Rest 0
```

Diese Operation wird z.B. zur Prüfung eingesetzt, ob eine Zahl gerade oder ungerade ist.

```
const num = 20;
if (num % 2 === 0) {
   console.log(`${num} ist eine gerade Zahl`);
} else {
   console.log(`${num} ist ungerade`)
}
```

Eine Zahl ist gerade, wenn der Rest einer Division durch 2 gleich 0 ist. Das dreifache Gleichheitszeichen === prüft, ob die linke und die rechte Seite denselben Wert vom selben Typ liefern. Backticks ` anstelle von Hochkommas erlauben das Einsetzen von Variablen wie ${num} im String.

Die Festlegung auf einen Wertebereich ist ebenfalls eine Aufgabe für den Modulo-Operator. Die Werte für einen Winkel liegen immer zwischen 0 und 360 Grad, selbst wenn das Ergebnis einer Berechnung den Wert 1170 liefert.

```
const angle = 1170;
const grad = angle % 360;
console.log("grad", grad)
```

4.5 Übung: Modulo

Eine klassische Anwendung des Modulo-Operators ist eine Liste von Blogbeiträgen, die z.B. in Gruppen von je zwölf pro Seite dargestellt werden sollen: Wie viele Ergebnisse bleiben übrig für den letzten Block?

```
const results = 57;
const group = 12;
```

Musterlösung: `sandbox/modulo/index.html`

4.6 String-Eigenschaften und -Methoden

4.6.1 String length – Länge von Strings

Eigentlich haben Strings wie "Hallo Welt" oder "Jože Plečnik" als primitive Datentypen keine Methoden und keine Eigenschaften. Methoden und Eigenschaften gehören ins Reich der Objekte. Aber JavaScript konvertiert zwischen String-Primitives und String-Objekten, sodass einem einfachen String wie const = "Hallo Welt" die Methoden und Eigenschaften des String-Objekts zur Verfügung stehen. Das klingt jetzt abgehoben, aber lichtet sich mit zunehmender Erfahrung. Versprochen.

Ein String hat eine Länge – length. length ist eine Eigenschaft.

```
const name = "Jože Plečnik";
const l = name.length;
console.log("Länge des Strings", l);
```

Eigenschaften von Objekten werden mit einem Punkt – dem »Dot« – nach dem Variablennamen geschrieben.

JavaScript erreicht jedes einzelne Zeichen eines Strings mit einem Index in eckigen Klammern.

```
const o = name[1];
```

4.6.2 Hinter den Kulissen: JavaScript macht Strings zu Objekten

Jetzt ist ein String zwar ein primitiver Datentyp und kein Objekt, aber im Hintergrund wickelt JavaScript Strings in ein Objekt.

```
const stg = new String("Jože Plečnik");
```

So könnten wir einen String zwar auch anlegen, aber die literale Schreibweise ist intuitiver und einfacher zu lesen. Durch diesen Trick kommen Strings allerdings zu ihren praktischen Eigenschaften und Methoden wie Unterteilen, Suchen und Ersetzen.

Ein Blick in die Konsole von Chrome oder Firefox zeigt eine lange Liste (`__proto__` bezieht sich auf den Prototypen, der Strings all diese Methoden beibringt):

```
console.log("Strings", stg.__proto__);
```

```
0: length           18: italics         36: localeCompare
1: concat           19: link            37: toLocaleLowerCase
2: match            20: small           38: toLocaleUpperCase
3: matchAll         21: strike          39: trim
4: padStart         22: sub             40: startsWith
5: padEnd           23: sup             41: endsWith
6: repeat           24: toString        42: includes
7: replace          25: valueOf         43: normalize
8: replaceAll       26: charAt          44: at
9: search           27: charCodeAt      45: trimStart
10: split           28: codePointAt     46: trimLeft
11: anchor          29: indexOf         47: trimEnd
12: big             30: lastIndexOf     48: trimRight
13: bold            31: slice           49: isWellFormed
14: blink           32: substr          50: toWellFormed
15: fixed           33: substring       51: constructor
16: fontcolor       34: toLowerCase
17: fontsize        35: toUpperCase
```

Eine Reihe dieser Methoden wird heute kaum noch gebraucht oder gilt als `deprecated` – veraltet. Beispiele sind Methoden wie `big`, `strike` und `italics`, die Elemente nutzen, die es in HTML5 nicht mehr gibt. CSS ist da einfach eleganter.

Methoden wie `replace()`, `indexOf()`, `search()` und `split()` hingegen bilden die Basis für den Umgang mit Strings.

4.6.3 string.includes() – Zeichen im String enthalten?

`includes()` gibt `true` zurück, wenn die gesuchte Zeichenfolge in einem String vorkommt.

```
const spruch = "Das Mögliche ist ungeheuer";
console.log(spruch.includes("ungeheuer")); // true
```

4.6.4 string.indexOf() – Index eines Zeichens

`string.indexOf()` gibt den ersten Index eines Zeichens in einem String zurück.

```
const name = "Jože Plečnik";
console.log(name.indexOf("o")); // 1
```

Zum besseren Verständnis der String-Methoden hilft es, sich den String als ein besonderes Array vorzustellen:

```
                               1                   2
Position   0 1 2 3 4 5 6 7 8 9 0 1 2 3 4 5 6 7 8 9 0 1 2 3 4 5 6
Zeichen    I c h   b i n   e i n   l a n g e r   S t r i n g
```

`string.substring(start, end)` hat ein oder zwei Argumente (sie werden mit ein oder zwei Werten aufgerufen):

- `start` für das erste Zeichen des Teilstrings,
- `end` für das letzte Zeichen (exklusiv).

Mit nur einem Argument gibt `substring()` den Teilstring von `start` bis zum Ende zurück.

```
const teilstring = mystring.substring(12, 18);
console.log(teilstring); // langer
```

`string.substr(start,count)` gibt ein Fragment ab Position `start` (inklusive) mit einer Länge von `count` Zeichen zurück.

```
const fragment = mystring.substr(19, 6);
console.log(fragment); // String
```

4.6.5 string.replace() – Suchen und ersetzen

`replace()` sucht und ersetzt einen Teil oder Teile von Strings anhand eines Suchmusters (pattern). Der Original-String wird nicht verändert, sondern die Methode `replace()` gibt das Ergebnis der Ersetzung zurück.

In der einfachsten Variante sucht `str.replace(pattern, r)` eine Zeichenfolge `pattern` in einem String `str` und ersetzt sie durch die Zeichenfolge `r`. Der Original-String bleibt erhalten und der Rückgabewert enthält den veränderten String.

```
const kurstext = `Freitags findet kein Nähkurs statt,
                  aber samstags gibt es gleich zwei Nähkurse.`;

const result = kurstext.replace("Nähkurs","WordPress-Kurs");
console.log("result", result)
document.querySelector(".repl").innerHTML = result;
```

Wenn alle Vorkommen der Zeichenkette a durch b ersetzt werden sollen oder Groß- und Kleinschreibung eine Rolle spielen, heißt die Lösung `string.replaceAll()`. `replaceAll()` ist mit EcmaScript 2021 hinzugekommen und erspart uns viele Abgründe der regulären Ausdrücke (siehe Abschnitt 4.10)

```
console.log(kurstext.replaceAll("Nähkurs","WordPress-Kurs"));
```

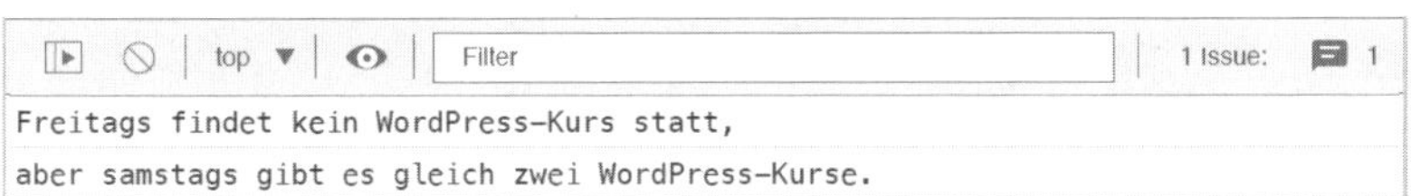

4.6.6 string.toLowerCase() und string.toUpperCase() – Groß- und Kleinschreibung

Was tun, wenn »ungeheuer« sowohl mit Groß- als auch mit Kleinbuchstaben gesucht wird? `toLowerCase()` wandelt alle Zeichen eines Strings in Kleinbuchstaben um, `toUppercase()` in Großbuchstaben.

```
const spruch = "Das Mögliche ist ungeheuer";
console.log(spruch.toLowerCase().includes("möglich")); // true
```

Es klingt zwar auch so, als wäre CSS genauso gut geeignet, eine Zeichenkette in Kleinbuchstaben oder Großbuchstaben umzusetzen, aber `toLowerCase()`

oder toUpperCase() ist immer wieder nützlich, wenn das Skript nach Teilstrings sucht.

4.7 Übung: Strings ersetzen

1. Ersetzen Sie das Wort »Erscheinung« durch »Fata Morgana«.

```
const far = "Am Horizont sahen sie eine Erscheinung";
```

2. Setzen Sie den vollständigen Text in Großbuchstaben.

```
const game = "Lara Croft - Tomb Raider";
```

Musterlösung: sandbox/strings/index.html

4.8 Weitere String-Methoden

4.8.1 string.charAt() und string.charCodeAt() – Zeichen und Teilstrings

Die Methode string.charAt(i) gibt das Zeichen des Strings an einem Index zurück. Ist der Index i größer als die Länge der Zeichenkette, ist der Rückgabewert von charAt() leer.

```
const name = "Jože Plečnik";
console.log(name.charAt(3).toUpperCase()); // E
```

Der Dot hängt eine Methode an eine andere Methode. JavaScript entwickelt den String von rechts nach links.

```
const mystring = "Ich bin ein langer String ☕";
console.log(`${mystring.charCodeAt(26)}`); // charCodeAt(12) 9749
```

Die Methode string.charCodeAt() gibt einen Integer-Wert zwischen 0 und 65535 zurück – einen UTF-16-Code. Der Unicode-Standard legt fest, wie Schrift und Symbole digital gespeichert werden, sodass wir heute mehrsprachige Texte mit hebräischen und tibetischen Zeichen bis hin zur Brailleschrift und Währungssymbolen unterbringen können.

4.8.2 string.match() – Position einer Zeichenkette im String

Die Methode `match()` durchsucht einen String anhand einer einfachen Zeichenkette. Wenn der String die Zeichenkette enthält, gibt `match()` den ersten Treffer als Array zurück (oder `null`, wenn nichts gefunden wurde).

Das Word »Zug« hat viele Bedeutungen: das Verkehrsmittel der Bahn, der Zug durchs offene Fenster, der Rosenmontagszug oder der Schachzug.

```
// Suche mit einfachem String
const text = document.querySelector("#matchZug").innerHTML;
const hasMatch = text.match("Zug");
console.log("hasMatch", hasMatch);
```

Die Suche nach der Zeichenkette »Zug« gibt ein Array mit nur einem Element zurück, nämlich dem ersten Treffer:

Erst mit einer while-Schleife würden alle Vorkommen von »Zug« in der Zeichenkette gefunden.

Mit einem regulären Ausdruck anstelle der einfachen Zeichenkette gibt `match()` alle Treffer zurück (oder `null`, wenn nichts gefunden wurde).

Mit regulären Ausdrücken beschäftigt sich zwar erst der Abschnitt 4.10, aber so viel vorab: Reguläre Ausdrücke sitzen in Schrägstrichen anstelle von Hochkommas und die Methode `match()` wird um zwei Parameter erweitert: die »Modifier«.

- Modifier `i` (case-insensitiv) ignoriert Groß- und Kleinschreibung,
- Modifier `g` (global) durchsucht den kompletten String.

```
// Suche mit regulärem Ausdruck und Modifiern
const regexMatch = text.match(/zug/ig);
console.log("regexMatch", regexMatch);
```

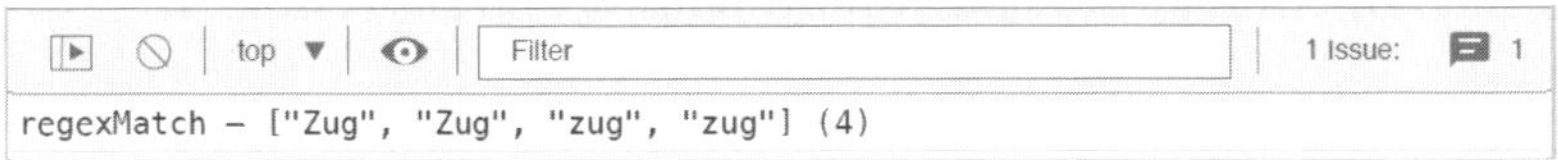

4.8.3 string.search() – Zeichenkette suchen

`search()` sucht eine Zeichenkette im String und gibt die erste Position oder -1 zurück, falls kein Treffer vorkommt. `search()` sucht anders als `indexOf()` auch nach Variationen des Suchmusters mit einem regulären Ausdruck.

Bei einem einfachen String als Suchmuster (pattern) gibt es keine Möglichkeit, die Suche unabhängig von Groß- und Kleinschreibung durchzuführen oder nach Variationen zu suchen.

```
ID, Kategorie, GTIN, Hersteller

422, "Deko", 432134537009, "Juennis GMBH"
423, "Office", 132334567005, "Walterschmid AG"
544, "Haushalt", 4321343670005, "jünnis gmbh"
7814, "Haushalt", 4321345670005, "Jünnis GmbH"
```

Suchen nach einem bestimmten Hersteller in einer CSV-Datei:

```
const csv = document.querySelector("#stringCSV").innerHTML;
const found = csv.search("Jünnis GmbH");
console.log("found", found); // found 187
```

`string.search()` trifft erst in der vierten Zeile. Alle anderen Schreibweisen werden nicht erkannt.

So wie bei `string.match()` ist die Suche mit `string.search()` anhand eines regulären Ausdrucks flexibler, wenn das i für Ignore Case einbezogen wird, und die Suche Groß- und Kleinschreibung unterscheidet.

```
const found = csv.search(/Jünnis GmbH/i);
console.log("found", found); // found 143
```

Wenn alle Varianten der Schreibweise gesucht sind, ist `string.match()` die Methode der Wahl.

4.8.4 string.slice() – Zeichenkette aus einem String schneiden

Die Methode `string.slice(start, end)` extrahiert ebenfalls einen Teil aus einem String. Die Argumente sind `start` (inklusiv) und `end` (exklusiv).

```
//                  012345678901234567890
const mystring = "Postpaket für Pauline";
console.log(mystring.slice(4,9)); // paket
```

Im Unterschied zu `string.substring()` startet `string.slice()` auch mit negativen Werten vom Ende des Strings aus.

Das Äquivalent zu `string.slice()` für Arrays sind Array-Methoden (siehe Abschnitt 8.2).

4.8.5 sort() und localeCompare() – Strings sortieren

Wenn wir Strings sortieren, sind es fast immer Arrays (siehe Abschnitt 8.3). Das können wir ohne großen Vorlauf direkt so schreiben:

```
const arr = ["Übach", "Unna", "Code", "Cäsar", "Hagen", "Çelik"];
document.querySelector(".simplesort").innerHTML = arr.sort();
```

Ausgabe:

```
5Code,Cäsar,Hagen,Unna,Çelik,Übach
```

Das ist schräg und entspricht nicht unseren Erwartungen.

Ohne das erste Argument `arr.sort(compareFunction)` werden Strings entsprechend zum jeweiligen Unicode-Code-Point-Wert sortiert (eine numerische Reihenfolge).

```
U+0043   C   43     LATIN CAPITAL LETTER C
U+0063   c   63     LATIN SMALL LETTER C
U+00C7   Ç   c3 87  LATIN CAPITAL LETTER C WITH CEDILLA
```

`string.localeCompare()` ist eine String-Methode, die zwei Strings unter Einbeziehung der Sprache miteinander vergleicht und einen numerischen Wert zurückgibt. `localeCompare` hat drei Argumente:

- die Zeichenkette, die verglichen wird,
- ein Länderkürzel (optional – der Vorgabewert (`default`) wird vom Browser entschieden),
- sensitivity (optional – `default` ist »nicht case-sensitiv«).

`sensitivity` beschreibt der Umgang mit der Groß- und Kleinschreibung:

- sensitivity: `"case"` Groß- und Kleinschreibung beachten
- sensitivity: `"u-kf-upper"` für Großbuchstaben
- sensitivity: `"u-kf-lower"` für Kleinbuchstaben
- sensitivity: `"u-kn-true"` für die Sortierung von Zahlen

Ziffern rangieren beim Sortieren von Buchstaben.

```
const ts = ["102", "Unna", "Çelik", "5", "chaotisch", "21", "Übach"]
    .sort( function(w1, w2) {
        return w1.localeCompare(w2,'de-DE-u-kn-true');
});

console.log("ts", ts);
```

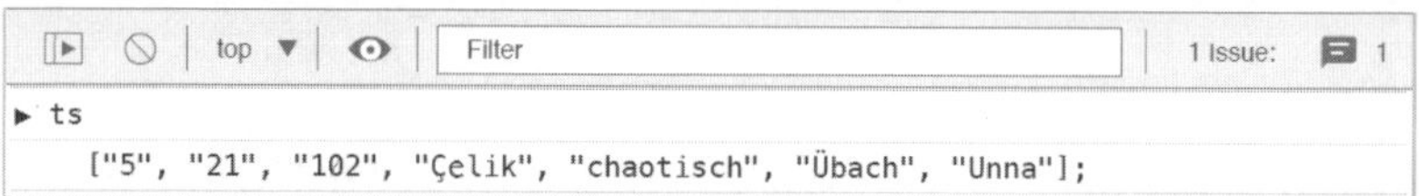

4.8.6 string.split() – Zeichenkette bei bestimmten Zeichen teilen

`split()` teilt eine Zeichenkette oder einen String bei jedem Vorkommen eines einfachen Teilstrings (z.B. bei Kommas) oder regulären Ausdrucks und speichert die Fragmente in einem Array. Eine typische Anwendung ist der Pfad einer Webseite, eines Bilds oder einer CSS-Datei, den `split()` bei jedem Schrägstrich in seine Komponenten splittet.

```
const path = window.location;
```

`window.location` gibt den vollständigen Pfad zur aktuellen Webseite zurück, z.B. *https://www.mitp.de/IT-WEB/Schnelleinstieg/PHP-MySQL-Schnelleinstieg.html*

```
const page = window.location.pathname.split("/").pop();
console.log("page", page)
```

`split('/')` teilt den Pfad bei jedem Schrägstrich und speichert die Komponenten in einem Array. Der Aufruf von `pop()` am Ende der Anweisung gibt den letzten Teil des Pfadnamens zurück: `PHP-MySQL-Schnelleinstieg.html`.

Eine weitere Anwendung ist die Übernahme von CSV-Daten (Comma-separated values) in JavaScript. CSV speichert tabellarische Daten und teilt sie durch ein Komma. Für die Verarbeitung liest `split(",")` die Daten in ein JavaScript-Array.

4.8.7 string.trim() – Leerzeichen am Anfang und am Ende entfernen

`string.trim()` entfernt Weißraum wie Leerzeichen, Tabulatoren und Zeilenumbrüche am Anfang bzw. am Ende eines Strings. `string.trim()` kommt zum Einsatz, wenn Elemente eines Strings in ein Array umgewandelt werden, und behandelt die Daten aus Eingabefeldern von Formularen.

Weißraum oder Leerzeichen gibt es in vielerlei überraschenden Formen:

- " " das nicht brechende Leerzeichen oder non-breaking space, ` `
- " " den n-Raum, ` `, ein kleines Leerzeichen, das z.B. bei Telefonnummern verwendet wird, damit die Lücken nicht so groß sind.
- den "   " m-Raum, ` `, ein breites Leerzeichen
- -- den Null-Leerraum, `‌` der zwar ein Leerzeichen ist, aber keinen Platz einnimmt.
- `\t`, den Tabulator
- `\n`, den Zeilenumbruch

```
const str1 = "   Aachen   ";
const str2 = "   Dresden   ";

console.log(`Leben in ${str1} oder ${str2}`);
console.log(`Leben in ${str1.trim()} oder ${str2.trim()}`);
```

Ein Text mit Leerzeichen wird im HTML nicht auffallen, da HTML aufeinanderfolgende Leerzeichen, Zeilenumbrüche und Tabulatoren unterdrückt. Das Skript hingegen wird in vielen Situationen an den Leerzeichen scheitern: Das gilt insbesondere bei der Übernahme von Daten aus den Eingabefeldern von Formularen (mehr dazu in Abschnitt 12.1).

```
const city = "Rostock";
if (city === rostock) {
   console.log("ist in Rostock");
} else {
   console.log("ist nicht in Rostock");
}
```

Wenn es eine Rolle spielt, ob Leerraum vor oder nach einem String eliminiert werden muss, gibt es auch `string.trimLeft()` und `string.trimRight()`.

4.8.8 String-Methoden verketten (chaining)

Eine praktische Seite der String-Methoden ist die Verkettung oder Chaining. Das funktioniert, weil viele Methoden einen Rückgabewert haben, der direkt in einer anderen Methode aufgerufen werden kann.

So passen Aktionen in eine Zeile:

```
const str = "Hallo Welt!";
const auszug = str.trim().substring(0, 5);
console.log(auszug); // Output: "Hallo"
```

Der Punkt oder Dot ist das verbindende Element zwischen den individuellen Methoden. Zuerst ruft die Anweisung `str.trim` auf, um einen eventuellen Weißraum auszuschließen und anschließend die Zeichen von Position 0 bis 5 zurückzugeben. Bei jeder Kette muss allerdings abgesichert werden, dass der Rückgabewert der vorangehenden als Eingabewert der nächsten Operation verwendet werden kann.

4.9 Übung: Zeichenkette extrahieren

Schreiben Sie ein kleines Skript, das mithilfe von `str.splice()` das Wort »Liebling« zurückgibt.

```
const text = "Saras Lieblingskleid ist rot";
```

Beispiellösung: `sandbox/strings/index.html`

4.10 Reguläre Ausdrücke

4.10.1 Eine Programmiersprache in einer Programmiersprache

Reguläre Ausdrücke prüfen Benutzereingaben, stellen fest, ob eine Zeichenkette eine E-Mail-Adresse sein könnte, eine Postleitzahl oder eine Telefonnummer, und verhindern, dass Benutzer HTML-Tags in das Eingabefeld eines Formulars schreiben. Regex(Regular Expressions) sind eine Enklave: eine eigene kleine Programmiersprache, die in andere Programmiersprachen integriert ist und aussieht, als wäre die Tastatur falsch verdrahtet. Auch HTML kann mit regulären Ausdrücken umgehen.

HTML:

```
<input type="text" value="D">-
<input type="text" pattern="^[0-9]{5}$" required>
```

4.10.2 Metazeichen und Suchmuster

Reguläre Ausdrücke bilden ein Suchmuster aus Metazeichen (Zeichen, die weder Buchstabe noch Zahl sind) für irreguläre Zeichenfolgen. Metazeichen für eine Zahl sind z.B. `\d` oder `[0-9]`. Ein Suchmuster für genau fünf Zahlen ist `\d{5}` oder `[0-9]{5}`.

Der Backslash vor dem d kennzeichnet das d als Platzhalter für eine Ziffer, damit das d nicht für den Buchstaben d gehalten wird. Diese Schreibweise nennt man »escaping« (maskieren). Wir merken schon: Es gibt viele Metazeichen.

Die literale Schreibweise für reguläre Ausdrücke schreibt das Suchmuster nicht in Hochkommas, sondern setzt einen Schrägstrich (Slash) an den Anfang und das Ende. Dieser Aufruf ersetzt HTML-Tags in einem Text, z.B. im Textfeld eines Kommentars.

```
const stripped = mystr.replace(/(<([^>]+)>)/gi, "");
```

4.10.3 Basiszeichen und Metazeichen

`\d` ist der Platzhalter für eine Ziffer, suchen wir nach drei Ziffern in Folge, könnten wir `\d\d\d` schreiben. Das hatten wir bereits. Weitere Basiszeichen stehen für Buchstaben, Weißraum und Sonderzeichen.

Basiszeichen	
\w	Buchstabe, Ziffer oder Unterstrich
\W	ein Sonderzeichen
\d	eine Ziffer zwischen 0 bis 9
\D	ein Zeichen, das keine Ziffer ist
\s	ein Weißraum (Leerzeichen, Zeilenumbruch usw.)
\S	Jedes Zeichen außer Weißraum
\b	Wortgrenze
\B	keine Wortgrenze

Metazeichen wie ^ und $ suchen am Anfang bzw. am Ende eines Strings oder bieten Alternativen, wenn niemand weiß, ob mit Umlaut oder ohne: ä|ae.

Metazeichen	
.	findet alle Zeichen außer Zeilenende
^	Anfang eines Strings
$	Ende eines Strings
|	Alternativen
()	Teile des Suchmusters abgrenzen
[]	Zeichenklassen
{}	Replikatoren

`\d` hält für eine Ziffer her. Aber wenn nur Ziffern von 1 bis 4 vorkommen sollen? Das geht mit der Zeichenfolge `[1-4]`. Äquivalent reagiert `[A-D]` nur auf Großbuchstaben A, B, C, D. Die Replikatoren legen Wiederholungen fest. `\w{3}` steht für »mindestens 3 Zeichen«.

Zeichenklassen	
[xyz]	beliebiger Buchstabe x, y oder z
[^xyz]	jeder Buchstabe außer x, y oder z
[0-9]	jede Ziffer zwischen 0 bis 9
[a-z]	jeder Kleinbuchstabe von a bis z
[A-Za-z0-9]	alle Buchstaben und Ziffern
[a-zß-ü]	alle Kleinbuchstaben und Umlaute

Replikatoren	
{n,m}	mindestens n Mal, höchstens m Mal
{n,}	mindestens n Mal
{n}	genau n Mal
*	0 Mal oder öfter, äquivalent zu {0,}
+	1 Mal oder öfter, äquivalent zu {1,}
?	0 oder 1 Mal, äquivalent zu {0,1}

4.10.4 Methoden regulärer Objekte: exec() und test()

`search()` ist eine Methode des String-Objekts. Reguläre Objekte haben ebenfalls Methoden, die nach den Vorkommen von Zeichenketten in einem String suchen: `exec()` und `test()`.

`exec()` findet nur die erste Position eines Suchmusters im String und gibt entweder die Position oder `null` zurück, wenn kein Treffer gefunden wurde. Die Methoden regulärer Ausdrücke werden auf dem regulären Ausdruck ausgeführt und ihr Argument ist der String.

`test()` ist die einfachste und schnellste Variante für die Untersuchung, ob ein String dem Muster entspricht. `regex.test(str)` gibt `true` zurück, wenn `str` dem regulären Ausdruck entspricht, ansonsten `false`.

5 Programme steuern – Ablaufkontrolle

5.1 Abfragen und Schleifen

5.1.1 Programmablaufplan

JavaScripts if/else-Abfragen unterbrechen die lineare Ausführung der Befehle und überspringen Anweisungen – abhängig von den Ergebnissen der Abfrage. Aus der Kombination von Abfragen, Verzweigungen und Zuweisungen entsteht die Programmlogik für komplexe Abläufe.

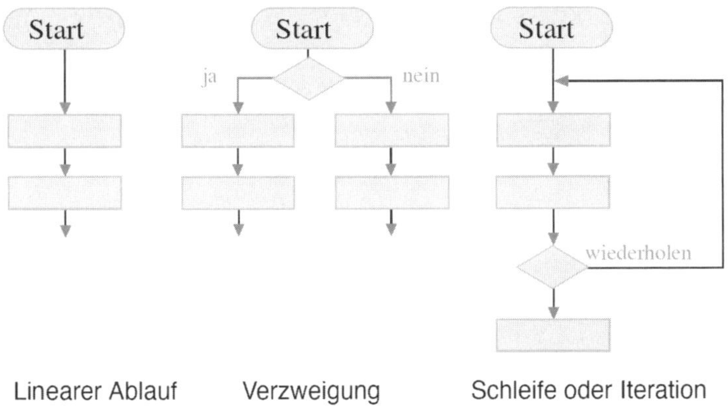

Abb. 5.1: Programmablaufplan der klassischen Programmierung

Ein Programmablaufplan wird in JavaScript selten verwendet, denn JavaScript wird in erste Linie von Ereignissen wie Mausklicks, Tastatureingaben und Gesten gesteuert (siehe Abschnitt 11.1).

5.1.2 Programmfluss steuern

Es gibt zwei grundlegende Methoden, den Programmablauf in JavaScript zu steuern:

- Verzweigungen (if else / switch)
- Schleifen und Iterationen (while / for)

Verzweigungen:

```
if (Bedingung) {
   Anweisungen;
}

if (Bedingung) {
   Anweisungen;
} else {
   Anweisungen;
}

switch (Ausdruck) {
   case label1:
      Anweisungen;
      break;
   case label2:
      Anweisungen;
      break;
   ...
}
```

Schleifen:

```
while (Bedingung) {
   Anweisungen;
}

do {
  Anweisungen;
} while (Bedingung);
```

Iteration:

```
for (Anweisung; Bedingung; Anweisung) {
   Anweisungen;
}
```

5.2 if-then-else

5.2.1 if-Abfrage

Die bedingte if-Abfrage prüft Bedingungen und führt Anweisungen nur aus, wenn die Bedingung zutrifft.

```
if (Bedingung) {
   Anweisungen;
}
```

Jeder JavaScript-Ausdruck, der `true` oder `false` liefert, kann die Bedingung sein. Bedingung werden mit Vergleichsoperatoren und logischen Operatoren wie gleich, größer oder »ist enthalten« formuliert.

<	kleiner als	5 < 17	true
>	größer als	5 > 17	false
<=	kleiner oder gleich	25 <= 17	false
>=	größer oder gleich	25 >= 25	true
==	ist gleich	18 == 18	true
!=	nicht gleich	25 != 17	true
===	ist gleich und vom selben Typ	10 === "10"	false
!==	nicht gleich und nicht vom selben Typ	10 !== "18"	true

Die if-Bedingung ist meist ein Vergleich zweier Werte oder Variablen (beim Vergleich von Zeichenketten gilt die lexikalische Ordnung). Die Anweisungen können beliebige JavaScript-Anweisungen sein, insbesondere auch weitere if- bzw. if/else-Abfragen und somit tiefer verschachtelte Anweisungen.

```
const a = 42;
const b = 100;
if (a == b) {
   console.log(`${a} ist kleiner als ${b}`);
```

```
    // 42 ist kleiner als 100
}

if (a < b) {
    console.log(`${a} ist nicht kleiner als ${b}`);
    // wird nicht ausgeführt
}
```

Die Anweisungen des zweiten Beispiels werden nicht ausgeführt, denn die Bedingung liefert `false`.

5.2.2 if/else-Abfragen

`if/else` bildet eine Abzweigung, sodass in jedem Fall Anweisungen durchgeführt werden.

```
const a = 42;
const b = 100;

if (a == b) {
    console.log(`${a} ist gleich ${b}`);
} else {
    console.log(`${a} ist nicht gleich ${b}`);
}
```

Für Einsteiger ist es nicht einfach zu beurteilen, ob eine Variable als `const` deklariert werden kann oder durch `let` auf eine erneute Zuweisung vorbereitet wird. Würde die Variable a in diesem Beispiel mit `let` deklariert und würde dann versehentlich der Operator in der Abfrage als einfaches Gleichheitszeichen geschrieben, entsteht eine Zuweisung anstelle einer Abfrage. Mit einer konstanten Variablen a warnt der Parser mit TypeError: `Attempted to assign to readonly property`.

Mit einer veränderlichen Variablen führt das Skript die Zuweisung still und leise durch. Solche Logikfehler sind später schwer aufzudecken.

5.2.3 if-Abfragen und Block-Scope

Die geschweiften Klammern rund um die Anweisung der if-Abfrage erzeugen einen Block-Scope oder Gültigkeitsbereich der Variablen (siehe Abschnitt

6.2). Variablen, die innerhalb von geschweiften Klammern deklariert werden, sind außerhalb der geschweiften Klammern undefiniert – nicht bekannt.

```
const x = 100;
const y = 400;

if (x >= y) {
   const z = x + y;
} else {
   const z = y - x;
}

console.log(z);
// [Error] ReferenceError: Can't find variable: z
```

Eine Logikfalle entsteht, wenn die zweite Deklaration der Variablen z vergessen wird (»z ist ja schon deklariert«).

```
const x = 100;
const y = 400;

if (x >= y) {
   const z = x + y;
} else {
   z = y - x;
}
console.log("z", `${x} ist nicht größer oder gleich ${y},
                  also z = ${z}`);
```

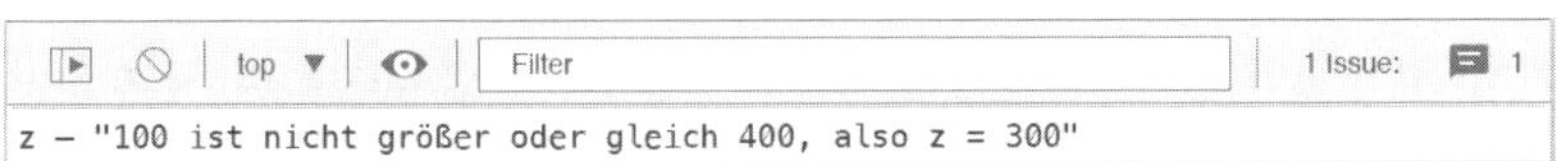

Eine Variable, die weder durch `const` noch durch `let` deklariert ist, wird zu einer globalen Variablen. Die Abfrage funktioniert in dieser Konstellation, aber andere Werten für die Eingangsvariablen x und y führen zu einem Fehler.

5.2.4 Kurzschrift für if/else

Wenn nur eine Anweisung vorliegt, muss sie nicht in geschweifte Klammern gesetzt werden.

```
if (x >= y) console.log(`${x} >= ${y}`);
else console.log(`${x} nicht >= ${y}`);
```

Kann man machen, aber diese Schreibweise ist schwer lesbar.

5.2.5 Mehr als zwei Optionen

Entweder/oder wie in den vorangegangenen Beispielen reicht nicht immer aus. Wenn mehr als zwei Unterscheidungen vorliegen, brauchen wir verschachtelte Abfragen. Bei mehreren Optionen beginnt das Verschachteln der Abfragen.

```
const width = 360;
const max = 480;
if (width > max) {
   console.log(`${width} ist größer als ${max}`);
} else if (width <= max) {
   console.log(`${width} ist kleiner oder gleich ${max}`);
   if (width < max) {
      console.log(`${width} kleiner als ${max}`);
   }
} else {
   console.log(`Ein unvorhergesehener Fehler ist eingetreten.`)
}
```

Der letzte Zweig mit der Fehlermeldung ist der Rettungsanker für den Fall, dass keine der vorangegangenen Bedingungen zutrifft. Zu einem unvorhergesehenen Fehler würde es etwa kommen, wenn `width` keine Zahl wäre, sondern ein String.

5.2.6 Mehrere Bedingungen

Die if-Abfrage verkraftet auch mehr als eine Bedingung. Das doppelte &-Zeichen steht für das logische Und. Beide Bedingungen müssen wahr sein, damit die Bedingung `true` liefert. Im nächsten Beispiel testet die Abfrage, ob der Wert von `width` zwischen einem minimalen und maximalen Wert liegt.

```
const width = 360;
const max = 480;
const min = 200;

if (width < max && width > min) {
   console.log(`${width} liegt zwischen ${max} und ${min}`)
}
```

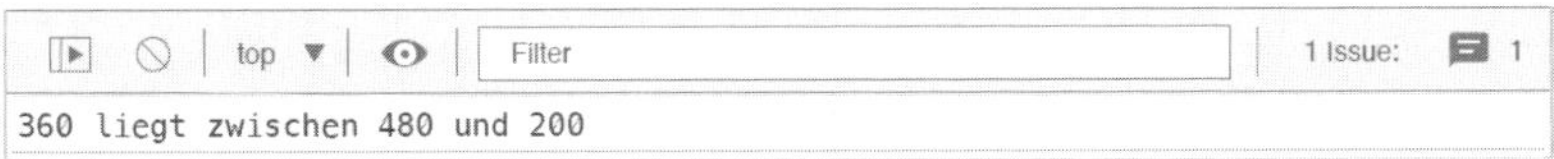

Der doppelte senkrechte Strich || (auch »Pipe« genannt) bildet ein logisches Oder. Nur eine der beiden Bedingungen muss zutreffen, damit die Anweisung im if-Zweig ausgeführt wird.

```
const width = 22;
const max = 48;
const min = 20;

if (width === max || width > min) {
   console.log(`${width} ist gleich ${max}
                oder größer als ${min}`);
} else {
   console.log(`${width} ist nicht gleich ${max}
                und nicht größer als ${min}`);
}
```

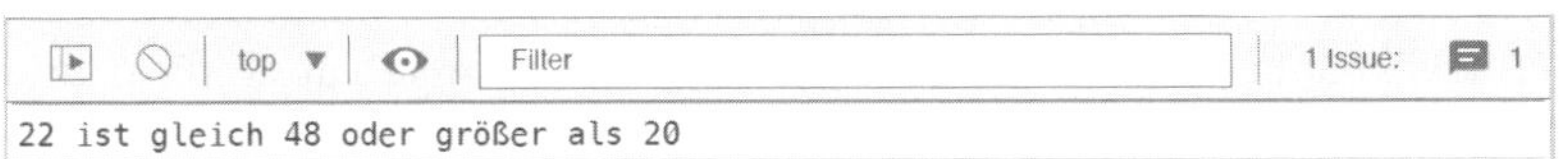

5.3 switch

JavaScripts `switch case` führt anstelle mehrfacher if/else-Abfragen die Alternativen in einer überschaubaren Liste von Anweisungen auf. `switch` vergleicht den Wert der Bedingung mit dem Wert, der neben jeder case-Marke aufgeführt ist.

Ein längeres Programm zu lesen und nachzuvollziehen kann schwieriger sein, als das Programm zu schreiben. Knackig kurze Abfragen mit überschaubaren Zweigen machen es leichter, der Logik zu folgen. switch-Anweisungen können komplexe if/else-Bedingungen in eine überschaubare Struktur umsetzen.

```
const country = "Frankreich";

switch (country) {
    case "Deutschland":
        console.log(`Deutschland`);
        break;
    case "Frankreich":
        console.log(`Frankreich`);
        break;
    case "Irland":
        console.log(`Irland`);
        break;
    default:
        console.log(`Weder Deutschland oder Frankreich noch Irland`);
}
```

Das Schlüsselwort `break` ist die Anweisung, den switch-Block sofort zu verlassen und am Ende des Blocks mit der Ausführung fortzufahren. Das Schlüsselwort `default` ist eine Sprungmarke für alle Fälle, in denen keine der Bedingungen zutrifft.

Wenn `break` nicht am Ende jeder case-Marke steht, fällt die Prüfung im wahrsten Sinne des Wortes durch: Auch wenn z.B. die erste case-Marke zutrifft, werden die Anweisungen der folgenden case-Marke ausgeführt. Steht dort ebenfalls kein `break`, werden auch hier die Anweisungen ausgeführt und am Ende auch noch die Anweisungen der default-Marke.

Nur die switch-Anweisung benötigt die geschweiften Klammern. Ein sauber formatierter Code sorgt dafür, dass die switch-Anweisung besser lesbar ist. Apropos »geschweifte Klammern« der switch-Anweisung: Die machen einen Block-Scope auf. Alle case-Optionen liegen innerhalb der geschweiften Klammern der switch-Anweisung.

```
const auswahl = "Äpfel";
       ┌──►switch(auswahl) {
       |       case "Äpfel":
       |          const wahl = "Äpfel";
       |          console.log(`${wahl}`);
       |          break;
       |       case "Birnen":
Block ──┤          const wahl = "Birnen";
       |          console.log(`${wahl}`);
       |          break;
       |       default:
       |         console.log(`${wahl} nicht im Angebot`);
       └──►}
// [Error] SyntaxError: Cannot declare a const variable twice:
                         'wahl'.
```

In so einem Fall können die case-Anweisungen in geschweifte Klammern gesetzt werden.

```
case "Apfelsinen":
   {
      const wahl = "Apfelsinen";
      console.log(`${wahl}`);
   }
break;
```

5.4 Übung: Stundenplan mit switch/case

1. Schreiben Sie einen Stundenplan für einen ganzen Tag Webdesign mithilfe von switch/case:

8.00 bis 10.00	HTML lernen	**10.01 bis 11.00**	Pause
11.01 bis 12.00	CSS lernen	**12.01 bis 13.00**	Pause
13.01 bis 15.00	JavaScript lernen	**15.01 bis 16.00**	Pause
16.01 bis 17.00	Übungen	**zwischen 17.01 bis 8.00**	Kein Unterricht

   Legen Sie die Stunde als Fließkommazahl fest, z.B. `const hour = 17.18;`. Dabei entstehen sieben case-Fälle.

2. Fassen Sie die Pausen zu einem case mithilfe eines logischen || (Oder) zusammen.
3. Programmieren Sie den Stundenplan mit if/else anstelle von switch/case. Was fällt Ihnen leichter? Sehen Sie sich Ihre Lösung oder die Beispiellösung in ein paar Tagen noch einmal an. Welche der beiden Varianten können Sie besser nachvollziehen?

Beispiellösung: `sandbox/if-case/index.html`

5.5 for-Schleifen

5.5.1 Funktionsweise von Schleifen

Programmiersprachen arbeiten mit viele Arten von Schleifen, um Aktionen wiederholt auf Daten auszuführen. Die for-Schleife oder for-Iteration ist eine der gebräuchlichsten.

Die for-Anweisung wiederholt Anweisungen und ist das Arbeitspferd der Aktionen im Document Object Model. Die klassische for-Iteration wird eingesetzt, wenn die Zahl der Durchläufe im Vorhinein bekannt ist.

Eine for-Anweisung in JavaScript basiert auf einer Variablen für den Index und führt Anweisungen in abgezählten Schritten durch (Iteration), bis eine Bedingung nicht mehr zutrifft.

```
for ([Anfangsausdruck]; [Bedingung]; [Inkrement])
   Anweisung;
```

Alle Zutaten sind am Anfang der Schleife in einer Klammer aufgelistet. Das macht die for-Anweisung so gut lesbar.

```
Anfangs-              ┌──── Bedingung
ausdruck  ──┐         │
            │         │      ┌──── Schritt-Anweisung (Inkrement)
            ▼         ▼      ▼
for ( let i = 0; i <= 9; i++ ) {
   … Anweisungen: Mach was mit i …
}
```

- Der Anfangsausdruck initialisiert einen oder mehrere Zähler – fast immer auf einer Zählvariablen, z.B. `let i=0;`. Der Anfangsausdruck erlaubt eine beliebig komplexe Syntax.

- Die Bedingung legt fest, wann die Zielgröße der Zählvariablen erreicht ist, z.B. `i < 10;`.
- Die Inkrement-Anweisung erhöht die Zählvariable (z.B. i++) oder zählt sie herunter (z.B. i--), kann aber auch mit einer Schrittweite wie 5 oder einer komplexen Funktion wie `myFunc(i)` umgehen.

Und warum wird der Anfangsausdruck mit `let` und nicht mit `const` geschrieben? Weil die Variable i bei jedem Durchlauf geändert wird.

Die geschweiften Klammern für die Anweisungen erzeugen einen Block-Scope, also einen eigenen Gültigkeitsbereich. Variablen, die innerhalb des Blocks definiert und deklariert werden, können nicht durch Variablen mit ein und demselben Namen überschrieben werden.

```
const step = 5;
for (i=1; i<=20; i+=step) {
   const result = i * 17;
   console.log("result", `${i} * 17 = ${result}`);
}
```

Der Anfangsausdruck muss nicht mit 0 anfangen, die Schrittweite muss nicht 1 sein. In diesem Beispiel ist die Schrittweite 5, und die Ausführung beginnt bei 1.

5.5.2 Verschachtelte for-Schleifen

Innerhalb von for-Schleifen können alle Arten von Anweisungen, Funktionsaufrufe und auch weitere for-Schleifen liegen – dann stehen wir vor verschachtelten for-Schleifen. Die Variable `i` stellt den Index der äußeren Schleife dar. Für die innere Schleife wird ein anderer Name für die Index-Variable benutzt, denn die Variable `i` gilt für den gesamten Block.

Am Rande: `i` ist der Lieblingsname in for-Schleifen, die innere Schleife nutzt meist den Variablennamen `j`.

Das ist die Berechnung von drei Farben in zwei Abstufungen. Das Ergebnis könnte etwa direkt als Farbe in ein style-Attribut in HTML übernommen werden.

```
const hue = [14, 28, 95];
const sat = [50, 100];

for (let i=0; i<hue.length; i++) {
   console.log(`${i}. Farbe: ${hue[i]}`);
   for (j=0; j<sat.length; j++) {
      console.log(`Farbe hsl(${hue[i]}, ${sat[j]}%, 100% )`)
   }
}
```

5.5.3 break und continue

`break` beendet eine Schleife vorzeitig und kann nur innerhalb von switch-, while- und for-Schleifen verwendet werden.

```
for (let i=0; i<12; i++) {
   console.log(i);
   if (i === 8) {
      console.log(`Schleife abbrechen`);
      break;
   }
}
```

Die Schleife läuft von 0 bis 8 inklusive. Nach der Ausgabe der 8 erscheint noch die Ausgabe `Schleife abbrechen`.

`continue` überspringt Index-Werte und führt die for-Schleife an einer anderen Stelle weiter aus.

```
for (let i=0; i<12; i++) {
   if (i === 5 || i===10) {
      console.log(`${i} überspringen`);
      continue;
   } else {
      console.log(`${i}`)
   }
}
```

5.6 while-Schleifen

Anders als die for-Schleife, die drei Ausdrücke in runden Klammern braucht, kommt die while-Schleife mit nur einer Bedingung aus.

```
while (Bedingung) {
   Anweisungen;
}
```

Während eine for-Schleife den Wert einer Variablen im Schleifenkopf schrittweise automatisch verändert (inkrementiert), erfolgt die Inkrementierung einer while-Schleife manuell im Schleifenkörper.

```
let i = 0;

while (i < 10) {
   console.log(`i ist ${i}`);
   i++;
}
```

Wird das Inkrementieren vergessen, gerät das Skript in eine unendliche Schleife: Entweder bricht der Browser ab oder der Benutzer muss die Seite zwangsweise schließen. Also muss immer sichergestellt sein, dass die Bedingung `false` wird.

Wenn die Bedingung `false` liefert, endet die Ausführung der while-Schleife und die Kontrolle wird an die Anweisung nach der while-Schleife übergeben.

Die while-Schleife und die for-Schleife lösen dieselben Aufgaben im Grunde genommen nur mit einer jeweils unterschiedlichen Syntax. Eine Daumenregel, wann die Wahl besser auf `for` und wann besser auf `while` fällt, lautet: Wenn die Anzahl der Läufe im Voraus bekannt ist, zieht man die for-Schleife vor. Ist die Anzahl der Läufe nicht bekannt, kommt eine while-Schleife zum Zug.

5.6.1 while-Schleifen verschachteln

Natürlich lassen sich while-Schleifen ineinander verschachteln.

```
let i = 0;
while (i <= 4) {
    console.log(`i ist ${i}`);
    let j = 10;
    while (j > 5) {
        const result = i * j;
        console.log(`${i} * ${j} = ${result}`);
        j--;
    }
    i++;
}
```

Spätestens an dieser Stelle ist klar, warum die meisten Entwickler die for-Schleife vorziehen: Zu schnell wird das Rauf- oder Runterzählen der Laufvariablen vergessen. Auch die Deklaration der Laufvariablen fällt schon mal unter den Tisch, aber das führt zu einem Syntaxfehler, der einfach aufzuspüren ist.

5.6.2 label – aus Schleifen ausbrechen

`label` ist die Möglichkeit, eine Schleife zu unterbrechen. Die `label`-Anweisung arbeitet mit einem Marker, der eine Stelle im Code angibt. Bei einer break-Anweisung kann das Skript einen tief verschachtelten Block verlassen und an der markierten Stelle im Code fortfahren oder bei einer `continue`-Anweisung einen ganzen Durchlauf überspringen. Der Wert von `label` ist frei wählbar, darf aber kein reserviertes Wort sein.

Das folgende Beispiel aus der Statistik berechnet eine Summenformel: Zum Startwert `summe = 0` wird abwechselnd 1 und dann 2 addiert, bis die Summe den Wert 12 erreicht.

```
let summe = 0;
let a;

// Label der äußeren Schleife
outerloop:
while (true) {
    a = 1; // setzt a immer wieder auf 1, wenn a > 3

    while (a < 3) {
        summe += a; // addiert immer entweder 1 oder 2
        if (summe > 12) {
            break outerloop; // Beendet die äußere Schleife
        }
        console.log(`summe = ${summe} (a = ${a})`);
        a++;
    }
}
```

5.6.3 do while

Die do-while-Schleife ist etwas anders als die while-Schleife: Die Anweisungen werden mindestens einmal durchlaufen, selbst wenn die Bedingung `false` liefert.

```
do {
   Anweisungen;
} while (Bedingung)
```

Die Anweisungen werden auf jeden Fall einmal durchgeführt, bevor die Bedingung geprüft wird. Liefert die Bedingung am Ende des Laufs `true`, folgt ein weiterer Durchlauf, liefert sie `false`, endet die Ausführung und die Kontrolle wird an die Anweisungen hinter der do-while-Anweisungen übergeben.

5.7 Übung: Zahlen von 1 bis 100 ausgeben

Geben Sie die Zahlen von 1 bis 100 aus: Dabei sollen alle Vielfachen von 3 zusätzlich `Fizz` und alle Vielfachen von 5 `Buzz` ausgeben und am Ende auch noch `FizzBuzz` bei allen Vielfachen von 3 und 5. Lösen Sie die Aufgabe mit einer for-Schleife und mit einer while-Schleife.

Der Modulo-Operator % prüft, ob eine Zahl ein Vielfaches einer Zahl ist.

Für die wirklich ambitionierten Programmierer: Kann die Aufgabe mit einer einzigen Zeile gelöst werden? Tipp: Nutzen Sie den Ternary-Operator (siehe Abschnitt 5.9) – eine kompakte Schreibweise für eine bedingte Zuweisung.

Beispiellösung: `sandbox/while-loops/index.html`

5.8 Logische Operatoren

5.8.1 Logische Operatoren und Zuweisungen

Sowohl if- und switch-Anweisung als auch while-Schleifen arbeiten mit Bedingungen. Neben einfachen Bedingungen wie `if (a > b)` gibt es Situationen, in denen komplexe Bedingungen formuliert werden müssen.

JavaScript hat vier logische Operatoren:

- && (Und)
- || (Oder)
- ! (Negation)
- ?? (nullish coalescing)

5.8.2 Logisches Und &&

Der &&-Operator geht von links nach rechts und gibt sofort `false` zurück, wenn der erste Wert `false` liefert.

```
const a = 50;
const b = 100;
console.log(a > 15 && b < 200);
             ▲          ▲
           true       true
```

Alle Ausdrücke müssen `true` liefern, damit der gesamte Ausdruck `true` zurückgibt. Dabei ist es gleich, wie viele Ausdrücke hinzugezogen werden.

```
const c = "foo";
console.log(a >= 50.0 && b < 200 && c === "FOO");
              ▲           ▲           ▲
            true        true        false
```

JavaScript kennt Zahlen nur als `Number`, gleich ob ganzzahlig oder eine Gleitkommazahl. Darum entwickelt sich `a >= 50.0` zu `true` und auch ein strenges `===` würde die beiden Werte als gleich einstufen.

Aber Groß- und Kleinschreibung macht einen Unterschied in JavaScript, sodass der Ausdruck zu `false` ausgewertet wird.

```
const a = 50;
const zoo = "Zoo";
const vers = "vers";

if (a === 50.0 && zoo < vers) { … }
       ▲             ▲
     true          true
```

Auch Strings lassen sich miteinander vergleichen. Dabei gilt die alphabetische Reihenfolge und Großbuchstaben rangieren vor Kleinbuchstaben.

5.8.3 Logisches Oder ||

Nur ein Ausdruck muss `true` zurückgeben, damit der gesamte Ausdruck als `true` gewertet wird.

```
const x = "Hallo";
const y = "Welt";
const z = "foo";

console.log(x === "Hallo" || y === "welt" || z === "");
                 ▲                  ▲                 ▲
                true              false             false
```

Anders herum ausgedrückt: Nur wenn alle Ausdrücke `false` sind, wird `false` zurückgegeben.

5.8.4 Logisches Not! – Negation

Das Ausrufezeichen – der !-Operator – gibt `true` zurück, wenn eine Variable oder ein Ausdruck `false` ist und umgekehrt. Der !-Operator dreht also den Wert um.

```
const tag = true;
const nacht = !tag;
```

Im folgenden Beispiel wird die Bedingung spieler >= 11 zu `false` ausgewertet. Der !-Operator dreht den Wert um, sodass die Anweisungen des if-Blocks ausgeführt werden.

```
const spieler = 10;
if (!(spieler >= 11)) {
   console.log("Heute wird nicht Fußball gespielt")
}
```

5.8.5 Verwendung von truthy und falsy in Bedingungen

In logischen Operationen werden Werte in `true` oder `false` konvertiert, auch wenn diese Werte eigentlich Zahlen oder Strings sind. Jeder Wert in JavaScript hat auch einen inhärenten Boole'schen Wert, der als `truthy` oder `falsy` bezeichnet wird. Der Wert 0 einer Zahl ist `falsy`, liefert also in einer logischen Operation `false`, während ein Wert 17 truthy ist.

Ein weiterer Begriff ist `nullish` – nullähnlich. Diese feinen Unterschiede brauchen Skripte, um festzustellen, ob Variablen definiert sind und einen sinnvollen Wert enthalten, ob sie `undefined`, `NaN` oder `null` sind.

Begriff	Erklärung
falsy/falsch	0, "", false, NaN, null, undefined
truthy/wahr	alles, was nicht falsy ist
nullish	null, undefined

In while-Schleifen und if-Abfragen werden `truthy`- und `falsy`-Werte zur Flusssteuerung eingesetzt und prüfen, ob ein Wert existiert oder nicht.

```
      truthy  truthy
        ▼       ▼
const z = 200 && 500;
console.log("z" , z);
```

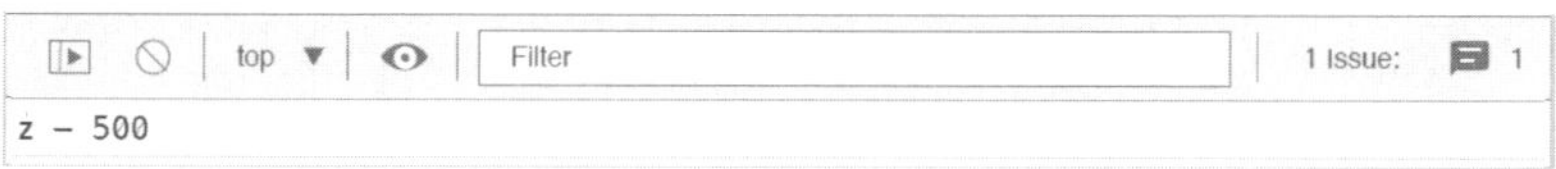

Der &&-Operator gibt den ersten `falsy`-Wert zurück oder den letzten Wert. Da beide Werte `truthy` sind, wird `z` zu 500 ausgewertet.

Im folgenden Beispiel muss sich die while-Schleife auf einen Wert verlassen, der von einer Anwendung auf dem Server geliefert wird. Das kann in vielen Tests gut gehen, aber irgendwann könnte die Server-Anwendung einen leeren String übergeben.

```
const e = 50;
let username = "";

while (e < 70 && username) {
   ...
}
console.log("username", username, typeof username);
username – "" – "username"
```

Die while-Schleife wird niemals durchlaufen. `username` ist zwar definiert und ein leerer String ist ein gültiger String, aber die Abfrage konvertiert einen leeren String in `falsy`.

Auf der anderen Seite verwendet man `truthy` und `falsy`, um Variablen einen default- oder Standardwert zuzuweisen.

```
const user = username || "Gast";

while (e > 40 && user) {
   e -= 1;
   console.log("truthy", user);
}
```

Jetzt kommt die while-Schleife zum Zuge, auch wenn die Anwendung einen leeren String liefert.

5.8.6 ?? Nullish-Coalescing-Operator

Wenn der Operand auf der linken Seite des ??-Operators `null` oder `undefined` ist, gibt der Nullish-Operand den Wert der rechten Seite zurück.

```
let n;
let foo;
n = foo ?? "default"; // foo ist undefined!
console.log("nullish", n); // [Log] nullish - "default"
```

Die Variable `foo` ist definiert, hat aber keinen Wert, ist also `falsy`. Vereinfacht gesagt: ?? prüft, ob eine Variable einen Wert hat, und falls nicht, wird ein Standardwert eingesetzt.

Der Nullish-Coalescing-Operator wird bislang selten benutzt, weil der Operator erst seit ES 2020 in ECMAScript verankert ist. Er eignet sich aber ausgesprochen gut, um einen Standardwert festzulegen, wenn eine Variable `null` oder `undefined` ist, aber kein anderer `falsy`-Wert wie 0, „“ (leerer String) oder NaN (Not a Number) oder {} (leeres Objekt). Das ist der Unterschied zum ||-Operator aus dem vorangegangenen Abschnitt.

5.9 Ternary-Operator

5.9.1 Unary-Operator, Binary-Operator, Ternary-Operator

Vorab eine kurze Zusammenfassung und Wiederholung: Einfach-, Zweifach- und Dreifach-Operatoren.

- **Unäre (Unary) Operatoren, auch »einstellige« Verknüpfung**

  Ein Operand vor oder nach dem Operator
  Verneinung oder Negation: !N (Negation), -x (Vorzeichenänderung, x++ (Inkrement), typeof

- **Zweifache (Binary) Operatoren**

  Zwei Operatoren: einer vor und einer nach dem Operator
  Addition `a + b`

- **Dreifache (Ternary) Operatoren**

  Drei Operatoren, Kurzform einer if/else-Abfrage
  `t = alter < 16 ? "10 €" : "50 €"`

5.9.2 Dreifach-Operator – Ternary

Der ?-Operator (Ternary- oder Dreifach-Operator ist eine kompakte Schreibweise für eine bedingte Zuweisung, wenn `if/else` zu umständlich wird. Auch wenn der ?-Operator als kurze if-Anweisung eingesetzt wird: Der Ternary-Operator ist nur die bedingte Zuweisung eines Werts an eine Variable. `if/else` hingegen ist Flusskontrolle.

```
const alter = 17;
if (alter <= 18) {                         // Bedingung
   console.log("Apfelsaft für dich!")      // true
} else {
   console.log("Wein für die Großen")      // false
}
```

Die bedingte Zuweisung tritt an die Stelle der langatmigen if/else-Anweisung.

- Der erste Operand ist die Bedingung,
- der zweite wird zurückgegeben, wenn die Bedingung `true` liefert,
- der dritte, wenn die Bedingung `false` liefert.

```
               Operand 1    Operand 2   Operand 3
                   |            |           |
                   ▼            ▼           ▼
const foo = (Bedingung) ? wenn true : wenn false;
                        ▲           ▲
                        |           |
                    Operator    Operator
```

Die Abfrage mit dem Ternary-Operator passt in eine Zeile:

```
const frei = alter <= 18 ? "Saft für dich!" : "Wein für dich";

// oder übersichtlicher geschrieben

frei =
   alter <= 18              // Bedingung
   ? "Saft für dich!"       // ? steht für ein if
   : "Wein für dich";       // : steht für das else
```

5.9.3 Mehr als eine Anweisung

Der Ternary erlaubt auch mehrere Anweisungen, die allerdings nicht in geschweiften Klammern, sondern in runden Klammern aufgelistet werden. Ein Komma trennt die Anweisungen anstelle des üblichen Semikolons.

```
const tour = {
   gelaufen: 12,
   steigung: 4
}

let anleitung;

tour.gelaufen > 10
? (console.log("reicht"), anleitung = "reicht")
: (console.log("weiter"), anleitung = "weiter, marsch");
```

Wie eingangs bereits erwähnt, ist der Ternary-Operator keine Flusskontrolle. Was also nicht funktioniert, ist ein Ternary-Operator ohne `: (else)`.

```
tour.steigung > 8
   ? console.log("Weg ist zu steil");

// SyntaxError:Unexpected token ';'. Expected ':' in ternary ...
```

Wenn nur ein Ergebnis gefordert ist, wirkt `null` als else-Zweig. Gibt die Abfrage `false` zurück, kommt es also zu keiner Aktion.

```
tour.steigung > 8
   ? console.log("Weg ist zu steil")
   : null;
```

5.9.4 Ternary – sinnvoll oder nicht sinnvoll?

Die einen sagen, Ternary anstelle von `if/else` trage zur Übersichtlichkeit und Lesbarkeit des Codes bei, weil Anweisungen in einer Zeile besser nachvollziehbar sind. Die anderen sagen, if-Statements seien leichter zu lesen und liefern beim Kompilieren den effizienteren Code.

Sinnvoll ist Ternary in einfachen logischen Operationen, bei denen er ein oder zwei Zeilen Code einspart. Da sind wir auf einem homöopathischen Level der Optimierung. Am Ende ist die Verwendung des Ternary-Operators eine Frage des persönlichen Geschmacks.

5.10 Übung: if-Anweisungen kürzen

Ersetzen Sie die if/else-Abfrage durch eine Ternary-Abfrage.

```
const farbe = "grün";
let style;

if (farbe === "grün") {
   style = "color: green";
} else {
   style = "color: red";
}
```

Beispiellösung: `sandbox/ternary/index.html`

5.11 Implizite Typ-Konvertierung in Abfragen

Still und leise konvertieren die runden Klammern einer if-Abfrage alles automatisch zu einem Boolean – einem Wahrheitswert. Dabei ist es egal, von welchem Typ der übergebene Wert ist.

```
const mail = "test@webseite.de";
if (mail) {
   console.log(mail);
} else {
   console.log("Das kann nicht sein");
}
```

Obwohl `mail` eindeutig ein String ist, wandelt die if-Abfrage den String automatisch in einen Boolean um. In der Tat entwickelt die if-Abfrage jeden String, der nicht leer ist, und jede Zahl, die nicht 0 ist, zu `true`.

Nur eine Handvoll von Werten entwickelt sich zu `false`.

```
const x = false;
const val = 0;
const empty = ""; // oder const empty = ''
const nichts = null;
const unknown = undefined;
const notNum = NaN;
```

Der leere String wird in Abschnitt 12.2 über die Validierung von Formularen gebraucht, um zu prüfen, ob etwas im Eingabefeld vorhanden ist oder ob das Feld leer ist.

Ähnlich steht es um null: Mit `null` prüfen wir, ob es das angesprochene HTML-Element tatsächlich gibt, NaN – Not a Number – prüft, ob eine Zahl eingegeben wurde.

Alle anderen Werte als die oben angeführten liefern immer `true`, selbst ein String mit einem Leerzeichen (`const blank = " "`) oder ein leeres Array (`const arr = []`).

6 Funktionen

6.1 Funktionen erzeugen und aufrufen

Funktionen sind eine Gruppe von Anweisungen mit einem Namen – eine Gebrauchsanleitung. Sie bilden Blöcke von Anweisungen, die das Skript mehrfach nutzen kann. Das Zusammenfassen von Befehlen in eine Funktion strukturiert lange Programme und verbessert die Lesbarkeit.

Das Schlüsselwort `function` weist einer Gruppe von Anweisungen in geschweiften Klammern einen Namen zu.

Der JavaScript-Interpreter führt Skripte zwar Zeile für Zeile von oben nach unten aus, aber er überspringt alles innerhalb von Funktionen. Erst beim Aufruf der Funktion mit ihrem Namen und den runden Klammern springt das Programm zur Funktion und führt die Anweisungen aus. Per Vorgabe schiebt JavaScript also im Hintergrund alle Deklarationen »nach oben« (das nennt man »Function Hoisting«).

Anschließend kehrt der Interpreter hinter den Aufruf der Funktion zurück und bearbeitet die folgenden Anweisungen.

```
function hallo() {
   console.log("Hallo Welt!");
}

hallo();
```

Aus Sicht des Interpreters schläft die Funktion bis zu ihrem Aufruf. Der englische Begriff für den Funktionsaufruf ist darum `invoking` (aufwecken).

Steht der Funktionsaufruf vor der Deklaration der Funktion – egal, wie viele Anweisungen oder Funktionen zwischen dem Aufruf und der Deklaration stehen –, springt der Interpreter zur Funktion, führt sie aus und spring wieder hinter den Funktionsaufruf zurück.

```
hallo();

function hallo() {
   console.log("Hallo Welt!");
}
```

JavaScript führt Funktion in der Reihenfolge aus, in der sie aufgerufen werden, und nicht in der Reihenfolge, in der sie definiert sind. Funktionen dürfen aufgerufen werden, bevor sie definiert werden.

6.1.1 Parameter und Argumente

Die runden Klammern nach dem Namen nehmen optional eine Liste von Parametern auf, um Daten an die Funktion zu übergeben. Oft bleibt es nicht bei einem Funktionsaufruf, sondern Skripte nutzen Funktionen mit unterschiedlichen Werten.

```
rechnen(12, 200);    // 212

function rechnen(a, b) {
   const wert = a + b;
   console.log(wert);
}

rechnen(110, 700); // 810
```

Sprechweise: In der Deklaration der Funktion werden Parameter festgelegt, beim Aufruf der Funktion werden die übergebenen Werte als Argumente bezeichnet.

```
    ┌--- Schlüsselwort
    |         ┌---> Name der Funktion
    |         |       ┌---> Parameter
    |         |       |   ┌---> Parameter
    |         |       |   |
function rechnen(a, b) {
   const wert = a + b;  // ◄─┐
   console.log(wert);   // ◄─┘  Anweisungsblock der Funktion
}

    Argument   Argument
          |       |
          ▼       ▼
rechnen(110, 700);
```

6.1.2 return: Rückgabewert von Funktionen

Mit dem Schlüsselwort `return` gibt eine Funktion einen Wert an den Funktionsaufruf zurück.

```
function teilen(a, b) {
   const wert = a / b;
   return wert;
   console.log("wert", wert);
}

const divi = teilen( 110, 700 );
console.log("divi", divi); // divi - 0.15714285714285714
```

Der Ausdruck `teilen(110, 700)` enthält also nach dem Funktionsaufruf einen Wert, den das Skript der Variablen `divi` zuweist.

Die Konsolen-Ausgabe `console.log("wert", wert)` hinter der return-Anweisung wird nie sichtbar, denn mit dem Schlüsselwort `return` verlässt das Skript die Funktion sofort.

Es gibt allerdings auch Situationen, in denen die Funktion zwar `return` aufruft, aber keinen Wert zurückgibt. Das sehen wir später z.B. bei if/else-Abfragen: Manchmal ist es sinnvoll, die restlichen Anweisungen einer Funktion nicht mehr auszuführen.

6.1.3 Vorbelegte Parameter

Mit wachsender Komplexität der Aufgaben sind Funktionsaufrufe eine Quelle von Fehlern, die sich nicht direkt offenbaren.

```
function publishPost(titel) {
    return `Besuchen Sie unsere Ausstellung »${titel}«`;
}

console.log(publishPost("Was ist ein Scope?"));
```

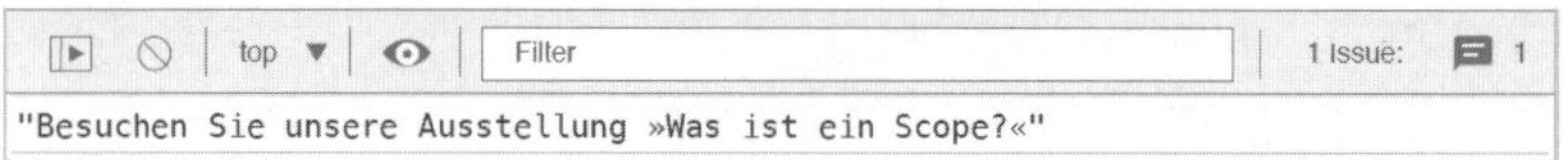

Was würde wohl passieren, wenn dem Funktionsaufruf `publishPost("Was ist ein Scope?")` kein Argument übergeben wird? Bei Benutzereingaben kann es zu solchen Situationen kommen.

```
console.log(publishPost());
```

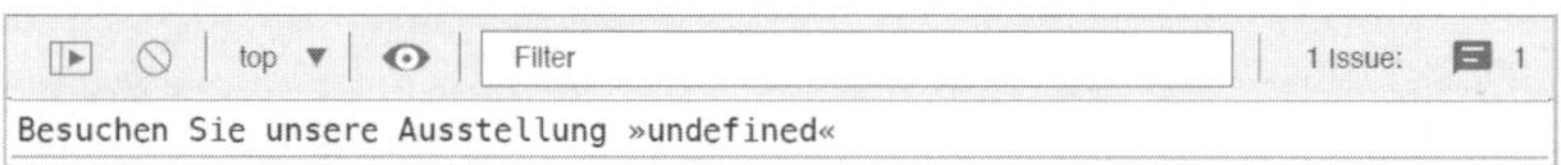

Diese Fehlerquelle hätten wir vor ES6 durch eine Abfrage eliminiert. Der Ausweg ist einfach: Das Ausrufezeichen (Negation) fragt, ob ein Wert für `title` übergeben wurde, und wenn nicht, weist `"Bilder des Tages"` der Variablen einen Wert zu.

```
function publishPost( titel ) {
    if (!titel) {
        titel = "Bilder des Tages";
    }
    return `Besuchen Sie unsere Ausstellung »${titel}«`;
}
```

Damit die Abfrage nicht bei allen Funktionen eingesetzt werden muss, hat ES6 (ECMAScript 2015) eine elegantere Lösung parat und weist dem Parameter schon in den runden Klammern ein Platzhalter-Wert zu.

```
function publishPost( titel = "Bilder des Tages" ) {
   return `Besuchen Sie unsere Ausstellung »${titel}«`;
}
```

Wenn die Funktion mehrere Parameter hat, kann jeder Parameter vorbelegt werden.

6.2 Globaler Gültigkeitsbereich (Scope)

6.2.1 Globaler Scope: das Window-Objekt

Der Bereich, in dem JavaScript auf eine Variable zugreifen kann, wird als »Scope« bezeichnet. Die Regeln für den Gültigkeitsbereich sind fundamental für das Verständnis von Programmen.

Auf Variablen des globalen Gültigkeitsbereichs kann JavaScript aus allen Teilen des Programms zugreifen, auch aus Funktionen.

6.2.2 Funktions-Scope

Variablen, die außerhalb aller Funktionen liegen, fallen in den globalen Gültigkeitsbereich und können an jeder beliebigen Stelle des Programms abgerufen werden.

```
const global = 400;

function ausgabe() {
   console.log(global, "im Funktions-Scope");
   const func = 100;
}

console.log(global, "im globalen Scope");
ausgabe();
```

Das war jetzt stark vereinfachend, denn was jetzt noch fehlt, sind »Blöcke«.

6.2.3 Block-Scope

Ein Block entsteht durch geschweifte Klammern, und zwar nicht nur bei Funktionen, sondern z.B. auch bei einer if-Abfrage. Erst einmal bleibt die Variable `global` auch innerhalb eines Blocks im globalen Gültigkeitsbereich. Das Skript hat vollen Zugriff auf die globale Variable.

```
const global = 400;

function ausgabe() {
    console.log(global, "Funktions-Scope");       Funktions-
    const func = 100;                              Scope
}

if (true) {
    console.log(global, "Block-Scope");           Block-
    let blockVar = 22;                             Scope
}

function local(loc) {
    const global = 1000;                           Funktions-
    if (true) {                                    Scope
        local = loc + global;
        console.log(local, "Funktions-Scope");
    }
    const newVar = localVar + global;
    console.log(newVar, "newVar");
    console.log(localVar, "Funktions-Scope");
    return newVar;
}

console.log(global, "globaler Scope");
ausgabe();
const last = local(55);
```

Variablen, die innerhalb von Funktionen deklariert werden, liegen im Gültigkeitsbereich der Funktion, aber außerhalb der Funktion sind sie nicht definiert.

Mit der globalen Variablen `global` kann die Funktion `local` rechnen. Aber was passiert, wenn die Funktion eine eigene Variable mit dem Namen `global` deklariert? Die erneute Deklaration von `global` führt nicht zu einem Fehler, sondern überschreibt die Variable `global` des globalen Bereichs.

Da offenbart sich die Systematik: Was innerhalb von geschweiften Klammern deklariert wird, ist lokal. Alles, was außerhalb aller geschweiften Klammern deklariert wird, liegt im globalen Bereich und kann überall im Skript benutzt werden.

Hinweis

Geschweifte Klammern bilden einen Block und wir sprechen vom »Block-Scope«.

6.2.4 Verschachtelte Funktionen

Funktionen können auch innerhalb von Funktionen liegen. Die innere Funktion muss dann innerhalb der äußeren Funktion aufgerufen werden, denn nur hier ist die innere Funktion bekannt.

```
function aussen() {
   const x = 400;

   function innen() {
      const y = 600;
      const z = x + y;
      console.log("z", z); // z - 1000
   }
   innen();
}
aussen();
```

Die innere Funktion hat Zugriff auf die Variablen der äußeren Funktion. Umgekehrt sind die Variablen der inneren Funktion in der äußeren Funktion nicht definiert.

6.3 Übung: Globaler Scope, Block-Scope und Funktions-Scope

Rechnen Sie die Werte der Variablen der beiden Funktionen überall dort aus, wo `console.log(?)` aufgerufen wird.

```
const global = 400;

function ausgabe() {
   let loc = 2.5;
   let func = 100 + local(global * loc);
   func = func * loc;
   console.log(?);
}

function local(loc) {
   let global = 1000;
   intern = loc + global;
   console.log(?);
   return intern;
}

ausgabe();
console.log("intern", intern);
```

Was passiert mit der Variablen `intern`, die weder mit `var`, noch mit `const` oder `let` deklariert ist? Ist `intern` am Ende des Skripts bekannt?

Beispiellösung: `sandbox/function-scope/index.html`

6.4 Funktionsausdrücke (Function Expressions)

6.4.1 Anonyme Funktionen

JavaScript kennt mehr als die einfache Schreibweise von Funktionen in Abschnitt 6.1. Ein Funktionsausdruck oder Function Expression sieht fast so aus wie eine normale Funktion, kann aber direkt einer Variablen zugewiesen werden.

```
function brutto(betrag, satz) {
   const mwst = betrag * satz / 100;
   return betrag + mwst;
}
const summe = brutto(500, 19);
```

Viele Funktionen liefern mit `return` einen Wert zurück an die aufrufende Funktion. Wird das Ergebnis einer Funktion direkt einer Variablen zugewiesen, haben wir einen Funktionsausdruck oder `function expression`.

Funktionsausdrücke haben keinen Namen, sie sind anonym und werden darum auch als anonyme Funktionen bezeichnet.

```
const summe = function(betrag, satz) {
   const mwst = betrag * satz / 100;
   return betrag + mwst;
};
console.log("summe", summe(500, 19)); // summe - 595
```

Per stillschweigender Übereinkunft setzt man ans Ende der Deklaration einer Funktion kein Semikolon, wohl aber hinter die letzte schließende Klammer eines Funktionsausdrucks. Der Unterschied scheint zunächst unbedeutend, liegt aber in verborgenen Details.

Bei einer klassischen Funktion ist es egal, ob die Deklaration vor dem Aufruf der Funktion steht oder umgekehrt.

```
const summe = brutto(500, 19);

function brutto(betrag, satz) {
   const mwst = betrag * satz / 100;
   return betrag + mwst;
}
```

Bei einem Funktionsausdruck hingegen käme es zu einer Fehlermeldung.

```
console.log("summe", summe(500, 19)); // summe - 595
const summe = function (betrag, satz) {
   const mwst = betrag * satz / 100;
   return betrag + mwst;
};
```

Nachteile anonymer Funktionen

- Testen und Debuggen von anonymen Funktionen ist nicht einfach,
- sie können nicht mehrfach verwendet werden,
- ohne Namen geben anonyme Funktionen auf den ersten Blick keine Beschreibung ihrer Aufgabe,
- Strukturverlust, der Code wirkt aufgemischt.

6.5 Arrow-Funktionen

ECMAScript hat Arrow-Funktionen mit ES6 (2015) eingeführt. Gegenüber der klassischen Schreibweise von Funktionen bieten Arrow-Funktionen Vorteile:

- Die Schreibweise kann sehr kompakt gehalten werden.
- Sie haben ein implizites `return`.

Klassische Schreibweise:

```
function summe(a, b) {
   return a + b;
}

console.log("summe",
            summe(10, 50));
```

Reguläre Arrow-Funktion:

```
const summe = (a, b) => {
   return a + b;
}

console.log("summe",
            summe(10, 50));
```

Der Pfeil aus Gleichheitszeichen und spitzer Klammer links (=>) wird als Fat Arrow bezeichnet. Gerade im Fall von einzeiligen Funktionen wird die Abkürzung deutlich: Die geschweiften Klammern und die `return`-Anweisung entfallen.

```
const summe = (a, b) => a + b;
```

Hat die Funktion nur einen Parameter, geht es noch kürzer, denn dann braucht sie keine runden Klammern für den Parameter.

```
const euro = x => x + " €";
console.log(euro(15)); // 15 €
```

6.5.1 Arrow-Funktionen mit Object als Rückgabewert

Hier wird die Arrow-Funktion etwas komplizierter, denn Arrow-Funktionen sitzen genauso in geschweiften Klammern wie Objekte.

```
const returnObject = () => {
   city: "München",
   einwohner: 250000
};
```

So würde die Browser-Konsole einen Fehler auswerfen: `Uncaught SyntaxError: Unexpected token ':'`. Die geschweiften Klammern der Funktion sitzen darum zusätzlich in runden Klammern.

```
const returnObject = () => ({
   city: "München",
   einwohner: 250000
});

console.log(returnObject);
```

So geschrieben gibt die Funktion das Objekt zurück.

6.5.2 Arrow-Funktionen und Array-Operationen

Auch wenn Array-Methoden höherer Ordnung und Callbacks noch nicht auf dem Plan standen, hier eine kurze Vorschau.

```
const counter = [1, 2, 3, 4, 5];
counter.forEach(function(n) {
   console.log(n);
});
```

Alles in eine Zeile geschrieben ist aussagestark und sorgt für Übersichtlichkeit:

```
counter.forEach(n => console.log(n))
```

Arrow-Funktionen sind eine alternative Kurzschreibweise für Funktionen und stehen für eine bessere Lesbarkeit und effizienten Code.

6.6 Debugging

6.6.1 Funktionen und Programmablauf untersuchen

Mit wachsender Komplexität des Programms durch Funktionen und ihre gegenseitigen Aufrufe wird die Suche nach Fehlern – Bugs – immer aufwendiger. Bei Syntaxfehlern hilft die Konsole, aber die Suche nach der Ursache von Logikfehlern oder einem unerwarteten Verhalten nimmt viel Zeit in Anspruch.

Debugging ist die Verfolgung von Datenflüssen im Programm und Debugger sind Werkzeuge, die bei der Suche nach Fehlern helfen. Die modernen Browser haben Debugger bereits eingebaut. Breakpoints – Unterbrechungen des Programmablaufs – pausieren den Programmablauf und erlauben den Einblick in die aktuellen Werte von Variablen. Der zeilenweise Marsch durch die Zeilen des Skripts bringt uns ein besseres Verständnis für die Abfolge und die Speicherbelegung.

6.6.2 Breakpoint setzen und schrittweises Ausführen

Die Konsole im Chrome-Browser zeigt unter `Sources` die Dateien, aus denen die Webseite zusammengesetzt ist. Ein Mausklick auf die Skript-Datei listet den Code mitsamt Zeilennummern auf.

Abb. 6.1: »Sources« des Debuggers besteht aus vier Bereichen: den Dateien der Webseite, einer Spalte für die Zeilennummern, Quellcode und der Anzeige der Variablen.

Setzten Sie den Breakpoint auf die erste Zeile des Skripts (2) und laden Sie die Seite erneut.

Abb. 6.2: Die Ausführung des Skripts pausiert jetzt vor der Ausführung der ersten Skript-Anweisung.

Auf der rechten Seite der Konsole (4) zeigt Chrome unter `Script` die aktuellen Werte der Variablen an. Vor der Ausführung des Skripts sind nach dem erneuten Laden keine Werte verfügbar, weil JavaScript noch keinen Speicher für die Variablen angelegt hat.

Abb. 6.3: Für die ersten Schritte mit dem Debugger ist nur der Bereich ▼ Script interessant.

Der Debugger wird mit vier Symbolen gesteuert.

Abb. 6.4: Step over next function call

Abb. 6.5: Step into next function call

Abb. 6.6: Step out of current function call

Abb. 6.7: step

Mit dem Symbol →● schreitet der Debugger jetzt von Ausführungsschritt zu Ausführungsschritt. Das führt uns vor Augen, in welcher Reihenfolge die Anweisungen des Skripts ausgeführt werden:

```
▼ Script
   global: 400
```

```
▼ Local
   this: Window
   func: <value unavailable>
   loc: <value unavailable>
▼ Script
   global: 400
```

Mit dem Aufruf der Funktion `local()` (Zeile 5) springt der Debugger direkt auf die erste Zeile der Funktion (Zeile 11). Auf Zeile 12 sitzt ebenfalls eine Variable `global`. Das Skript verwaltet jetzt zwei Variablen mit dem Namen `global`, die übergeordnete Variable `global` auf Zeile 1 und die Variable `global` in der Funktion `local()`.

```
▼ local
   this: Window
   func: <value unavailable>
   loc: 2.5
▼ Script
   global: 400
```

```
▼ local
   this: Window
   global: 1000
   loc: 2.5
▼ Script
   global: 400
```

Verfolgen Sie das Programm Schritt für Schritt: Das vertieft die Erfahrung mit dem Aufruf von Funktionen und dem Umgang mit lokalen und globalen Variablen.

6.7 Übungen: Funktionen

1. Temperaturen von Celsius in Fahrenheit umrechnen

   Das Grundwissen über Funktionen reicht schon, um ein kleines Tool zu programmieren, das Celsius in Fahrenheit umrechnet. Ein Tipp: Die Funktion bekommt als Parameter die Temperatur in Celsius.

   Wenn das Skript funktioniert, ist es bestimmt kein Problem, die Funktion in nur einer Zeile als Arrow-Funktion zu schreiben.

2. Arrow-Funktion und Arrays

   Schreiben Sie eine Funktion, der ein Array mit Zahlen übergeben wird und die ein Objekt mit der kleinsten und größten Zahl zurückgibt.

   Schreiben Sie die Funktion als Arrow-Funktion in einer Zeile.

3. IIFE – Ausgabe von Werten beim Laden der Seite

   Aus Breite und Höhe eines Rechtecks die Fläche berechnen und beim Laden der Seite direkt in der Konsole des Browsers ausgeben.

   Mit den Werten Breite 30 und Höhe 20 soll die Ausgabe wie folgt aussehen:

```
Die Fläche eines Rechtecks mit einer Breite von 30 und einer Höhe von
20 ist 600.
```

Beispiellösung: `sandbox/function/index.html`

7 Objekte

7.1 Grundlagen

7.1.1 Objekte als logische Informationsgruppen

JavaScript arbeitet mit den klassischen Datentypen wie Number, String und Boolean. Nur mit diesen einfachen Datentypen wäre Programmierung Schreibarbeit ohne Ende, Programme wären schwer lesbar und ausgesprochen fehleranfällig. Wenn die Daten und die Logik des Programms komplexer werden, sind Objekte die fundamentale Datenstruktur.

Objekte sind im Wesentlichen nichts anderes als Paare von Schlüsseln und Werten.

```
const benutzer = {
   Name:      "Klara Wanders",
   status:    "aktiv",
   beitritt: 2018-10-17,
   rolle:     "admin",
   email:     "klara.wanders@homepage.de"
}
    ▲          ▲
 Schlüssel   Wert
```

Objekte gruppieren Daten, die auf der logischen Seite irgendwie zusammengehören. Ihre Elemente werden mit dem Namen des Objekts angesprochen. Das sichert ihnen einen hohen Erkennungswert zu.

Ein Objekt beschreibt Adressen, Produkte oder Benutzer eines Content-Management-Systems mit Namen, Zugriffsrechten, ihrem bevorzugten Editor und ihrer E-Mail-Adresse. In puncto Webdesign steuern wir auf das Mutterschiff aller Objekte zu: Das Document Object Model bildet alle Elemente der Webseite als JavaScript-Objekt ab.

7.1.2 Objekte erzeugen

Die einfachste Methode zur Erzeugung eines Objekts ist die literale Schreibweise (literal: so viel wie »wörtlich, einfach und schnörkellos«).

```
const obj = {
   Schlüssel: Wert,
   Schlüssel: Wert,
   …
}
```

Die Elemente von Objekten sitzen in geschweiften Klammern, um sie vom restlichen Code abzugrenzen. Ein Doppelpunkt ordnet dem Schlüssel einen Wert zu und Kommas trennen die Schlüssel/Wert-Paare.

Man kann sich Objekte als Kommoden mit Schubladen vorstellen. Jede Schublade hat einen Aufkleber, der mit einem Wort den Inhalt beschreibt – das ist der Schlüssel. In einer Programmiersprache ohne Objekte könnten die Eigenschaften in einfachen Variablen gespeichert werden:

```
const name = "Klara Wanders";
const status = "aktiv";
const rolle = "admin";
```

Ein Objekt hält Informationen unter einem Namen zusammen. Die Eigenschaften (englisch: properties) oder Attribute des Objekts werden innerhalb der geschweiften Klammern des Objekts deklariert:

```
         ┌── Name des Objekts
         │
         │        ┌── geschweifte Klammer auf
         ▼        ▼
const kinofilm = {
   title:     "Der Herr der Ringe",  // Eigenschaft title
   actor:     "Cate Blanchett",      // Eigenschaft actor
   published: 2001                   // Eigenschaft published
}
▲
└── geschweifte schließende Klammer
```

Hinter dem Namen der Eigenschaft folgt ein Doppelpunkt, gefolgt von einem Wert, wobei Strings wie immer in Hochkommas stehen, Boolean- und Zahlenwerte jedoch nicht. Hinter dem Paar von Schlüssel:Wert steht ein Komma. Das Komma hinter dem letzten Element kann entfallen.

Die Bezeichnungen der Eigenschaften gehorchen den bereits bekannten Regeln von Variablennamen: Sie müssen mit einem Buchstaben anfangen und dürfen keine Bindestriche enthalten, nur Unterstriche. Eigenschaften können – müssen aber nicht – in Hochkommas sitzen.

Allerdings erlaubt JavaScript auch Leerzeichen im Schlüssel. Dann gehört der Schlüssel zwingend in Hochkommas.

7.1.3 Dot-Notation – der Punkt verbindet

Außerhalb des Objekts werden Eigenschaften mit dem Namen des Objekts angesprochen, gefolgt von einem Punkt und der Bezeichnung der Eigenschaft.

```
                ┌── Name des Objekts
                ▼
const x = kinofilm.title;
                   ▲
                   └── Eigenschaft des Objekts
```

Das lässt sich auch mit eckigen Klammern schreiben.

```
const x = kinofilm["title"];
```

Diese Schreibweise wird allerdings so gut wie nie verwendet, sondern kommt nur vor, wenn Eigenschaften mit einem Leerzeichen geschrieben werden. In so einem Fall muss der Zugriff auf die Eigenschaft in eckigen Klammern stehen.

```
"Erster Teil": "Die Gefährten";
...
x = kinofilm["Erster Teil"];
```

7.1.4 Objekte in Objekten

Die Eigenschaften von Objekten beschränken sich nicht auf Number, Boolean und String, sondern Eigenschaften können selbst Objekte sein.

```
const kinofilm = {
   title: "Der Herr der Ringe",
   published: 2001,
   buch: {
      title: "Der Herr der Ringe",
      autor: "JRR Tolkien"
   }
}
```

Auf den Buchautor greift ebenfalls die Dot-Notation – der Punkt – zu:

- der Name des Objekts
- gefolgt von einem Punkt
- gefolgt vom Namen der Eigenschaft (dem Schlüssel)

```
x = kinofilm.buch.autor; // "JRR Tolkien"
```

Die Eigenschaften `title` des Objekts `kinofilm` und `title` des untergeordneten Objekts `buch` kommen sich nicht in die Quere.

7.1.5 Elemente von Objekten ändern

Die Elemente eines Objekts werden nach den jeweiligen Mustern der Datentypen manipuliert.

```
// Eine Eigenschaft des Objekts löschen
delete kinofilm.published;

// Eine neue Eigenschaft im Objekt hinzufügen
kinofilm.hasOscar = true;

// Eigenschaft ändern
kinofilm.title = kinofilm.title + " Teil 1";

// Das geänderte Objekt in der Konsole ausgeben
console.log("neu", kinofilm);
```

- `delete` mit dem Namen des Schlüssels löscht eine Eigenschaft des Objekts.
- Der Name des Objekts, gefolgt von einem Punkt, gefolgt vom Namen des Schlüssels erzeugt eine neue Eigenschaft durch eine einfache Zuweisung (=).

- Zuweisungen und mathematische Operationen funktionieren nach demselben Muster wie auf primitiven Datentypen.

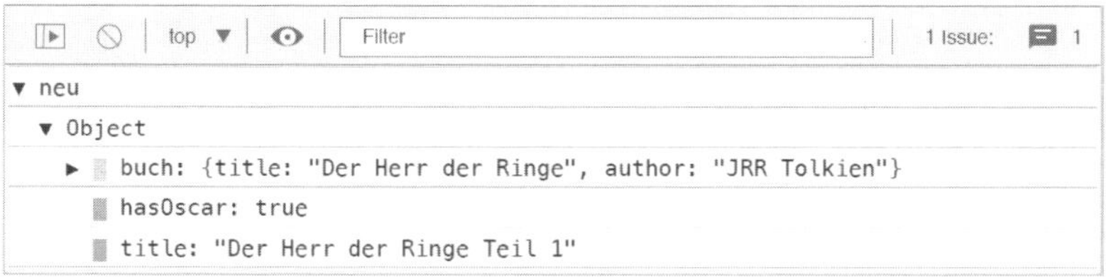

Die Reihenfolge der Elemente spielt in einem Objekt keine Rolle, denn die Elemente werden über den Schlüssel direkt angesprochen. Die Konsole des Browsers führt die Eigenschaften in alphabetischer Folge auf.

7.1.6 Funktionen in JavaScript-Objekten: Methoden

Auch Funktionen können Elemente von Objekten sein. Funktionen als Elemente von Objekten bezeichnet man als »Methoden von Objekten«.

```
const kinofilm = {
   title: "Der Herr der Ringe",
   buch: {
      title: "Der Herr der Ringe",
      author: "JRR Tolkien"
   },
   play: function() {
      console.log(`Der Film »${this.title}« entstand nach dem Buch
       »${this.buch.title}« von
       ${this.buch.author}`);
   }
}
```

Der Zugriff auf die Elemente innerhalb der Funktion geschieht über das Schlüsselwort `this`, gefolgt vom Dot, gefolgt vom jeweiligen Schlüssel des Elements. Außerhalb des Objekts beginnt der Funktionsaufruf wieder mit dem Namen des Objekts, gefolgt vom Dot und dem Namen der Funktion.

```
kinofilm.play();
```

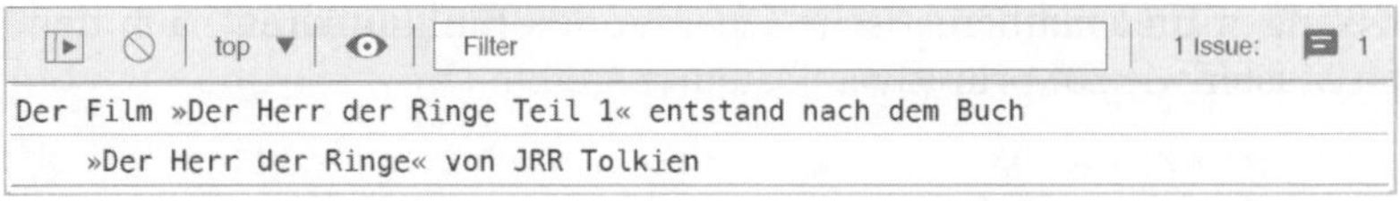

7.2 for-in-Schleife für Objekte

Objekte haben ihre eigene for-Schleife – `for in`.

```
const imgObj = {
   src : "/media/image.jpg",
   width: 1060,
   height: 720,
   alt: "Ein Bild"
}

for (const key in imgObj) {
   console.log("Object key", key);
   // "src" | "width" | "height" | "alt"
}

for (const key in imgObj) {
   console.log("Object value", imgObj[key]);
                                    // "/media/image.jpg"
                                    // | 1060 | 720 | "Ein Bild"
}
```

`for-in` läuft auch über Arrays. Allerdings liefert der erste Ansatz den Index – also den Key –, und nicht die Werte.

```
const imgArr = [1060, 1280, 1440, 1980];
for (const img in imgArr) {
   console.log(img); // 0 | 1 | 2 | 3
}
```

An die Werte der Array-Elemente gelangt `for-in` genauso wie bei einem Objekt mit dem `key` und `array[key]`. Arrays sind auch nur Objekte.

```
for (const key in imgArr) {
   console.log(imgArr[key]); // 1060 | 1280 | 1440 | 1980
}
```

JavaScript hat viele Methoden, um über die Elemente eines Arrays zu laufen. Auch wenn `for-in` ebenfalls über Arrays iteriert, nutzt man `for-in` bevorzugt für Objekte.

7.3 Das Objekt »document«

Skripte in Webseiten greifen auf das umfassende Document Object Model (DOM) zurück. Das DOM beschreibt die Elemente einer Webseite als Objekt, um den Zugriff auf Informationen zu strukturieren. Das DOM muss nicht angelegt werden, sondern ist sozusagen `Object-to-go`, vorgefertigt wie der Kaffee vom Bäcker.

HTML-Elemente wie `head`, `body`, ein span-Element oder Bilder sind bereits als JavaScript-Objekte direkt ansprechbar und ihre Attribute sind Eigenschaften der Objekte des Dokuments.

```
const body = document.body;
console.log(body);
```

`document` ist also das Objekt, das alle Elemente der Webseite enthält. Alle Bilder der Webseite? Kein Problem.

```
const images = document.images;

const result = document.createElement("div");
body.append(result)

for (let i=0; i<images.length; i++) {
   result.innerHTML += images[i].src + "<br>";
}
```

Das Skript liest sich wie folgt:

- `const images = document.images` sammelt alle img-Objekte der Webseite.
- `document.createElement("div")` ist eine Methode des Document-Objekts und erzeugt ein HTML-Element `div`.
- `body.append(result)` fügt das Objekt `result` als letztes Element in das body-Objekt ein.

- Am Ende haben wir eine for-Schleife, die das src-Attribut jedes einzelnen Objekts in das result-Objekt an das Ende jeder Zeile mitsamt einem <br> einsetzt.

Das Document Object Model spielt die zentrale Rolle bei der JavaScript-Programmierung und wird in Abschnitt 10.1 behandelt.

7.4 Konstruktor-Funktionen

7.4.1 Literale Schreibweise vs. Objekt-Konstruktor

JavaScript erstellt Objekte auf zweierlei Wegen: entweder in der literalen Schreibweise oder mittels Objekt-Konstruktor. Die literale Schreibweise legt das Objekt mit geschweiften Klammern und seinen Eigenschaften und Methoden an.

```
const produkt = {
   kategorie: "Haushalt",
   name: "Bürste Minimale",
   bild: "product01.jpg",
   showImage: function() {
      console.log(`<img src="${this.bild}"
                     alt="${this.name}" ...>`);
   }
}
```

Alternativ weist der Dot den Eigenschaften des Objekts Werte zu. Das ist ebenfalls eine literale Schreibweise.

```
const produkt = {};
produkt.kategorie = "Haushalt";
produkt.name = "Bürste Minimale";
produkt.bild = "product01.jpg";
produkt.karte = function() {
   console.log(`<img src="${this.bild}"
                  alt="${this.name}" ...>`);
}
```

7.4.2 Object Constructor Function – Konstruktor-Funktionen

Die literale Schreibweise legt in der Regel ein einzelnes einfaches Objekt an. Wenn das Skript hingegen eine Gruppe von zusammengehörenden Objekten erzeugen und anzeigen soll, kommt die Konstruktor-Funktion zum Einsatz. Der Objekt-Konstruktor ist eine weitere Technik bei der Deklaration eines Objekts.

Ein Konstruktor ist eine spezielle Funktion, die Instanzen oder Ausprägungen eines Objekts erzeugt. JavaScript ruft eine Konstruktor-Funktion auf, wenn ein Objekt mit dem Schlüsselwort `new` erzeugt wird.

```
const produkt = new Object();
```

Das ist erst einmal dasselbe wie die Notation mit leeren geschweiften Klammern. Elemente werden dann auf die gleiche Weise wie bei der literalen Schreibweise mittels Dot-Notation deklariert.

```
produkt.preis = 16.00;
produkt.name = "Bürste Minimale";
```

In einem Shop stehen nicht zwei oder drei Produkte zur Auswahl, sondern 30, 100 oder mehr. Was wir brauchen, ist eine Blaupause oder Vorlage für Objekte. Dafür gibt es die Konstruktor-Funktion.

In der Konstruktor-Funktion hat das `this` jetzt keinen Wert, sondern dient als Platzhalter.

```
function Produkt(kategorie, name, bild, showImage) {
   this.kategorie = kategorie;
   this.name = name;
   this.bild = bild;
   this.showImage = function() {
     console.log(`<img src="${this.bild}"
                 alt="${this.name}">`);
   }
}
```

Erst das Erzeugen eines neuen Objekts mit dem Schlüsselwort `new` vor dem Aufruf der Konstruktor-Funktion weist den Eigenschaften Werte zu.

```
const p1 = new Produkt("Haushalt",
                       "Bürste Minimale",
                       "product-01.jpg");
p1.showImage();
```

Zur guten Programmierpraxis gehört, dass die Namen von Konstruktor-Funktionen mit einem Großbuchstaben anfangen.

Auf Konstruktor-Funktionen geht der Abschnitt 7.4 detailliert ein.

7.4.3 this – das Objekt, das mich rief

`this` ist ein Schlüsselwort in JavaScript, dessen Wert nicht geändert werden kann und das auf ein Objekt verweist. Auf welches Objekt es verweist, hängt davon ab, wie und wo `this` verwendet wird.

- Steht `this` nicht innerhalb eines Objekts, ist es ein Verweis oder eine Referenz auf das globale Objekt. In Webseiten ist dies das Window-Objekt (vereinfacht: das Browserfenster).
- In der Konstruktor-Funktion ist `this` ein Platzhalter.

7.5 Klassen

7.5.1 Vererbung

JavaScript-Klassen erweitern die prototypenbasierte Vererbung mit objektorientierten Konzepten.

Das Schlüsselwort `class` erzeugt eine Klasse als Template oder Vorlage. Das Schlüsselwort `extends` benennt eine andere Klasse, von der eine Klasse Eigenschaften und Methoden erbt. Das macht die Kette der Vererbung (`chain of inheritance`) öffentlich sichtbar, vereinfacht das Skripten und erleichtert den Durchblick bei einem vorhandenen oder übernommenen Skript.

Genauso wie JavaScript-Objekte nehmen JavaScript-Klassen sowohl Eigenschaften (`properties`) als auch Funktionen/Methoden auf.

```
class Cake {
   constructor(flavor, time, deco, eggs) {
      this.flavor = flavor;
      this.time = time;
      this.deco = deco;
      this.eggs = eggs;
   }

   cakeRecipe() {
      return `Dieser Cupcake wird mit ${this.flavor} und
              ${this.eggs} Eiern zubereitet,
              ${this.time} min gebacken und
              mit ${this.deco} serviert.`;
   }
}
```

Das ist also die Vorlage oder das Template für die Klasse.

Das Schlüsselwort `new` erzeugt eine Instanz der Klasse. Der Aufruf `new className()` schleust die Parameter in die Konstruktor-Funktion (falls es eine gibt). Das sind drei Instanzen der Klasse `Cake`:

```
const schoko = new Cake("Schokostreusel", 15, "Sahne", 4);
console.log(schoko.cakeRecipe());

const mohn = new Cake("Mohn", 10, "Haselnüsse", 3);
```

```
console.log(mohn.cakeRecipe());

const quark = new Cake("Quark", 20, "Beeren", 2);
console.log(quark.cakeRecipe());
```

Neue Instanzen anlegen: Das ist so einfach, wie einen Kuchen aus einer Backmischung zu backen.

`cakeRecipe() {}` fügt der Klasse eine Funktion hinzu. Formell würde dort `cakeRecipe: function() {}` stehen, aber seit ES6 können Sie den Schlüssel des Elements genauso weglassen wie das Schlüsselwort `function`. Die Funktion wird automatisch dem Gültigkeitsbereich von `this` zugeordnet. Alle Funktionen der Klasse können mit `this` auf alle Variablen und Funktionen der Klasse zugreifen. Und so sieht das dann aus:

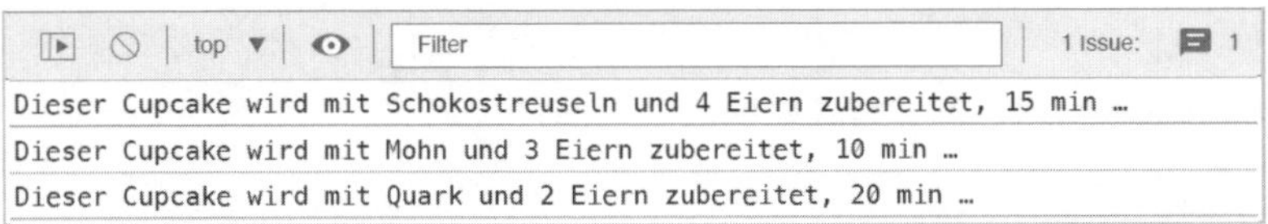

7.5.2 JavaScript-Klassen müssen »nach oben«

Eine neue Klasse erbt ihre Eigenschaften vom Prototypen mitsamt all seinen Methoden und wenn sich eine Klasse ändert, erben alle Kinder bzw. Instanzen die Änderungen – selbst dann, wenn eine Instanz der Klasse bereits erzeugt wurde.

Der Interpreter hievt Klassen allerdings nicht im Hintergrund nach oben (kein Hoisting!, siehe Abschnitt 6.1). JavaScript-Klassen müssen darum vor der ersten Benutzung bereits deklariert sein.

7.6 Datum und Zeit

`Date` ist ein eingebautes Objekt in JavaScript und wird durch `new Date()` erzeugt. Die Methoden des `Date`-Objekts geben Jahr, Monat, Tag, Stunde, Minute, Sekunde und Millisekunde zurück, und zwar entweder in `local time` oder UTC/GMT (Coordinated Universal Time/Greenwich Mean Time).

Das Date-Objekt muss jedes Datum und jede Zeit innerhalb von 100 Millionen Tagen vor und nach dem 1.1.1970 umsetzen. Das sind 273 785 Jahre vor 1970 und 273 785 Jahre nach 1970. Das Date-Objekt reicht also noch bis in das Jahr 275755.

```
const heute = new Date();
```

```
Fri May 24 2024 17:53:29 GMT+0200 (Mitteleuropäische Sommerzeit)
```

`new Date()` gibt das aktuelle Datum zurück, legt aber auch ein spezielles Datum an. Wenn die Sekunden eine Rolle spielen, kann das Datum bis auf die Millisekunde angegeben werden:

```
                           Monat
                  Jahr  ┐    |  ┌ Tag
                        |    |  |
                        ▼    ▼  ▼
const datum = new Date(2024, 0, 1, 23, 26, 15, 120);
                                    ▲   ▲   ▲    ▲
                                    |   |   |    |
                               Stunden  |   |    Millisekunden
                                  Minuten   Sekunden
console.log(datum);
// Mon Jan 01 2024 23:26:15 GMT+0100 (Mitteleuropäische
// Normalzeit)
```

Da läuten die Glocken das neue Jahr ein: Der JavaScript-Monat läuft nicht von 1 bis 12, sondern von 0 bis 11!

Eine andere Schreibweise für Datum und Zeit nutzt einen String und kommt uns besser entgegen.

```
const datum = new Date("2024-07-24 23:26:15");
// Wed Jul 24 2024 23:26:15 GMT+0200 (Mitteleuropäische
// Sommerzeit)
```

7.6.1 toLocaleString()

Auf Webseiten ziehen Sie vermutlich lokale Zeitgaben vor. `toLocaleString()` konvertiert das Datum entsprechend den örtlichen Konventionen zur Darstellung von Datum und Zeit.

```
const meeting = new Date("2024-07-24 10:15:00").toLocaleString();
console.log("meeting", meeting)
// meeting - "24.7.2024, 10:15:00"
```

`toLocaleString()` gibt ein Date-Objekt als String mit örtlichen Einstellungen zurück und hat zwei optionale Parameter:

- Locale: String für die jeweilige Sprache, etwa it-IT für Italienisch, de-DE für Deutsch, he-IL für Hebräisch.
- options: Objekt für Stil-Eigenschaften (`full`, `long`, `medium`, `short`).

```
                                              options ─┐
                                   Locale ──┐          │
                                            │          │
                                            ▼          ▼
const weekS = new Date().toLocaleString("de-DE",{weekday: "short"});
const monthS = new Date().toLocaleString("de-DE",{month: "short"});
```

7.6.2 Datumsangaben konvertieren

Methoden wie `toISOString()` und `toLocaleString()` geben verschiedene Darstellungen eines Datums zurück. Nehmen wir z.B. einen Termin am 28.3.2024 um 9:15 Uhr.

`let d = new Date()`	Thu Mar 28 2024 09:15:00 GMT+0100 (Mitteleuropäische Normalzeit)
`new Date().toISOString()`	2024-03-28T08:15:00.000Z
`new Date().toLocaleString()`	28.3.2024, 09:15:00
`new Date().toUTCString()`	Thu, 28 Mar 2024 08:15:00 GMT
`new Date().getTimezoneOffset()`	-60

Für den Benutzer brauchen Sie eine gut lesbare Darstellung der Zeit, eventuell auch nur ein Datum oder den Wochentag einer Veranstaltung.

```
const termin = new Date();
termin.getMonth();    // liefert 0-11
termin.getFullYear(); // YYYY (startet nicht bei 0)
termin.getDate();     // liefert 1-31
termin.getDay();      // Wochentag (startet am Sonntag mit 0)
termin.getHours();    // liefert 0-23
termin.getMinutes();  // liefert 0-59
termin.getTime();     // Millisekunden seit 1.1.1970
```

»2« für den Monat? »4« für den Wochentag? Für JavaScript beginnt die Woche mit dem Sonntag als ersten Wochentag, die Monate beginnen mit 0 für den Januar. Dezember ist also der elfte Monat.

7.6.3 Beispiel für lesbare Formatierung der Zeit

Ein Beispiel für den Einsatz der formalen Zeitangaben hin zu lesbaren Zeitangaben ist das HTML-time-Element, in dem die formelle Zeit vom Content-Management-System kommt und für die Suchmaschinen gedacht ist, während der Benutzer eine lesbare Angabe sieht.

```
Do., den 28. Mär. 2024
```

HTML:

```
<time datetime="2024-03-28T08:15:00.000Z">
   Do., den 28. Mär. 2024
</time>
const full = new Date("2024-03-28 09:15");
```

`new Date` übersetzt den String in ein JavaScript-Date-Objekt. `weekS` und `monthS` liefern die Kürzel für den Wochentag und den Monat.

Das Jahr und das Datum liefern `full.getFullYear()` und `full.getDate()`. Damit haben Sie alle Zutaten für ein formatiertes Datum zusammengetragen.

```
document.querySelector("time").innerText =
   `${weekS}., den ${full.getDate()}.
   ${monthS}. ${full.getFullYear()}`;
```

7.6.4 Intl.DateTimeFormat()

Das Intl.DateTimeFormat-Objekt (Internationales Format des Datums) enthält Methoden des ECMAScript Internationalization API zur Umwandlung von Strings, Zahlen und des Datums. Damit finden Sie einfacher heraus, in welcher Zeitzone Sie gerade sind.

```
const d = new Date();
d = Intl.DateTimeFormat().resolvedOptions().timeZone;
console.log("timeZone", date); // timeZone - "Europe/Berlin"
```

```
const opt = {
   weekday: 'short', year:'numeric',
   month: 'short', day: 'numeric'
};
```

Die Formatierung des lesbaren Datums im time-Element mit `Intl.DateTimeFormat()` in einer ausgewählten Sprache gestaltet sich deutlich einfacher:

```
const now = Date.now();

const dateTimeFormat2 = new Intl.DateTimeFormat('en-GB', opt);
console.log(dateTimeFormat2.format(now));

const dateTimeFormat1 = new Intl.DateTimeFormat('sr-RS', opt);
console.log(dateTimeFormat1.format(now));

const dateTimeFormat3 = new Intl.DateTimeFormat('en-US', opt);
console.log(dateTimeFormat3.format(now));

const dateTimeFormat4 = new Intl.DateTimeFormat('de-DE', opt);
console.log(dateTimeFormat4.format(now));
```

7.6.5 Timestamp – die Zeitmarke

JavaScript `Date.now()` stellt kein Datum dar, sondern eine Zeitmarke (Timestamp), und gibt die Millisekunden seit dem 1.1.1970 zurück. Um eine Zeitmarke als Datum darzustellen, wird der Timestamp zuerst in die UTC/GMT-Zeitzone umgerechnet. JavaScript kennt nur UTC (Coordinated Universal Time – koordinierte Weltzeit, von der sich alle Zeitzonen ableiten) und die lokale Zeitzone.

`getTimezoneOffset()` gibt die Zeitzonen-Abweichung gegenüber Greenwich Mean Time (GMT) relativ zur lokalen Zeit in Minuten an.

Der JavaScript-Timestamp gibt die Millisekunden seit dem 1.1.1970 zurück. Zeitmarken brauchen Sie z.B., um die Zeit zwischen zwei Terminen zu berechnen, für Fragen wie: »Wie viel Zeit bleibt bis zum Termin?«, und »Wie lang ist der Zeitpunkt vorbei?«.

```
const jetzt = Date.now();
console.log("jetzt", jetzt);
```

Den Timestamp können Sie jederzeit wieder als lesbares Datum ausgeben.

```
const timestampToDate = new Date(jetzt)
console.log("timestampToDate", timestampToDate);
```

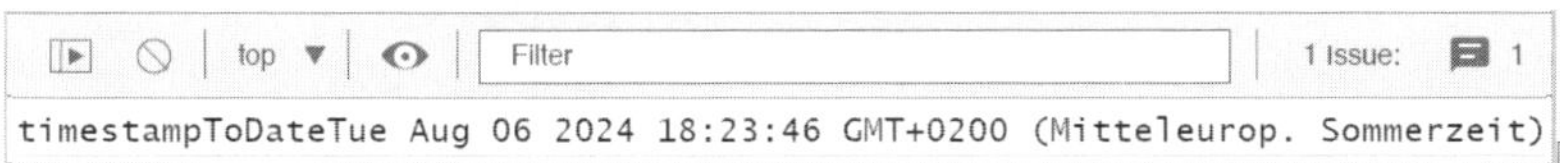

Millisekunden sind nicht gerade handlich, aber `Math.floor()` verwandelt die Millisekunden in Sekunden, Stunden oder Jahre.

```
const jahre = Math.floor(jetzt / (1000 * 60 * 60 * 24 * 365));
console.log("jahre", jahre);
```

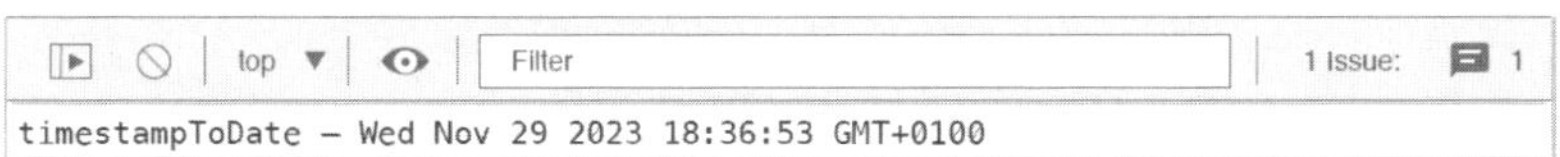

7.6.6 Zeit von bis

Wie viele Sekunden, Stunden oder Tage liegen zwischen einem Start- und Endpunkt? Da Zeitangaben in JavaScript auf Millisekunden beruhen, reicht einfaches Subtrahieren, um z.B. die Zeit für die Aufarbeitung einer Datenanalyse bei großen Datenmengen zu berechnen.

`Date.now()` gibt die Zeit in Millisekunden seit dem 1.1.1970 zurück. Differenz durch 1000 geteilt liefert die Zeitangabe in Sekunden.

```
const von = 1701279785381;
const bis = 1701279799157;
const zeit = (bis - von) / 1000 + " sek"; // "13.776 sek"
```

7.7 Übung: Date und Time

Auf welchen Wochentag fällt der 24. Dezember 2024? Und welcher Wochentag war am 1.1.1970?

Beispiellösung: `sandbox/date-and-time/index.html`

8 Arrays

8.1 Arrays – Sammlungen unter einem Variablennamen

8.1.1 Array erzeugen

Arrays sind Objekte, die eine Sammlung von Daten – vergleichbar mit einer Liste – in einer einzigen Variablen speichern. Anstelle von vier, fünf oder 75 Variablennamen nutzt JavaScript den Namen des Arrays und spricht die einzelnen Elemente über ihren Index an. Der Index startet wie in fast allen Programmiersprachen mit 0.

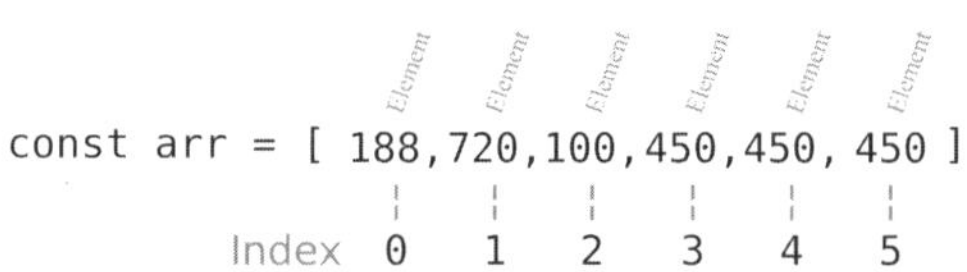

Arrays beginnen und enden mit eckigen Klammern. Die Werte werden durch Kommas voneinander getrennt.

Die Elemente eines Arrays können Zahlen, Boolean, Strings, Objekte und auch selbst Arrays sein. Weil JavaScript dynamische Typisierung erlaubt, ist auch eine Mischung verschiedener Datentypen in einem Array möglich.

```
const mixed = ["Orange", true, -11.7];
```

Arrays können auf zweierlei Weise deklariert werden. Die literale Schreibweise ist direkt und einfach.

```
// Literale Schreibweise
const arr = ["Wald", "Heide", "Moor"];
```

Die andere Methode ist der Array-Konstruktor (array constructor). JavaScript ist eine objektorientierte Programmiersprache und transformiert selbst primitive Datentypen wie Integer oder String im Hintergrund in ein Objekt, um ihnen Methoden und Eigenschaften zu verleihen. Der Konstruktor erzeugt ein neues Objekt mit dem Schlüsselwort `new`.

```
// Array-Konstruktor
const stoff = new Array("Leinen", "Baumwolle", "Seide");
```

Sicher tendieren die meisten Entwickler zur literalen Schreibweise, aber grundsätzlich macht es keinen Unterschied, ob das Array direkt oder durch `new Array()` erzeugt wird.

8.1.2 Array-Index und array.length

Auf die Elemente des Arrays greift der Index zu.

```
//                          0           1           2
const stoff = new Array("Leinen", "Baumwolle", "Seide");

const wahl = `Ich bevorzuge ${stoff[1]} für T-Shirts.`;
console.log("wahl", wahl);
```

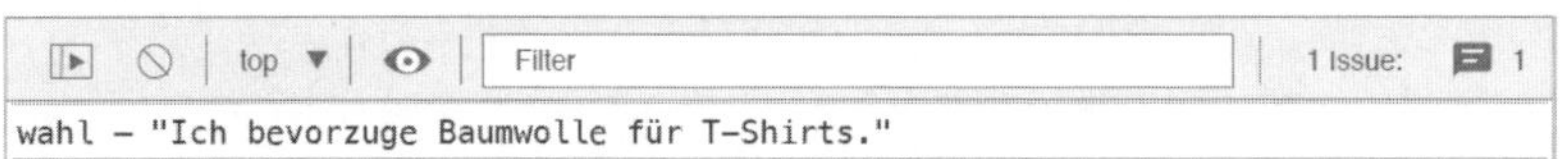

Eine der wichtigsten Eigenschaften ist `length`, die Anzahl der Elemente in einem Array. Aber auch ohne die Zahl der Elemente zu kennen, können wir ein neues Element an das Ende des Arrays hängen. Da der Index bei 0 beginnt, ist `stoff.length` die Position nach dem letzten Element.

Und gleich noch mal …

Mit dem Index weist das Skript einem Element einen neuen Wert zu.

```
stoff[2] = "Samt";
console.log("stoff", stoff);
// stoff - ["Leinen", "Baumwolle", "Samt", "Viskose", "Denim"]
```

Neue Elemente am Anfang, am Ende oder an einer bestimmten Position des Arrays einfügen, den Index eines bestimmten Elements bestimmen – dafür bringen JavaScript-Arrays komfortablere Methoden mit.

8.2 Array-Methoden

8.2.1 Überblick

Array-Methoden gehören zu den wichtigsten Methoden des Document Object Model, also räumt dieses Kapitel den Arrays einen großen Raum ein. Wenn wir z.B. auf der Webseite auf alle Bilder einer Galerie zugreifen, liefert JavaScript eine HTMLCollection, die einem Array ähnelt. Serverseitige Anwendungen übergeben dem Skript Arrays, das Skript überträgt Werte aus Formularen als Array an die Anwendung.

Alle JavaScript-Objekte erben die Eigenschaften und Methoden von einem Prototyp – einer Vorlage. Arrays erben ihre Methoden vom Datentyp `Object` und bereichern dessen Prototyp um ihre speziellen Methoden und Eigenschaften.

Die Konsole listet Eigenschaften und Methoden eines Arrays auf, wenn wir ein Array im Skript anlegen, den Namen des Arrays und dann einen Punkt eingeben.

```
const cities = ["Damaskus", "Kiew", "Oslo"];
```

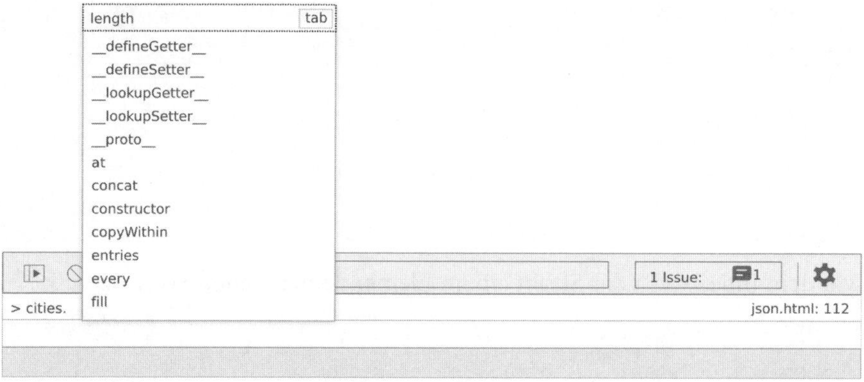

Abb. 8.1: Das ist nur ein kleiner Ausschnitt der Eigenschaften und Methoden von Arrays.

Alternativ zeigt `Object.getPrototypeOf(myarray)` alle Eigenschaften und Methoden in der Browser-Konsole.

```
const cities = ["Damaskus", "Kiew", "Oslo"];
console.log("Prototyp", Object.getPrototypeOf(cities));
```

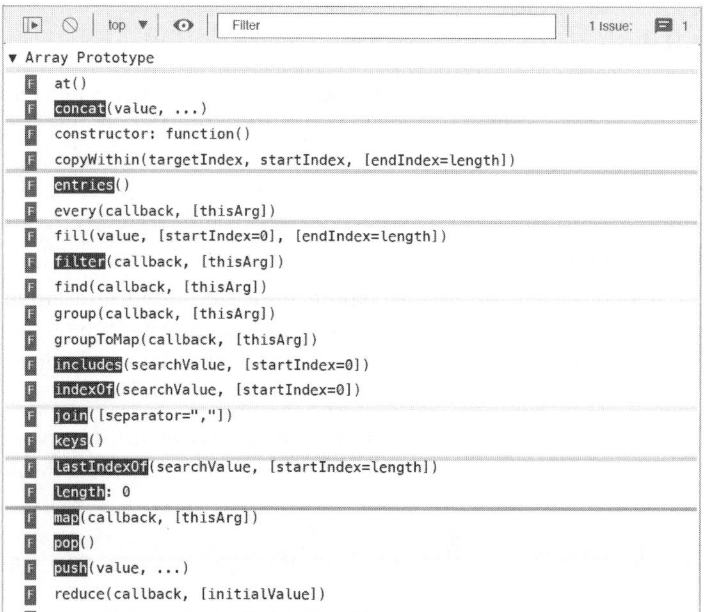

Die Liste ist lang und wächst immer noch weiter. Im Rahmen dieses Buchs beschränken wir uns auf die wichtigsten Methoden und Eigenschaften von Arrays.

8.2.2 push() – Einfügen am Ende

`array.push() (elem, elem … elem)` fügt neue Elemente am Ende des Arrays ein und gibt die neue Länge des Arrays zurück, wenn es einer Variablen zugewiesen wird.

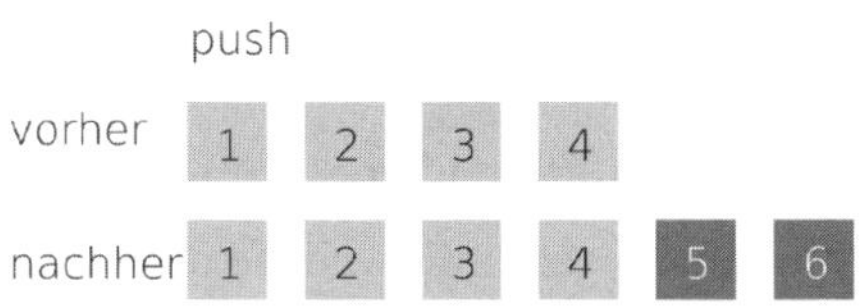

Abb. 8.2: Neue Elemente am Ende des Arrays einfügen

```
const cities = ["Damaskus", "Kiew", "Oslo"];
const citiesLen = cities.push("Dublin", "Magdeburg");
console.log("neueCities", citiesLen, cities);
```

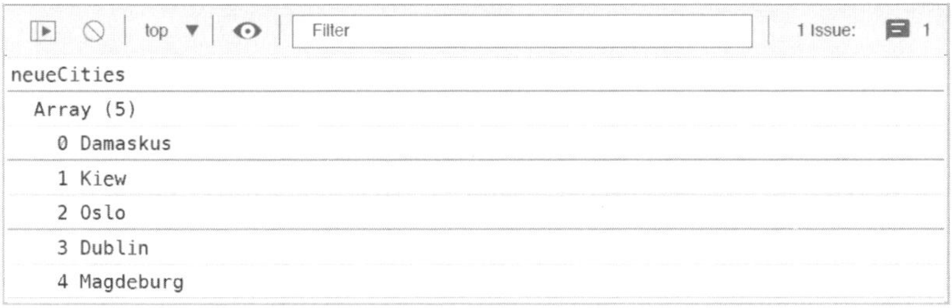

8.2.3 pop() – Array-Element löschen

`array.pop()` braucht kein Argument, sondern löscht immer das letzte Element.

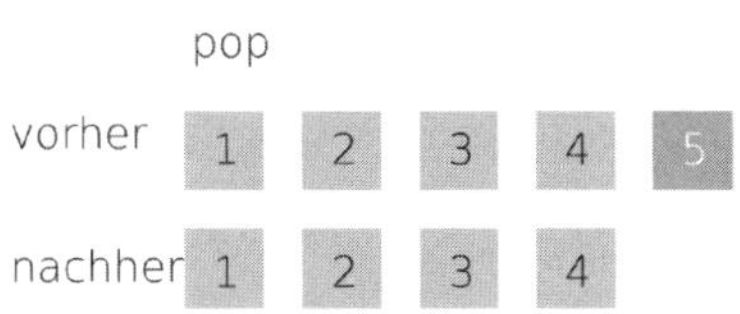

Abb. 8.3: Das letzte Element des Arrays entfernen

```
const alt = cities.pop();
console.log("City entfernt", alt, cities);
```

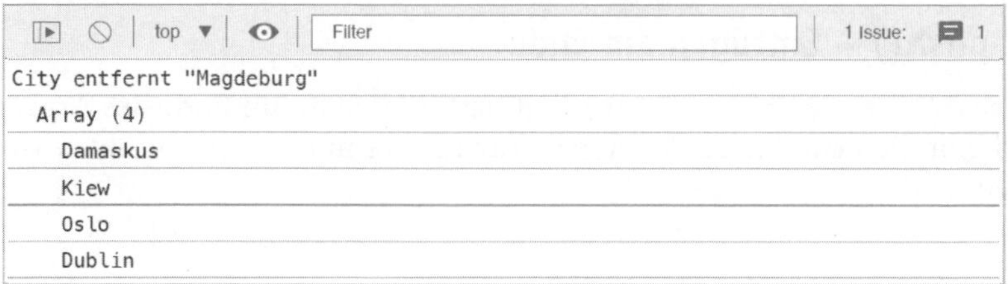

`pop()` entfernt das letzte Element und gibt das entfernte Element zurück.

`push()` und `pop()` sind destruktive Methoden, so genannt, weil sie das Array ändern.

8.2.4 unshift() – Einfügen am Anfang des Arrays

`array.unshift()` fügt ein oder mehrere Elemente am Index 0 ein. `unshift()` funktioniert wie `array.push()`, beginnt aber am Anfang des Arrays.

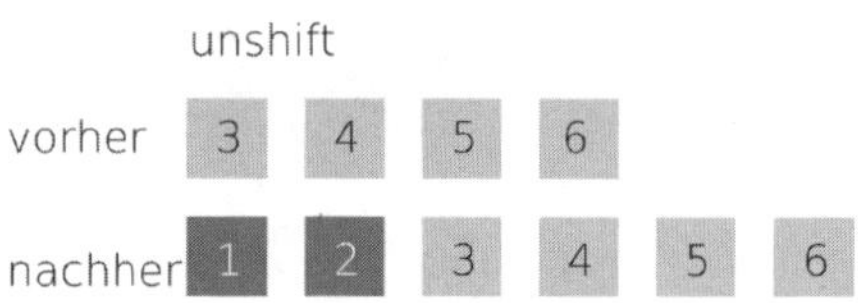

Abb. 8.4: Neue Elemente am Anfang einfügen

Übergibt der Aufruf `unshift()` mehrere Argumente, werden die Elemente von links nach rechts auf die ersten Positionen des Arrays gesetzt.

```
const arr = [750, 122, 19];
arr.unshift(3);
console.log("arr", arr); // arr: [3, 750, 122, 19]
```

8.2.5 shift() – erstes Element löschen

`array.shift()` entfernt das erste Element des Arrays und lässt die folgenden Elemente um einen Index nach links (auf den Index 0) rutschen. `shift` hat keine Parameter, kann also nur das erste Element entfernen.

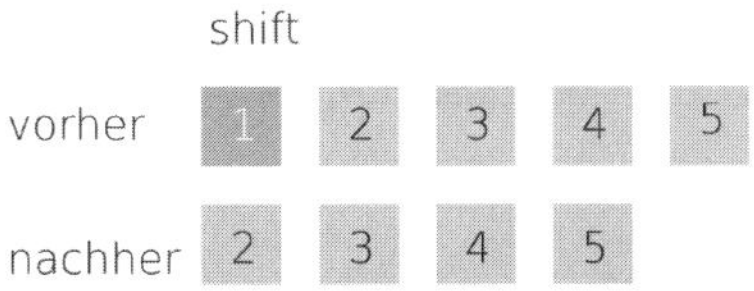

Abb. 8.5: Das erste Element löschen

Das entfernte Element geht an den Rückgabewert und fällt dabei aus dem Array heraus. Wenn das erste Element des Arrays selbst ein Array ist, gibt `shift()` das komplette Array zurück.

```
arr.shift();
console.log("arr", arr); // arr: [750, 122, 19]
```

`unshift()` und `shift()` sind destruktive Methoden, die das Array ändern.

8.2.6 slice() – Teil des Arrays kopieren

`slice()` gibt einen Teil des Arrays zurück, ändert aber das Original-Array nicht. Das erste Argument ist der Startindex, der zweite der Index, bis zu dem Array-Elemente kopiert werden.

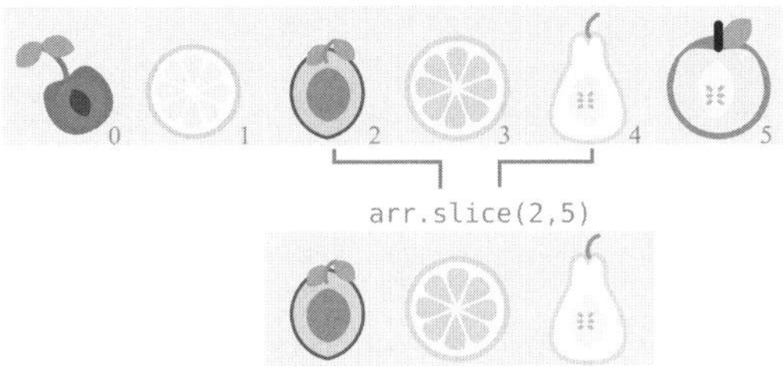

Abb. 8.6: Schneidet Elemente aus dem Array, ohne das Original zu ändern.

```
const obst =
        0          1          2            3         4         5
  ["kirsche", "zitrone", "pflaume", "apfelsine", "birne", "apfel"];

const palette = obst.slice(2,5);
console.log("palette", palette);
// [Log] palette - ["pflaume", "apfelsine", "birne"] (3)
```

Der Aufruf von `slice()` mit nur einem Argument würde alle Elemente vom Startindex bis zum Ende in das neue Array kopieren. Das Original-Array wird nicht geändert.

8.2.7 splice() – Teil des Arrays kopieren

Im Grunde genommen macht `splice()` dasselbe wie `slice()`. Auch `splice()` ändert aber das Array und die Argumente haben eine etwas andere Bedeutung. Das erste Argument ist wieder der Startindex, aber das zweite Argument ist die Anzahl der Elemente.

Abb. 8.7: Schneidet Elemente aus dem Array und behält nur den Rest des Originals.

```
const obst =
       0           1           2            3           4         5
  ["kirsche", "zitrone", "pflaume", "apfelsine", "birne", "apfel"];

const palette = obst.splice(2, 3);
console.log("palette", palette);
// [Log] palette - ["pflaume", "apfelsine", "birne"] (3)
```

Die Methode ändert das Original-Array: Es bleiben nur die Elemente zurück, die nicht ausgeschnitten und kopiert wurden. Die verbleibenden Elemente des Originals werden neu nummeriert, sodass keine Lücken im Array entstehen.

`splice(e)` mit nur einem Argument spaltet alle Elemente vom Index e an bis zum Ende des Arrays ab. Ist das zweite Argument einfach 1, zieht `splice(n,1)` nur ein Element aus dem Array.

8.2.8 reverse() – Arrays umdrehen

`array.reverse()` dreht das Array um. Die Methode ist nicht sonderlich performant, aber die Laufzeit ist linear und die Methode ist gut genug für die meisten Anwendungen.

```
const stadt = ["London", "Paris", "Istanbul", "Tel Aviv"];

console.log("stadt", stadt.reverse())
// ["Tel Aviv", "Istanbul", "Paris", "London"]
```

`reverse()` ist eine destruktive Methode, die das Array ändert.

8.2.9 includes() – Element im Array vorhanden?

`array.includes()` gibt `true` oder `false` zurück, je nachdem, ob der übergebene Wert ein Element des Arrays ist oder nicht.

```
const nähzeug = ["Nadel", "Garn", "Knopf", "Einfädler"];
if (nähzeug.includes("Knopf")) {
   console.log("Knopf gefunden");
} else {
   console.log("Kein Knopf zur Hand");
}

// Knopf gefunden
```

8.2.10 indexOf(), lastIndexOf()

`array.indexOf()` gibt den Index des ersten Werts des Arrays zurück, der zum angegebenen Argument passt.

`array.lastIndexOf()` macht das Gegenteil und gibt den letzten Index zurück, der zum Wert passt.

```
const arr = [50, 74, 83, 114, 777, 114];
console.log(arr.indexOf(83));        // 2
console.log(arr.lastIndexOf(114));  // 5
console.log(arr.lastIndexOf(1024)); // -1
```

`indexOf()` bzw. `lastIndexOf()` geben -1 zurück, wenn das Element nicht im Array liegt.

Moment mal – indexOf() gibt es doch auch für Strings? Genau! JavaScript hat viele Methoden gleichen Namens sowohl für Strings als auch für Arrays. Arrays sind Objekte, und JavaScript wickelt den primitiven Datentyp String in ein Objekt, um ihm Methoden und Eigenschaften zuzuweisen (siehe Abschnitt 4.6).

8.2.11 Array-Methoden verketten

In ähnlicher Weise wie CSS Selektoren verkettet, lassen sich auch Methoden aneinanderhängen, um mehrere Aktionen in einer Anweisung auszuführen. Am Ende der Kette entsteht ein String in der umgekehrten Reihenfolge.

```
//                    0        1       2         3        4
const farben = ["green", "red", "yellow", "blue", "olive"];
const str = farben.splice(2,5).reverse().toString();
console.log("str", str) // [Log] str - "olive,blue,yellow"
```

Das Aneinanderreihen von Methoden wird nicht nur für Arrays benutzt, sondern die Verkettung kommt auch bei Objekten und Strings vor. Beim Verketten kommt es generell nur darauf an, was eine Methode zurückgibt:

- splice() gibt ein Array zurück, darum kann reverse() hinter dem splice hängen,
- reverse() gibt ebenfalls ein Array zurück,
- toString() nimmt ein Array als Eingabe und gibt einen String zurück.

8.2.12 join() – Array-Elemente zum String zusammenfügen

array.join() wandelt Array-Elemente in Strings um und wird oft zusammen mit der String-Methode split() verwendet. In den runden Klammern der Methode sitzt ein Trennzeichen, z.B. ein Komma oder ein Leerzeichen.

```
const satz = ["Setz", "ein", "klares", "Zeichen"];

console.log(satz.join(""));
// SetzeinklaresZeichen

console.log(satz.join(", "));
// Setz, ein, klares, Zeichen
```

```
console.log(satz.join(" ").toString());
// Setz, ein, klares, Zeichen
```

Der Vorgabewert für das Argument ist das Komma.

```
console.log(satz.join().toString()); // [Log]
Setz,ein,klares,Zeichen
```

8.2.13 Array Destructure und rest-Operator

Destrukturieren bindet Variablennamen an die Elemente eines Arrays, um etwa die Lesbarkeit zu verbessern.

```
const spieler = ["Schröderinger", 135, "Blau-Weiß", "Jever"];
const [name, punkte, ...rest] = spieler;

console.log("name", name); // [Log] name - "Schröderinger"
console.log("rest", rest);
// [Log] rest - ["Blau-Weiß", "Jever"] (2)
```

Das Array könnte auch wie folgt destrukturiert werden:

```
const [spieler, punkte, team, land ] = [
  "Schröderinger",
  135,
  "Blau-Weiß",
  "Jever"
];
```

Wer die restlichen Elemente nicht mit einem Variablennamen ansprechen will, sondern lieber die letzten Elemente an eine Variable als Array bindet, kann den spread-Operator einsetzen. Der Variablenname bei dieser Art der Verwendung wird auch als rest-Operator bezeichnet.

Der Variablenname muss nicht unbedingt `rest` heißen, sondern ist frei wählbar. `rest` macht den Code allerdings besser lesbar.

8.2.14 Array.isArray() – Arrays prüfen

`Array.isArray()` wird direkt auf dem Array-Objekt aufgerufen (also auf »Array.«), um festzustellen, ob ein Objekt ein Array ist.

In JavaScript wird der Typ einer Variablen nicht ausdrücklich vereinbart und kann jederzeit geändert werden. `typeof` stellt fest, ob ein Operator vom Typ `Number` oder `String`, `Object` oder `Boolean` ist.

`typeof` ist keine Methode, sondern ein Operator (wie z.B. ein „+"). Das Ergebnis von `typeof` ist ein String.

typeof Undefined	"undefined"
typeof Null	"object"
typeof Boolean	"boolean"
typeof Number	"number"
typeof String	"string"
typeof Object	"object"
typeof [10, 20, 30]	"object"

Arrays sind Objekte – insofern ist die letzte Zeile der Tabelle zwar korrekt, aber nicht hilfreich. Dafür gibt es heute `Array.isArray`(value).

```
const arr = [10, 20, 30];
console.log(typeof arr);
// object

console.log("Array?", Array.isArray(arr));
// Array? - true
```

8.3 Arrays sortieren

8.3.1 array.sort()

`array.sort()` sortiert die Elemente des Arrays in aufsteigender Reihenfolge. `sort()` ist `case-sensitiv`, also abhängig von Groß- und Kleinschreibung, und sortiert in alphabetischer Reihenfolge. JavaScripts `array.sort()` agiert auf Unicode. Zahlen rangieren vor Buchstaben, Großbuchstaben rangieren vor Kleinbuchstaben, Umlaute wandern ans Ende.

```
const arr = ["Juwel", "über", "Drei", "Ärger", 18, ".rose", "%"];
   arr.sort();
   console.log("arr", arr);
```

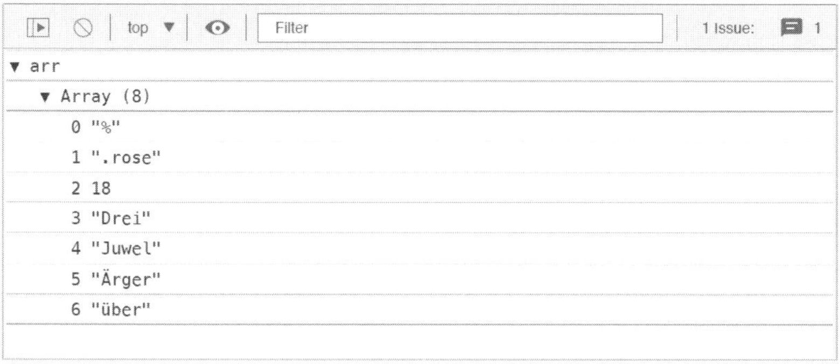

Liegen keine Strings vor, nutzen Sie eine Vergleichsfunktion.

```
array.sort(a, b) => { a - b }
```

Der Funktionsausdruck ändert die Reihenfolge und gibt dafür einen Wert zurück, der entweder positiv, negativ oder 0 ist. Bei einem positiven Rückgabewert wird b vor a einsortiert, bei einem negativen Wert sitzt a vor b. Ist das Ergebnis 0, wird die Reihenfolge nicht geändert.

8.3.2 Alphabetisches Sortieren

Auch wenn das Sortieren von Array-Elementen auf den ersten Blick einfach wirkt – sobald wir den englischsprachigen Raum verlassen, fallen uns die Sonderzeichen der Sprachen in den Rücken: Fast alle Sprachen haben charakteristische Zeichen vom Umlaut über das ß bis zum č.

Nur wenige Sprachen begnügen sich mit dem einfachen A bis Z. Wenn wir nicht gerade die Namen deutscher Städte sortieren, die sich auf die deutschen Umlaute und das ß beschränken, sondern mit internationalen Namen umgehen, stehen wir einer Vielzahl von charakteristischen Zeichen gegenüber.

Ç	Cedille
é	Accent aigu
â, ê, î, ô, û	Accent circonflexe
à, è, ù	Accent grave
ë, ï, ü	Trema (Umlaut, Dieresis)

`localeCompare` (siehe Abschnitt 3.4) vergleicht zwei Strings und passt die Sortierung an die Sprache an. Die Methode gehört zum Intl.Collator API.

8.4 Arrays verschachteln und zusammenfügen

8.4.1 Verschachtelung – Arrays von Arrays

`array.push()` hängt ein neues Element an das Ende eines Array. Wenn das neue Element selbst ein Array ist, wird es »im Ganzen« an das Array geheftet.

```
const blumen = ["Astern", "Rosen", "Tulpen"];
const orchideen = ["Frauenschuh", "Knabenkraut", "Vanille"];
blumen.push(orchideen);
console.log("blumen", blumen);
```

Die Konsole zeigt ein Array der Länge 4: Das vierte Element ist selbst ein Array.

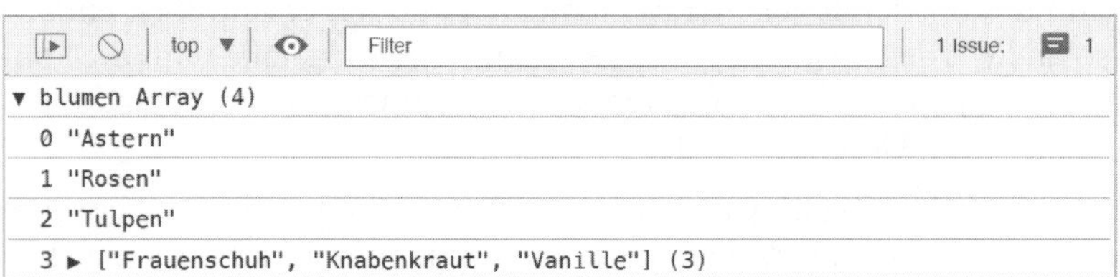

Der Zugriff auf das Element `Knabenkraut` braucht jetzt zwei Positionen: die Position des Arrays im Array `blumen` und die Position des Elements mit dem Wert `Knabenkraut`.

```
console.log(blumen[3][1]); // Knabenkraut
```

Der Zugriff braucht zwei Indizes: den Index des Arrays im Array `blumen` auf dem Index 3 und den Index 1 innerhalb des Array-Elements.

Eine andere Option der Zusammenführung der beiden Arrays ist:

```
const blumen = ["Astern", "Rosen", "Tulpen"];
const orchideen = ["Frauenschuh", "Knabenkraut", "Vanille"];
const newArr = [blumen, orchideen];
console.log(newArr);
console.log(newArr[1][1]);
```

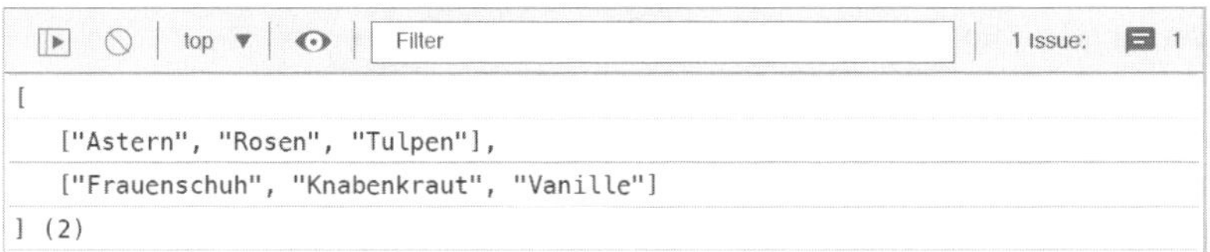

`newArr` hat zwei Elemente, jedes Element ist selbst ein Array. Der Zugriff auf das Element mit dem Wert `Knabenkraut` ist jetzt `newArr[1][1]`.

Die Tiefe der Verschachtelung ist quasi unbegrenzt.

8.4.2 array.concat() – Array-Elemente aneinanderhängen

JavaScripts `concat(e1 [, e2 ... eN])` hängt ein Array an das Ende eines Arrays. Wird ein einzelnes Element hinzugefügt, wird es wie ein Array mit nur einem Element behandelt. Wenn das neue Element ein Array ist, wird es linearisiert und seine Elemente werden am Ende des Arrays eingefügt. Das Original des angehängten Arrays bleibt aber erhalten.

```
const blumen = ["Astern", "Rosen", "Tulpen"];
const orchideen = ["Frauenschuh", "Knabenkraut", "Vanille"];
let x = blumen.concat(orchideen);
console.log(x);
// ["Astern", "Rosen", "Tulpen",
//  "Frauenschuh", "Knabenkraut", "Vanille"]
```

Wäre `orchideen` allerdings ein verschachteltes Array, würde die Linearisierung nur auf der ersten Ebene durchgeführt.

8.4.3 spread-Operator – Array-Elemente aneinanderhängen

Dasselbe Ergebnis wie beim Aneinanderhängen von Arrays mit concat() erzielt der spread-Operator, der als drei Punkte in Folge geschrieben wird. Den englischen Begriff »spread« könnte man hier mit »verteilen« oder »ausbreiten« übersetzen.

```
const blumen = ["Astern", "Rosen", "Tulpen"];
const orchideen = ["Frauenschuh", "Knabenkraut", "Vanille"];
let x = [...blumen, ...orchideen];
console.log(x);
// ["Astern", "Rosen", "Tulpen", "Frauenschuh",
//  "Knabenkraut", "Vanille"]
```

Der spread-Operator (... drei Punkte ...) wandelt alles, was iterierbar ist, in ein Array um – Strings, Maps und Sets – und kombiniert Objekte und Arrays.

Hier haben wir zwar schon ein Array, aber spread ist durch seine drei Punkte prägnanter als die Methode concat(), vor allem, wenn etwa nur eines der beiden Arrays aufgelöst werden soll.

```
let y = [...blumen, orchideen];
console.log("y", y);
/**
"Astern", "Rosen", "Tulpen", ["Frauenschuh",
"Knabenkraut", "Vanille"]
**/
```

spread ist eine schnelle Syntax, die ein Element in ein Array einfügt, Arrays oder Objekte miteinander kombiniert und die Elemente eines Arrays auf die Argumente einer Funktion verteilt.

8.4.4 array.flat() – Ebenen reduzieren

array.flat() erzeugt ein neues Array, das alle Elemente aus untergeordneten Arrays flach aufnimmt, sodass alle Array-Elemente aus untergeordneten Arrays auf der oberen Ebene liegen. Die Methode hat ein optionales Argument depth, das die Tiefe angibt, bis zu der flat() das Array abflacht. Die Vorgabe ist 1.

```
const arr = [100, 86, [17, 200, 3], [0, 14], 200];
const newArr = arr.flat(2)
console.log(newArr);

// [Log] [100, 86, 17, 200, 3, 0, 14, 200] (8)
```

8.5 Arrays durchlaufen

8.5.1 Methoden für das Iterieren über Arrays

JavaScript bietet ein ganzes Bündel an Methoden, um über alle Elemente eines Arrays zu iterieren, etwa um Elemente anzuzeigen, Werte zu ändern oder bestimmte Werte aus einem Array herauszufiltern.

for-Schleifen sind wie geschaffen für Arrays. Da die Länge des Arrays mit `arr.length` bekannt ist, sprechen for-Schleifen jedes einzelne Array-Element an.

```
const arr = ["Kirschen", "Pfirsiche", "Erdbeeren"];
const l = arr.length;
for (let i=0; i<l; i++) {
   console.log(arr[i]);
}
```

Da Arrays in der Regel mit dem Index 0 beginnen, ist i=0 der Startpunkt der for-Schleife. Statt die Länge des Arrays der Variablen l zuzuweisen, kann `arr.length` auch direkt in der for-Anweisung stehen.

Fehler entstehen, wenn die for-Anweisung zu weit läuft:

```
for (let i=1; i<=arr.length; i++) {
   console.log(arr[i]);
}
```

Die for-Schleife überspring das erste Array-Element. `arr.length` ist 3, aber es gibt kein `arr[3]`, denn Arrays laufen normalerweise von 0 bis `arr.length - 1`.

Die klassische for-Schleife ist aufwendig und anfällig für Tippfehler: beim Start-Index, bei der Zahl der Elemente und beim letzten Index.

8.5.2 Mit for-of über Arrays iterieren

Die for-of-Schleife oder for-of-Iteration ist mit ECMAScript 2015 eingezogen und iteriert über alles, was einen Index hat und Schritt für Schritt durchlaufen werden kann. Dazu zählen neben Arrays, Sets, Maps und Strings auch Nodelists und HTMLCollections, die mit `querySelectorAll` oder auch mit `getElementsByName` gesammelt wurden. Eine Ausnahme bilden Objekte, denn Objekte haben keinen sequenziellen Index.

Der Clou von for-of: Die Anweisung ist kurz und bündig, kommt ohne zusätzliche Variablen für den Index und ohne Callback aus. All die Begriffe wie Sets, Maps und Callbacks behandeln wir trotzdem noch, aber erst mal diese Perle aus ES6.

```
const lektion = ["Mathe", "Deutsch", "Englisch", "Physik"];

for-of-Iteration                       klassische for-Iteration
                                       const l = lektion.length;
for (const item of lektion) {          for (let i=0; i<l; i++) {
   console.log(item);                     console.log(lektion[i]);
}                                      }
```

Anstelle des Zählers i tritt hier die Variable `item`, die einen beliebigen Namen haben kann: elem, book, output oder auch i oder j. Da geht es nur um die Ausdruckskraft.

Bei einem Array von Objekten – ein typisches JSON-Array – ist die for-of-Iteration besonders gut lesbar.

```
const json = [
   { "author": "Austen, Jane", "book": "Mansfield Park" },
   { "author": "Pratchett, Terry",  "book": "Total verhext" },
   { "author": "Arnim, Elizabeth", "book": "Verzauberter April" }
];

for (const elem of json) {
   console.log(`»${elem.book}« ist von ${elem.author}`);
}
```

`for-of` ist eine elegantere und modernere Variante der klassischen for-Schleife und unterstützt die ganze Bandbreite der Flusskontrolle: `break`, `continue` und `return`. Ein kurzes Beispiel:

```
const city = ["Amsterdam", "Paris", "London", "Berlin", "Bremen"];
for (const elem of city) {
   console.log(elem);
   if (elem === "London") {
      console.log(`Bis hierhin und nicht weiter`);
      break;
   }
}
```

Mit der `break`-Anweisung (siehe auch Abschnitt 5.5) steigt das Skript aus der Schleife aus und springt zur ersten Anweisung nach der schließenden geschweiften Klammer des for-Blocks.

8.5.3 for-of mit Index: entries()

Es kommt auch vor, dass der Index der for-of-Schleife ebenfalls gebraucht wird. Den Zugriff auf den Schlüssel oder Index liefert die Methode `entries()`.

```
const arr = [[128, 156], [32, 33], [200, 400]];
for (const [index, elem] of arr.entries()) {
   console.log(`${index} . ${elem}`);
   for (const [idx, item ] of elem.entries()) {
      console.log( `${index}.${idx}: ${item}`);
   }
}
```

Das Beispiel ist eine Iteration über ein Array mit drei Elementen, die selbst wieder Arrays sind. `arr.entries()` verleiht der äußeren Schleife einen Index, in der inneren Schleife ist `key` der Name des Index.

8.5.4 forEach()

Die jüngeren Array-Methoden wie `forEach()` macht die Array-Iteration klarer und prägnanter und wir müssen die Länge des Arrays nicht mehr kennen. `forEach()` führt eine `Callback-Funktion` mit drei Parametern für jedes Array-Element aus.

```
                    ┌── Callback-Funktion
                    ▼
array.forEach(
  function(currentValue, index, array), thisArg);
                        ▲          ▲       ▲        ▲
aktueller Wert ─────────┘          |       |        └── optional
         Index (optional) ─────────┘       └── Name des Arrays
                                               (optional)
```

Der erste Parameter ist erforderlich und ist der aktuelle Wert. `index` und `array` sind optional. Ebenfalls optional ist `thisArg`.

Erst mal die einfachste aller Varianten:

```
arr.forEach((elem) => { console.log(elem)});
```

Anstelle von `elem` könnte dort auch `item` oder `element` oder `foo` stehen.

Im folgenden Beispiel sollen alle Elemente, die größer als 50 sind, in der Konsole ausgegeben werden.

```
const score = [17, 129, 27, 8, 51, 99, 12];
score.forEach((elem) => {
   if (elem > 50) console.log(elem)
});
```

8.5.5 Argumente von forEach()

Die Callback-Funktion wird für jedes Element des Arrays ausgeführt. Der Return-Wert wird verworfen. Die Argumente der Funktion sind:

- **`element`**

  Das aktuelle Element des Arrays.

- **`index`**

  Der Index des aktuellen Elements, das gerade im Array ausgeführt wird.

- **`array`**

  Das Array, auf dem forEach() aufgerufen wurde.

- **`thisArg`**

  Optional

```
const images = ["tulpe.jsp", "rose.jpg", "veilchen.jpg", "nelke.jpg"];

images.forEach((elem, index) => {
  const tag = `<img src="${elem}">`;
  console.log(`i:${index}`, tag);
});
```

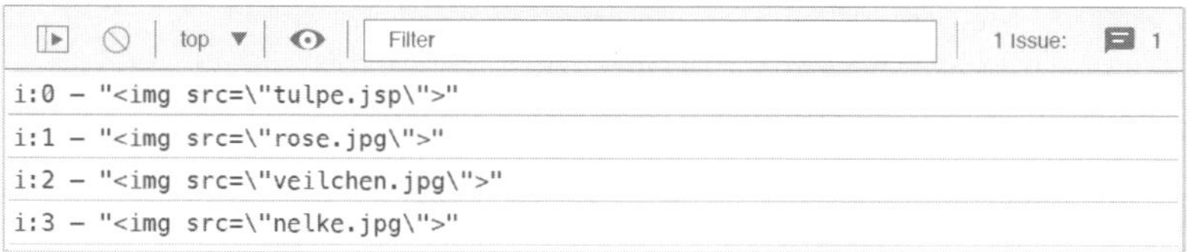

8.5.6 Callback-Funktion mit Namen aufrufen

Eine weitere Schreibweise für die `forEach()`-Methode ist der Aufruf der Funktion durch ihren Namen anstelle des anonymen Funktionsaufrufs in den vorangegangenen Beispielen.

```
const images = ["product-01.jpg", "product-02.jpg" …];

function insertGallery(item) {
   const img = document.createElement("img");
   img.src = "images/" + item;
   document.querySelector("#gallery").append(img);
}
images.forEach(insertGallery);
```

Hier wird schon deutlich, wo der Vorteil der Callback-Funktion liegt: Sobald mehr als zwei, drei Anweisungen in `forEach()` aufgerufen werden, verliert man schnell die Übersicht. Dann ist es angebracht, die Anweisungen in eine Funktion auszulagern und in der forEach-Schleife die Funktion als Callback aufzurufen.

8.5.7 Mit forEach() über Arrays von Objekten iterieren

Das wird uns häufig begegnen, vor allem, wenn wir mit dynamischen Anwendungen auf dem Server kommunizieren, und die Daten z.B. als JSON übertragen werden.

```
const imagesObj = [
   { path: "flowers-01.webp", width: 170 },
   { path: "flowers-02.webp", width: 170 },
   { path: "flowers-06.webp", width: 170 },
   { path: "flowers-04.webp", width: 170 }
];

imagesObj.forEach((obj) => console.log(obj));
```

So gibt `forEach` die vier Objekte zurück. Um auf die Werte der Elemente zuzugreifen, muss nur der Name des Elements aufgenommen werden.

```
imagesObj.forEach((obj) => console.log(obj.path));
```

Die Eleganz von `forEach` bei der Iteration über Arrays von Objekten ist ein weiterer Grund für den Einsatz von `forEach`.

8.5.8 array.map()

`array.map()` läuft über alle Elemente des Arrays, schiebt sie in eine Funktion und gibt einen neuen Wert für ein neues Array zurück. Dieses neue Array wird dieselbe Anzahl von Elementen wie das Original-Array haben.

```
const preise = [3, 22, 11, 30];
const mwst = preise.map(number => number * 19 / 100);
console.log("mwst", mwst);      ▲
                                |
                   Fat Arrow ───┘
```

Das Beispiel arbeitet mit einer Arrow-Funktion (=>, auch als »Fat Arrow« bezeichnet), die den Wert von `number * 19 / 100` an ein neues Array zurückgibt. Das Original bleibt unangetastet, sodass hier eine »nicht destruktive« Methode vorliegt.

Die Methode kann auch den Index nutzen, der meist als »i« oder »idx« geschrieben wird, und Bedingungen an jedes Element stellen. Im Beispiel lautet das Angebot der Woche: Wir halbieren die Mehrwertsteuer für jedes zweite Produkt.

```
                                   Index ──┐
                                           │
const preise = [3, 22, 11, 30];            ▼
const geschenkt = preise.map((number, i) => {
    if (i % 2 === 0) {
        return (number * 9.5 / 100);
    } else {
        return (number * 19 / 100);
    }
});

console.log("geschenkt", geschenkt); // [0.285, 4.18, 1.045 5.7]
```

Der Modulo-Operator prüft, ob der Index gerade (`i % 2 === 0`) ist und gibt den halbierten Mehrwertsteuersatz zurück. In allen anderen Fällen wird der reguläre Mehrwertsteuersatz zurückgegeben.

`map()` vermeidet den Aufwand, wenn z.B. nur einige Werte eines Arrays von Objekten geändert werden sollen.

Im folgenden Beispiel verkauft der Elektromarkt die Produkte auf Platz 0 und Platz 2 mit einem Rabatt von 25%. Hier liegt also kein Array mit einfachen Elementen vor, sondern jedes Element des Arrays ist ein Objekt. Als Array von Objekten könnte z.B. eine Shop-Anwendung die Daten für die Angebotsseite an das Skript übergeben.

```
const produkt = [
   { name: "Waschmaschine", preis: 399.00, lager: 117 },
   { name: "Kühlschrank", preis: 459.00, lager: 32 },
   { name: "Backofen", preis: 244.50, lager: 98 },
   { name: "Mixer", preis: 199.00, lager: 7 },
   { name: "Grill", preis: 80.00, lager: 64 }
];
```

```
const deal = produkt.map((item, idx) => {
   const obj = {};
   obj.name = item.name;
   obj.preis = item.preis;
   obj.lager = item.lager;

   if (idx === 0 || idx === 2) {
      obj.preis = (item.preis - item.preis * 25 / 100).toFixed(2);
      return obj;
   }

   return obj;
});
console.log("deal", deal);
console.log(produkt.map(obj => obj.name));
```

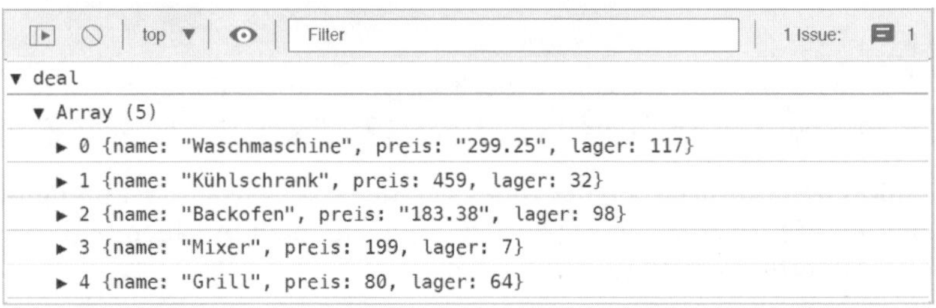

Vielleicht wird nur ein einfaches Array der Werte eines Elements aus der Liste gebraucht?

```
console.log(produkt.map(obj => obj.name));
```

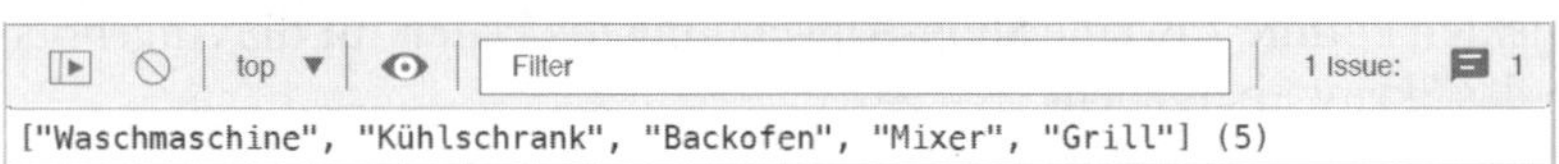

8.6 Array-Methoden höherer Ordnung: Callbacks

Methoden höherer Ordnung haben eine Funktion als Argument – die Callback-Funktion (Rückruf-Funktion). Eine Callback-Funktion wird einer anderen Funktion als Argument übergeben und erst später, nach Abschluss einer anderen Aktion, aufgerufen. Callback-Funktionen erweitern Funktionen: Sie lösen nicht direkt aus, sondern in bestimmten Umgebungen und bei bestimmten Ereignissen.

`array.forEach` arbeitet mit einer Callback-Funktion und wurde bereits in Abschnitt 8.5 behandelt.

8.6.1 Spezielle Elemente aus einem Array filtern

`array.filter()` ist eine weitere Methode höherer Ordnung neben `forEach()`. Anders als `forEach()` hat `array.filter()` einen Rückgabewert, der fast immer ein Array ist.

`array.filter()` macht genau das, was der Name verspricht: Es filtert Elemente des Arrays heraus.

```
const blumen = ["Rose", "Nelke", "Hortensie", "Orchidee",
               "Tulpe", "Fuchsie"];

                Callback-Funktion  ─┐
                                    │
                                    ▼
const lang = blumen.filter((name) => name.length > 5);
// [Log] ["Hortensie", "Orchidee", "Fuchsie"] (3)
```

In diesem Beispiel gibt die Filter-Methode alle Elemente zurück, die mehr als 5 Zeichen lang sind, und weist den Rückgabewert einer Variablen zu. Bei `forEach()` sehen wir so eine Zuweisung nie – `forEach()` wird einfach direkt aufgerufen und ausgeführt.

Genauso wie `forEach()` hat `array.filter()` eine Callback-Funktion als Argument. Hier die lange Version des Aufrufs:

```
const lang = blumen.filter(function(name) {
   return name.length > 5;
});
```

8.6.2 array.forEach() oder array.filter()

Für diese Art von Aufgaben wäre `forEach()` komplizierter als `array.filter()`. `forEach()` hat keinen Rückgabewert, also braucht das Skript eine zusätzliche Variable: ein Array, in das die Ergebnisse übernommen werden. Innerhalb der Callback-Funktion muss eine Abfrage klären, ob das jeweilige Element mit `push()` in das Ergebnis übernommen wird oder nicht.

```
const lang = [];
blumen.forEach((elem) => {
   if (elem.length > 5) {
      lang.push(elem)
   }
});
```

8.6.3 array.map() – jedes Element bearbeiten

JavaScript hat eine weitere Methode für Arrays in petto: `array.map()` arbeitet ebenfalls mit einer Callback-Funktion als Argument und gibt ebenfalls ein Array zurück. Während `array.filter()` nur eine Auswahl der Original-Elemente zurückgibt, kann der Rückgabewert von `array.map()` sozusagen alles Mögliche sein, z.B. in einem ganz einfachen Fall die Mehrwertsteuer bei einem Array von Preisen.

```
const preise = [68.50, 70, 120, 12, 7];
       Callback-Funktion  ──┐
                            |
                            ▼
const mwst = preise.map((preis) => preis * 19 / 100);
console.log(mwst);
```

Einmal in der langen Schreibweise, und diesmal werden die Werte des Arrays als String und mit einem €-Zeichen zurückgeben:

```
const output = preise.map(function(preis) {
   return preis.toFixed(2) + " €";
});

console.log("output" , output);
// output - ["68.50 €", "70.00 €", "120.00 €", "12.00 €",
// "7.00 €"] Array (5)
```

Auch hier ist es gut, zum Vergleich einen Blick auf die Lösung mit `forEach()` zu werfen.

```
const result = [];

preise.forEach((preis) => {
   result.push(preis.toFixed(2) + " €");
});
console.log("map result", result);
```

8.6.4 array.map-Chaining

So wie JavaScript Methoden durch die Dot-Notation miteinander verbindet, bilden mehrere array.map-Aufgaben eine Kette (»chaining«).

```
const punkte = [25, 9, 100, 400, 900];

const calculus = punkte
   .map(function(p) {
      return Math.sqrt(p);
   })
   .map(function(sqrt) {
      return sqrt * 2;
   })

console.log("calculus", calculus);
// [Log] calculus - [10, 6, 20, 40, 60] Array (5)
```

Das Argument der zweiten Map-Anweisung kann ein beliebiger Variablenname sein: Was immer bei der ersten map-Anweisung herausgekommen ist, geht in das Argument der zweiten map-Anweisung. Die Kette ist nicht auf zwei Anweisungen beschränkt, sondern dort könnten noch weitere Methoden angehängt werden.

```
const preise = [75, 120, 127, 25, 90, 7, 18, 210];
const rabatt = preise
   .filter((preis) => preis >= 100 )
   .map((over) => (over - (0.1 * over)).toFixed(2));
console.log("rabatt", rabatt); // ["108.00", "114.30", "189.00"] (3)
```

Aus einem Array mit Preisen werden alle Preise gefiltert, die höher als 100 sind, und anschließend werden aus den verbleibenden Preisen 10% Rabatt herausgerechnet.

Die Schreibweise mit den untereinander notieren Aufrufen von `map` und `filter` macht das Skript übersichtlicher und das Lesen leichter.

8.6.5 array.reduce()

`reduce` reduziert die Elemente eines Arrays auf einen einzelnen Rückgabewert und ist z.B. sinnvoll, wenn etwa alle Preise im Einkaufswagen eines Shops zu einem Gesamtpreis addiert werden sollen oder bei einer Inventur der Wert aller Waren im Lager gebraucht wird.

```
const arr = [1, 2, 3, 4, 5, 6, 7, 8, 9, 10];
const initialValue = 0

    »Akkumulator«
    Return-Wert              ──┐          ┌── Aktueller
                               │          │   Wert
    der letzten Iteration      │          │
                               ▼          ▼
const summe = arr.reduce((previousValue, currentValue) =>
  accumulator + currentValue, initialValue
);

console.log("summe", summe); // summe - 55
```

Oder in der ausführlichen Schreibweise:

```
const summe = numbers.reduce(function(previousValue, currentValue) {
  return previousValue + currentValue;
}, 0);
```

Beim ersten Durchlauf nimmt die Funktion den `initialValue` und addiert den aktuellen Wert. Bei jedem weiteren Iterationsschritt nimmt die Funktion den vorherigen Wert (bei der zweiten Iteration also die 2) und addiert `previousValue` – den vorherigen Wert.

Der Startwert `initialValue` ist fast immer 0, aber wenn die Funktion mit einem Anfangswert von 15 aufgerufen wird, würde die erste Iteration mit dem Wert 15 im Vorlauf starten.

```
const summe = arr.reduce((prev, curr) =>
   prev + curr, 15
);
console.log("summe mit initialValue = 15", summe);
// [Log] summe mit initialValue = 15 - 70
```

8.6.6 Praxisbeispiel: JSON-Array filtern

So richtig in Fahrt kommen die Array-Methoden `reduce()`, `filter()`, `find()` und `map()` bei der Verarbeitung von JSON-Arrays. Das Beispiel filtert alle Produkte vom Typ »Buch« und berechnet den Gesamtwert der Bücher im Lager.

```
const produkte = [
   {"art": "Buch", "no": 1724, "preis": "3.75", "lager": 27},
   {"art": "Kalender", "no": 475, "preis": "13.99", "lager": 13},
   {"art": "Buch", "no": 188, "preis": "14.05", "lager": 28},
   {"art": "Spiel", "no": 774, "preis": "22.99", "lager": 4}
];

const buchwert  =
   produkte.filter(function(obj){
         if (obj.art === "Buch") {
            return obj;
         };
      }).map(function(obj) {
            return obj.preis * obj.lager;
      }).reduce(function(prev, curr) {
            return((parseFloat(prev) + parseFloat(curr)).toFixed(2))
      });

console.log("buchwert", buchwert);
```

Was passiert hier? `produkte.filter()` gibt bei jedem Schritt ein Objekt zurück, bei dem `obj.art === "Buch"` `true` liefert. Das ist dann also ein Array mit zwei Objekten für die beiden Bücher.

`map()` nimmt diese beiden Objekte und berechnet den Gesamtwert mit der Multiplikation `obj.preis * obj.lager`. Der Rückgabewert ist ein Array mit zwei einfachen Werten: der Gesamtwert des ersten Buchs und der Gesamtwert des zweiten Buchs.

Im letzten Schritt bildet `reduce()` die Summe aus diesen beiden Werten. Weil die Preise im Objekt `produkte` in Hochkommas geschrieben sind, liegen Strings vor. `parseFloat` wandelt die Strings in Gleitkommazahlen um und addiert die Werte. `toFixed` am Ende der Verarbeitung begrenzt die Zahl der Nachkommastellen auf zwei.

War das kompliziert? Schreiben wir dieses Skript mit einer Arrow-Funktion anstelle der ausführlichen Notation, ist es besser lesbar und nachvollziehbar.

```
const buchwert = produkte.filter((obj) => obj.art === "Buch")
        .map((obj) => obj.preis * obj.lager)
        .reduce((prev, curr) => (parseFloat(prev) +
                                  parseFloat(curr)).toFixed(2));
```

8.6.7 Shallow Copy

Einfach zur Kenntnisnahme: Die Arrays, die von `array.filter()` und `array.map()` erzeugt werden, bezeichnet man auch als »Shallow Copy«, als »flache Kopie«. Shallow Copy ist ein Objekt, dessen Elemente eine Referenz mit dem zugrunde liegenden Original-Array teilen. Referenz könnte man hier mit »Zeiger auf den Wert« übersetzen. Wenn sich die Quelle oder das Ziel ändern, ändert sich unter Umständen auch das jeweils andere Objekt. Alle Änderungen am Original führen zu Änderungen der Kopie.

Im Gegensatz zu diesem Verhalten steht eine »tiefe Kopie« (»Deep Copy«), bei der Quelle und Kopie vollständig unabhängig voneinander sind, sodass Änderungen am Original keine Auswirkung auf die Kopie haben.

8.7 Übungen: array.filter()

1. **Nach Elementen filtern**

   Die Server-Anwendung liefert ein Array von Städten, ihren Bundesländern und der Einwohnerzahl. Erzeugen Sie ein neues Array von Objekten, in denen nur Städte aus Schleswig-Holstein und Hessen liegen.

```
const cities = [
  {city:"Köln", bl: "Nordrhein-Westfalen", einwohner: 1000000 },
  {city:"Hannover", bl: "Niedersachsen", einwohner: 532000 },
  {city:"Kiel", bl: "Schleswig-Holstein", einwohner: 249000 },
  {city:"Frankfurt", bl: "Hessen", einwohner: 760000 },
  {city:"Aachen", bl: "Nordrhein-Westfalen", einwohner: 250000 },
  {city:"Darmstadt", bl: "Hessen", einwohner: 164000 },
  {city:"Husum", bl: "Schleswig-Holstein", einwohner: 24000 },
  {city:"Lübeck", bl: "Schleswig-Holstein", einwohner: 218000 }
];
```

2. **Nach Berechnung filtern**
   Und eine zweite Aufgabe: Filtern Sie alle Städte, die weniger als 200 000 Einwohner haben und nicht in Nordrhein-Westfalen liegen.

Beispiellösung: `sandbox/array-map-filter/index.html`

8.8 Sparse Arrays – Arrays mit Lücken

Wie kommt es eigentlich zu Lücken in einem Array? Nun, es ist recht einfach, ein Array mit Lücken anzulegen.

```
const arr = [1,,3];
console.log(arr.length); // gibt 3 zurück
console.log(arr[1]);     // gibt undefined zurück
```

Arrays mit Lücken werden als »sparse arrays« bezeichnet. Sie entstehen bei der Deklaration wie oben, aber auch bei der Vergabe von Indizes.

```
arr[100] = 200.96;
console.log("arr mit Index 100", arr);
```

Eine klassische for-Schleife behandelt die Lücken genauso wie die besetzten Plätze des Arrays.

```
for (let i=0; i<(arr.length ); i++) {
   console.log(i, arr[i] * 19 / 100 + " ");
}
```

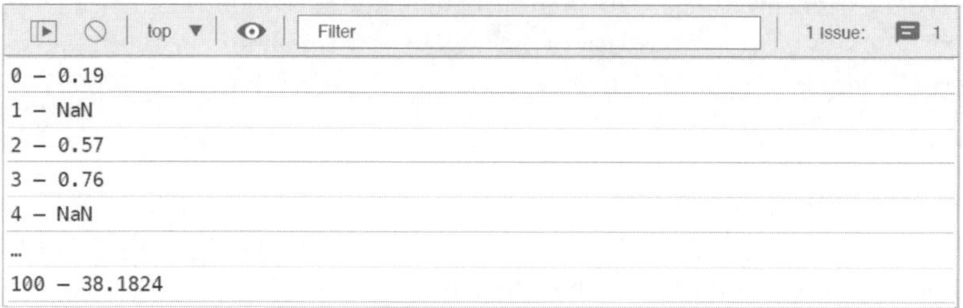

Das führt zu einer langen Liste von NaN (Not a Number) in der Konsole, die bis zum Index 100 führt. Genauso sieht es auch mit `for (const elem of arr)` aus: Alle Lücken im Array werden verarbeitet.

`forEach()` hingegen wird nur auf den besetzten Indizes ausgeführt:

```
arr.forEach((elem, index) => {
  console.log(index, elem * 19 / 100 );
});
```

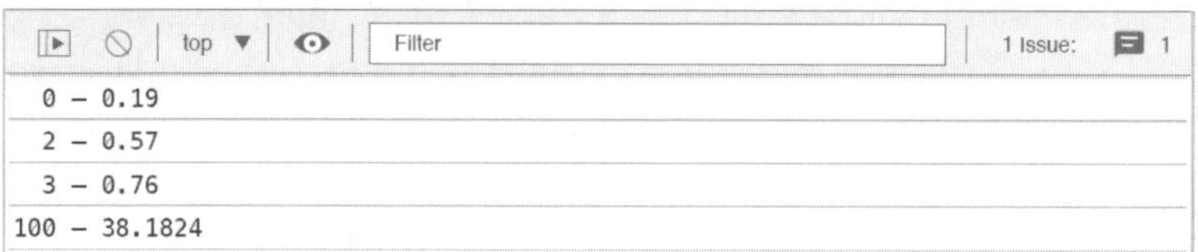

9

JSON – JavaScript Object Notation

9.1 JSON-Objekte und JSON-Arrays

JavaScript erfüllt viele Aufgaben rund um APIs (Application Program Interface): Das sind die Schnittstellen zwischen Programmen. Sei es, dass Daten aus einem Blog ausgelesen oder von Twitter abgeholt, für das Content-Management-System bereitgestellt oder Bilder für eine Galerie aus einer Cloud gefischt werden.

Ein Beispiel für eine JSON-basierte Anwendungsschnittstelle ist `github`. Der einfache Aufruf *https://api.github.com/users* im Browser liefert ein JSON-Array der zwanzig ersten GitHub-Benutzer. Listen wie diese liest JavaScript mit dem Fetch-API, auf das Abschnitt 13.3 detailliert eingeht.

JSON (**J**ava**S**cript **O**bject **N**otation) ist ein leichtgewichtiges Austauschformat für strukturierte Daten. Es ist unabhängig von der Programmiersprache und menschenlesbar. Die `JSON-Syntax` entspringt der Programmiersprache JavaScript, wird aber von vielen Programmiersprachen unterstützt.

```
{
    "titel": "Mansfield Park",
    "published": "1814",
    "seiten": 380
}
```

In JavaScript ist ein Objekt – genauso wie in anderen Programmiersprachen – eine Sammlung von Daten in einer Liste. Ein Objekt enthält Schlüssel-/Wertpaare. Der Schlüssel ist eine Kurzbeschreibung der Daten, gefolgt von einem

Doppelpunkt, gefolgt von dem Wert, der unter diesem Schlüssel gespeichert ist.

JSON folgt den Regeln, wie Objekte in JavaScript geschrieben werden, wenn auch mit kleinen Abweichungen.

Die grundlegende Struktur sowohl eines JavaScript-Objekts als auch von JSON-Objekten speichert Schlüssel-/Wertpaare und beginnt und endet mit geschweiften Klammern.

JavaScript-Objekt:

```
{
   produkt: "Vase",
   preis: 17.
}
```

JSON-Objekt:

```
{
   "produkt": "Vase",
   "preis": 17.0
}
```

9.1.1 JSON-Syntax

- **Schlüssel**

  Der Schlüssel eines JavaScript-Objekts muss nicht in Hochkommas stehen, hätte aber auch nichts gegen einfache oder doppelte Hochkommas. In JSON hingegen muss der Schlüssel in doppelten Hochkommas stehen.

- **Werte**

  Der Wert eines JavaScript-Objekts kann ein String, eine Zahl, `true` oder `false` oder auch ein komplexer zusammengesetzter Typ wie ein Array oder selbst wieder ein Objekt sein.

- **Strings**

  Strings in JavaScript-Objekten müssen in Hochkommas geschrieben werden, egal ob einfach oder doppelt, und ab ES6 gelten auch Backticks. In JSON müssen String-Werte von doppelten Hochkommas eingegrenzt werden.

- **Zahlen**

  Zahlen stehen nicht in Hochkommas. Auf jeden Fall aber dürfen sie in JSON nicht mit 0 anfangen. Wenn eine 0 am Anfang eine Rolle spielt, muss der Wert als String in Hochkommas geschrieben und dementsprechend behandelt werden.

  Zahlen in JavaScript-Objekten können mit einem Dezimalpunkt enden. In JavaScript ist das nicht erlaubt.

- **Kommas nach dem letzten Element**

  Sowohl JavaScript-Objekte als auch JSON setzen Kommas, um die Schlüssel-/Wertpaare voneinander zu trennen. In JavaScript-Objekten kann nach dem letzten Element ein Komma sitzen.

  In JSON darf nach dem letzten Element kein Komma stehen.

- **Kommentare**

  Es gibt keine Kommentare in JSON.

Editoren wie Visual Studio Code erkennen Fehler in JSON, etwa wenn die Hochkommas rund um den Schlüssel fehlen oder bei einfachen anstelle von doppelten Hochkommas. Es gibt zudem zahlreiche Webseiten, die JSON-Daten online testen.

9.1.2 JSON-Dateien

Wenn JavaScript Daten von anderen Programmen oder von Anwendungen auf dem Server übernimmt, liegen häufig nicht einzelne JSON-Objekte vor, sondern gleich ganze Serien von JSON-Objekten. Dann haben wir ein Array von JSON-Objekten vor uns.

JSON-Dateien werden mit der Dateinamenserweiterung `.json` gespeichert. Wie alle JavaScript-Arrays benutzen JSON-Arrays eckige Klammern.

JavaScript-Array:

```
[
   {produkt: "Vase", preis: 17},
   {produkt: "Topf", preis: 35.90}
]
```

JSON-Array:

```
[
   {"produkt": "Vase", "preis": 17},
   {"produkt": "Topf", "preis": 35.90}
]
```

9.1.3 Verschachtelte Strukturen

Natürlich kommt JSON im echten Leben nicht so einfach daher wie in den Beispielen hier. Oft bestehen JSON-Objekte aus mehreren Ebenen, in denen jedes Element selbst ein Objekt oder ein Array ist. Das ist ein JSON-Objekt:

```
const jsonObj = {
   "author": "Austen",
   "firstname": "Jane",
   "books": [
      {"title": "Mansfield Park", "published": 1814},
```

```
        {"title": "Stolz und Vorurteil", "published": 1813},
        {"title": "Emma", "published": 1816}
    ]
}
```

Das Objekt beschreibt also eine Autorin und listet drei ihrer Bücher mit dem Buchtitel und einem Erscheinungsjahr auf. Der nächste Schritt ist dann eine Liste von Autoren und ihren Büchern. So entsteht ein JSON-Array:

```
const jsonObj =
[ {
    "author": "Austen",
    "firstname": "Jane",
    "books": [
        {"title": "Mansfield Park", "published": 1814},
        {"title": "Stolz und Vorurteil", "published": 1813},
        {"title": "Emma", "published": 1816}
    ]
}, {
    "author": "Pratchett",
    "firstname": "Terry",
    "books": [
        {"title": "Total verhext", "published": 1991},
        {"title": "Lords und Ladys", "published": 1992},
        {"title": "Ruhig Blut", "published": 1989},
        {"title": "Schweinsgallop", "published": 1996}
    ]
} ]
```

Genauso wie ein JavaScript-Array besteht ein JSON-Array nicht aus Schlüssel-/Wertpaaren, sondern es ist eine kommagetrennte Liste. Die Elemente der Liste wiederum sind JSON-Objekte (und würden auch als JavaScript-Objekte durchgehen).

Die JSON-Struktur kann beliebig verschachtelt sein, denn jeder Wert kann selbst wieder ein Objekt oder ein Array sein.

9.2 JSON-Objekte in Strings umwandeln und umgekehrt

9.2.1 JSON.parse()

JSON beschreibt eine Datenstruktur, und zwar entweder als Objekt oder als Array. Dabei kommt JSON meist über die URL eines APIs (Application Programming Interface – Anwendungsschnittstelle) oder liegt in einer Datei als Folge von Zeichen.

Für den Austausch von Daten muss JavaScript den String mit `JSON.parse()` in eine JSON-Struktur umwandeln. Umgekehrt sendet ein Skript Daten mit `JSON.stringify()` als String an die Anwendung auf dem Server.

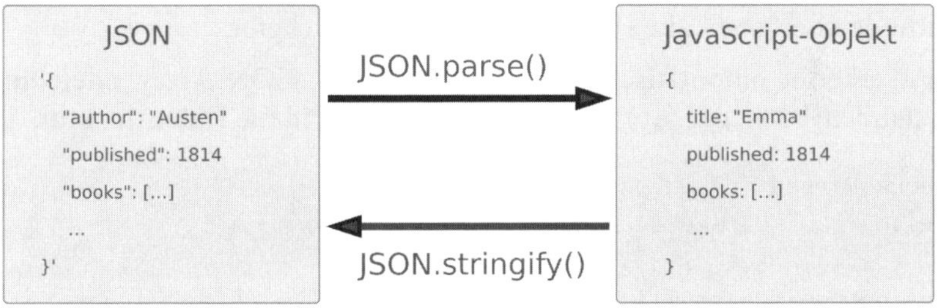

Dieser kurze Abriss ist nur ein Vorgeschmack, der praktische Einsatz folgt in den Abschnitten 13.3 und Abschnitt 14.7.

```
String
`{"author":"Austen","firstname":"Jane","books":[{"title":"Mansfield
Park","published":1814},{"title":"Stolz und Vorurteil","published":
1813},{"title":"Emma","published":1816}`

Objekt
{
  "author": "Austen",
  "firstname": "Jane",
  "books": [
    {"title": "Mansfield Park", "published": 1814},
    {"title": "Stolz und Vorurteil", "published": 1813},
    {"title": "Emma", "published": 1816}
  ]
}
```

JSON gibt es nicht nur in JavaScript, sondern über Sprachen hinweg und auf verschiedenen Plattformen. Sprachen wie JavaScript und Python halten die passenden Werkzeuge dafür von Haus aus parat. In Programmiersprachen wie Java müssen die Grundfunktionen der Sprache durch eine Bibliothek erweitert werden.

Meist kommen die Daten aus einer Datenbank auf dem Server und werden von einer PHP-Anwendung als JSON-String aufbereitet. Die Anwendung auf der Webseite holt die Daten mit einem XMLHttpRequest oder einem Fetch-API (siehe Abschnitt 13.3) und wandelt sie mit `JSON.parse()` in eine Datenstruktur um. Für den ersten Anlauf nutzt das Beispiel einen JSON-String.

```
const books = '[{"author":"Austen","firstname":"Jane","books":[…]}]';
```

Egal mit welcher Programmiersprache wir arbeiten: Der String wird an eine Hilfsmethode übergeben, die eine Datenstruktur zurückgibt.

JavaScript erkennt automatisch, ob es sich um ein JSON-Array oder ein -Objekt handelt. `JSON.parse()` konvertiert den String in die Datenstruktur.

```
const booksParsed = JSON.parse(books);
console.log(booksParsed);

console.log(booksParsed[1].author);
console.log(`${booksParsed[1].firstname} ${booksParsed[1].author}`);
```

Die Konsole zeigt jetzt die Datenstruktur als [Object, Object] – also ein Array, das aus zwei Objekten besteht. Ein Klick auf das Dreieck öffnet die Ansicht und spielt die Elemente ein: `JSON.parse()` hat in dem String automatisch das Array von Objekten erkannt.

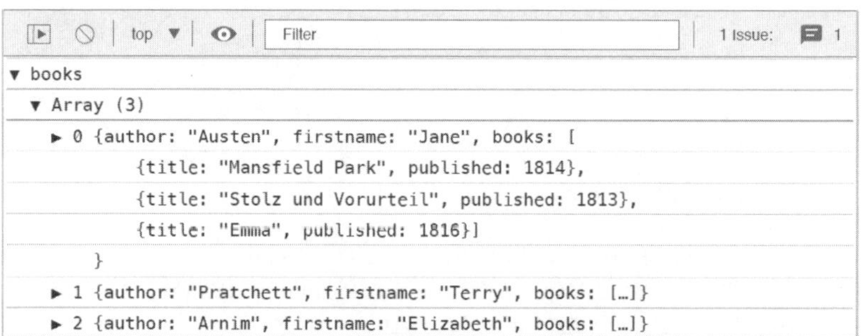

9.2.2 JSON.stringify()

Wenn das Skript Daten an den Server sendet oder im Browser des Benutzers speichert, müssen diese Daten als String gesendet bzw. gespeichert werden. `JSON.stringify()` konvertiert Daten in eine JSON-formatierte Zeichenkette.

```
const color = {
   number : 120,
   lightness : 73,
   saturation : 75,
   name : "lightgreen",
   description: "Helles Grün",
   kombi : function(elem) {
      elem.style = `background: hsl(${this.number},
                                   ${this.saturation}%,
                                   ${this.lightness}%)`;
   }
}

const myObjectString = JSON.stringify(color);
console.log("myObjectString", myObjectString);

console.log(encodeURIComponent(myObjectString));
```

Der Schrägstrich vor den doppelten Hochkommas ersetzt die doppelten Hochkommas innerhalb der Hochkommas rund um den String. Der englische Begriff für dieses Maskieren ist »Escaping«.

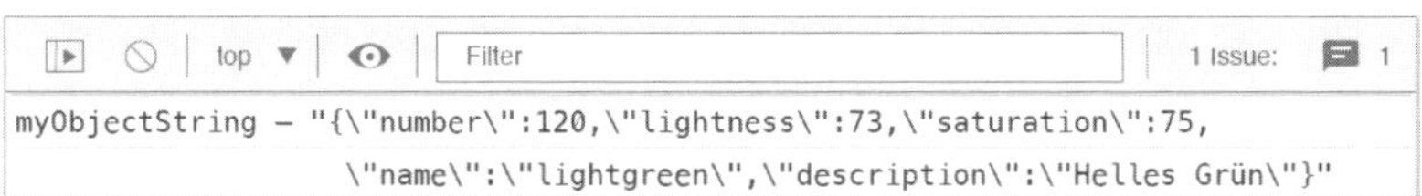

`stringify()` allein reicht nicht aus: Umlaute und Leerzeichen müssen mit `encodeURIComponent()` codiert werden.

9.3 Übung: Objekte/JSON

1. Legen Sie `blogListe` als Array von Objekten an.

   Die Objekte haben jeweils drei Elemente: `titel`, `autor` und `status`. `titel` und `autor` sind der Titel des Blogs und der Autor. `status` ist ein Objekt mit drei Eigenschaften vom Typ »Boolean«:

   - `veröffentlicht`,
   - `entwurf`,
   - `gelöscht`.

   `entwurf` steht für alle drei Blogposts auf `true`, `veröffentlicht` und `gelöscht` auf `false`.

2. Jetzt setzen Sie die Werte von `veröffentlicht` für alle drei Posts auf `true` und den jeweiligen Wert von `entwurf` auf `false`, aber ohne das Objekt erneut zu deklarieren, sondern mit der Dot-Notation.
3. Destrukturieren Sie den Titel des Blogbeitrags und nennen Sie die Variable post2.
4. Wandeln Sie das Objekt `blogListe` in einen JSON-String um.

Beispiellösung: `sandbox/objects/index.html`

10 Document Object Model

10.1 DOM – das Document Object Model

10.1.1 Die Baumstruktur der HTML-Tags bzw. -Elemente

In der Verbindung mit JavaScript wird das HTML der Seite zum Document Object Model (kurz: DOM). Mit dem DOM als JavaScript-Objekt spricht das Skript jedes Element gezielt an, führt Änderungen durch und gibt Informationen an Anwendungen weiter. Für den Webentwickler ist das JavaScript-Objekt »DOM« der Dreh- und Angelpunkt.

An dieser Stelle sollten die Grundlagen von JavaScript sitzen: Kontrollstrukturen wie `if/else`, Schleifen bzw. Iterationen, Arrays und Objekte.

HTML:

```
<!DOCTYPE html>
<html lang="de">
<head>
   <meta charset="utf-8" />
   <title> … </title>
</head>
<body>
   <nav> … </nav>
   <div>
      <form>
         <input>
      </form>
      <ul> … </ul>
   </div>
   <section>
```

```
        <h1> … </h1>
        <p> … </p>
    </section>
</body>
</html>
```

Das DOM verbindet JavaScript mit den HTML-Elementen und erzeugt eine Baumstruktur, in der jedes HTML-Element eindeutig erreicht wird.

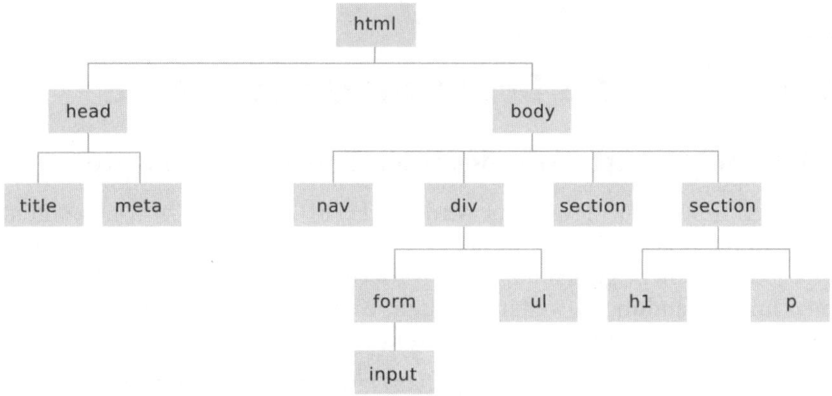

Abb. 10.1: Der DOM-Baum ist eine Visualisierung des DOM – mit der Wurzel HTML an der Spitze.

Die HTML-Elemente des DOM-Baums werden als Nodes – Knoten – bezeichnet. Nicht nur HTML-Elemente bilden Knoten, sondern auch HTML-Attribute wie `class` und `id`, `href` in einem a-Tag oder `src` in einem img-Tag. Der Text innerhalb der öffnenden und schließenden HTML-Tags bildet einen Text-Knoten.

JavaScript kann sich von einem Element aus durch die Seite hangeln und Elemente, Attribute oder Inhalte einfügen und entfernen. An der Spitze des DOM-Baums sitzt das Document-Objekt, gefolgt vom Root-Element (der Wurzel des DOM-Baums), das bei Webseiten das html-Element der Seite ist. Unterhalb des html-Elements liegen das head- und das body-Element.

10.1.2 Das Document-Objekt

Das DOM stellt Methoden und Eigenschaften (Properties) für den Zugriff auf HTML-Elemente und ihre Attribute sowie Inhalte bereit. Einen ersten Eindruck verschafft die Browser-Konsole. Genauso wie die Konsole Eigenschaften und Methoden von Arrays anzeigt (siehe Abschnitt 8.2), gibt sie mit `console.dir()` eine hierarchische Liste aller Eigenschaften eines JavaScript-Objekts aus.

```
console.dir(document);
```

```
▼ #document
    location: Location {ancestorOrigins: DOMStringList, href:… }
    URL: "http://localhost/dom.html"
  ▶ activeElement: body
  ▶ adoptedStyleSheets: Proxy(Array) {}
    alinkColor: ""
    all: HTMLAllCollection(70) [html, head, meta, meta, title … ]
    anchors: HTMLCollection []
    baseURI: "http://localhost/dom.html"
    bgColor: ""
  ▶ body: body
  …
```

Eine der angezeigten Eigenschaften des Objekts `document` ist `body`. Das ist die Dot-Notation, die der Kapitel 7 bereits vorgestellt hat. In der Konsole sehen Sie mit `document.links` die a-Elemente des HTML-Dokuments.

```
▼ document.links
    ▶ HTMLCollection [<a>, <a>, <a class="home">,
      <a class="previous">, <a class="next">] (5)
```

Die Konsole bezeichnet die Links als HTMLCollection (Sammlung) und die eckigen Klammern weisen darauf hin, dass eine HTMLCollection einem Array ähnelt und einen Index wie ein Array hat. Tatsächlich spricht `document.links[0]` den ersten Link der Seite an.

Viele der hier aufgeführten Eigenschaften sind selbst wieder Objekte – zu erkennen an dem Dreieck, mit dem sie sich in der Konsole aufklappen lassen.

10.1.3 DOM-Methoden – ein erster Blick

Es wäre mühsam, wenn das Skript über den Index nach den Elementen der Seite angeln müsste. Das geht heute eleganter und effizienter.

Eine solide und häufig gesehene Methode ist `document.getElementById()`.

HTML:

```
<head>
…
</head>
<body>
   <nav id="menu"> … </nav>
</body>
</html>
```

`document.getElementById("menu")` weist der Variablen `menu` eine Referenz auf das nav-Element mit der `id` `menu` zu. `menu.innerHTML` schreibt alles zwischen dem führenden und schließenden Backtick in das nav-Element. Hätte das nav-Element bereits Inhalte, würden sie ohne Hinweis überschrieben.

```
const menu = document.getElementById("menu");
menu.innerHTML = `
<ul>
   <li><a href="page1">Seite 1</a></li>
   <li><a href="page2">Seite 2</a></li>
</ul>`;
```

Das Ergebnis zeigt sich im Browser, und auch die Konsole zeigt die neuen Inhalte im Bereich `Elements`. So einfach erzeugt JavaScript neue Inhalte, die sofort auch neue Knoten des DOM bilden: Sie reagieren auf CSS und auch JavaScript hat Zugriff auf die Elemente, die gerade erst vom Skript erzeugt wurden.

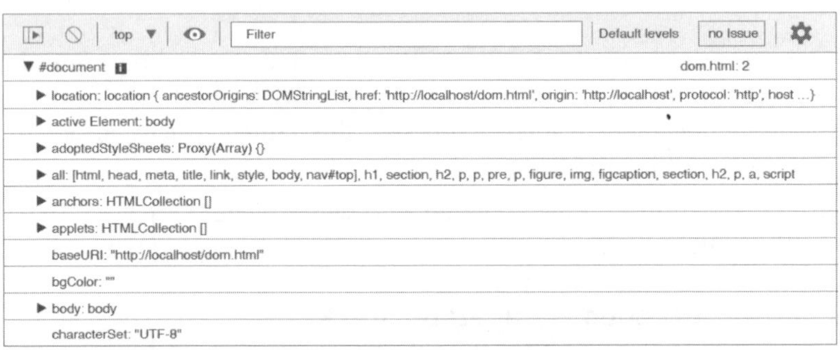

Das war nur ein flüchtiger Einblick. Die folgenden Abschnitte gehen mit den Eigenschaften und Methoden des DOM ins Detail.

10.2 Zugriff auf die DOM-Elemente

Der vorangegangene Abschnitt hat die Eigenschaften des Document Object Model anhand der Konsolen-Ausgabe vorgestellt. Mit den Eigenschaften (Properties) erreicht JavaScript jedes Element des HTML-Dokuments. Obwohl JavaScript heute effizientere Mittel als die Eigenschaften des DOM für das Selektieren von Elementen bietet, trägt eine kurze Beschreibung zum Verständnis des Document Object Model bei.

```
// zeigt ein Verzeichnis der Eigenschaften eines Objekts
console.dir(document);

// zeigt die Elemente des DOM
console.log(document);
```

Die folgende Liste von HTMLCollections stellt nur einen Teil der möglichen Sammlungen einer Webseite dar. Auch wenn sie aus den Anfängen von JavaScript stammen und viele Collections kaum noch genutzt werden, sind sie immer noch Teil des Standards.

- **`document.all`**

  listet alle HTML-Elemente der Webseite in einer HTMLAllCollection auf – heute »deprecated« (veraltet), aber interessant.
- **`document.anchors`**

  eine HTMLCollection aller Links der Seite.
- **`document.body`**

  ein Objekt mit allen Elementen des body-Elements.
- **`document.cookie`**

  ein String mit den Informationen zu den Cookies der Seite.
- **`document.forms`**

  eine HTMLCollection aller form-Elemente der Seite.
- **`document.images`**

  gibt alle img-Elemente des Dokuments als HTMLCollection zurück.
- **`document.isConnected`**

  gibt `true` zurück, wenn eine Verbindung zum Internet besteht, sonst `false`.

- **document.lastModified**

  Datum der letzten Änderung des Dokuments.

- **document.links**

  gibt alle a-Elemente des Dokuments als HTMLCollection zurück.

- **document.location**

  gibt ein Location-Objekt mit Informationen über die URL zurück und eröffnet die Möglichkeit, die URL zu ändern.

- **document.styleSheets**

  Liste der CSS-Dateien der Seite.

Vielleicht begegnen Ihnen HTMLCollections in Skripten von Dritten noch ab und zu – heute nutzen wir lieber Methoden wie `document.querySelector()` oder `document.getElementById`, um DOM-Elemente gezielt auszuwählen. `document.cookie` und `document.location` hingegen selektieren keine HTML-Elemente, sondern greifen auf besondere Eigenschaften des Dokuments zu und sind noch in Gebrauch.

10.3 DOM-Methoden und -Eigenschaften

10.3.1 document.getElementById() – Zugriff mit dem id-Attribut

Die modernen Methoden des DOM sind praktischer und konsistenter als der Zugriff auf Elemente über die Eigenschaften des Document Object. Dazu gehört insbesondere `getElementById()` für den Zugriff auf ein individuelles Element mit einem `id`-Attribut.

HTML:

```
<div id="regal" class="shop">
   <h2>Header</h2>
   <p>Und etwas Text</p>
</div>
```

Mit `document.getElementById("regal")` erreicht das Skript das HTML-Element mit `id="regal"`. `innerHTML` gibt den vollständigen Inhalt des Elements mitsamt allen HTML-Tags als String zurück. `innerHTML` ist eine Eigenschaft und liest HTML-Code innerhalb eines HTML-Elements mit sämtlichen

HTML-Tags und ihren Attributen (mehr zu innerHTML lesen Sie in Abschnitt 10.6).

```
const regal = document.getElementById("regal");
console.log(regal.innerHTML);
```

10.3.2 document.getElementsByTagName(), document.getElementByClassName() – HTML-Tag-Name und class-Attribut

Die DOM-Eigenschaften wie `document.images`, `document.forms` und `document.links` sind das Urgestein für das Ändern des DOM. Selbst mit `getElementsById` wäre der Zugriff auf einzelne Elemente aufwendig, denn zu viele HTML-Elemente müssten mit einem id-Attribut versehen werden.

`document.getElementsByTagName()` gibt alle Elemente mit einem HTML-Tag-Namen als HTMLCollection zurück.

```
const ps = document.getElementsByTagName("p");
console.log("ps", ps);
```

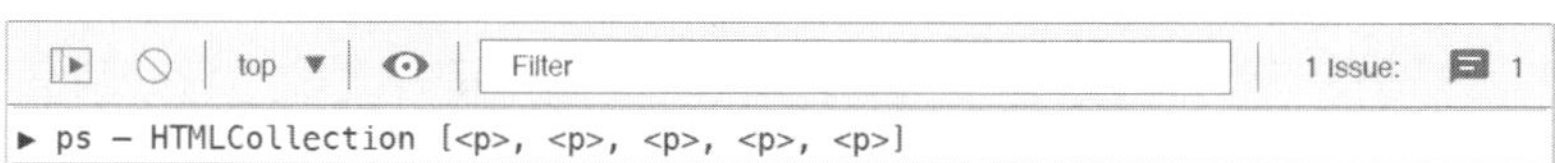

`document.getElementsByClassName()` kam erst sehr spät hinzu und eröffnete JavaScript endlich einen halbwegs effizienten Zugriff über das class-Attribut.

```
const items = document.getElementsByClassName("item");
console.log("items", items);
```

10.3.3 Zugriff auf HTML-Attribute – getAttribute()

JavaScript erreicht Attribute wie `id` als Eigenschaften des Objekts (also in der Dot-Notation). So einfach ist das allerdings nicht mit allen Attributen. Schon das `class`-Attribut bildet eine Ausnahme, denn der Zugriff erfolgt über `className`. `document.elem.class` hingegen würde zu einem Fehler führen.

```
const id = regal.id;
console.log("regal.id", id); // [Log] regal.id - "regal"

const className = regal.className;
console.log("className", className);
// [Log] className - "hide shop"
```

Wenn das Element mehr als eine CSS-Klasse hat, gibt `className` alle Klassen des Elements als String zurück.

```
const attr = regal.getAttribute("class");
console.log("attr", attr); // [Log] attr - "hide shop"
```

Die Methode `getAttribute(<Attribut-Name>)` ist konsistenter, denn sie verwendet den realen Namen des Attributs.

10.3.4 Attribute setzen und ändern – setAttribute()

Das Pendant zu `getAttribute()` ist `setAttribute(<Attribut-Name>, <Wert>)`. Das überschreibt das Attribut oder setzt es, falls es das Attribut im HTML-Element noch nicht gibt.

```
regal.setAttribute("class", "cart");
```

10.3.5 CSS-Stile ändern

`elem.style` überschreibt das style-Attribut. Anweisungen wie `elem.style.color` oder `elem.style.width` fügen Eigenschaften dynamisch ein, ohne vorhandene Stile zu überschreiben.

Mit `elem.style.eigenschaft` setzt JavaScript CSS-Eigenschaften dynamisch, z.B. als Antwort auf eine Aktion des Benutzers.

`elem.style.eigenschaft` liest und setzt CSS-Stile eines Elements, `elem.style` hingegen setzt oder überschreibt das style-Attribut eines Elements in gleicher Weise wie `elem.setAttribute()` bzw. `elem.getAttribute()`. `elem.style.eigenschaft` ist die älteste Technik und nicht ohne Tücken: Die Schreibweise weicht oft von den CSS-Eigenschaften ab, weil JavaScript keine Bindestriche akzeptiert.

```
elem.style.color = "#4A884D";
elem.style.backgroundColor = "lavender";
```

```
elem.style.backgroundImage = "url('images/flowers-01.webp')";
elem.style.border = "3px solid green";
elem.style.boxShadow = "10px 20px 15px silver";
elem.style.fontSize = "2rem";
elem.style.height = "200px";
elem.style.maxWidth = "96%";
elem.style.opacity = "0.8";
elem.style.padding = "1rem";
elem.style.textAlign = "center";
```

Das ist nur eine Auswahl der Eigenschaften, die über die Eigenschaft `style` angesprochen werden können. Sie sehen schnell, dass ein Teil der Eigenschaften als camelCase geschrieben wird: CSS-Eigenschaften mit einem Bindestrich müssen in JavaScript beim zweiten bzw. dritten Wortteil mit einem Großbuchstaben geschrieben werden.

10.3.6 style.cssText() – CSS kompakt einbringen

Wenn mehr als eine Eigenschaft geändert wird, braucht `elem.style.xy` viele Zeilen. Eleganter und gut lesbar ist `elem.style.cssText`.

`cssText()` kann CSS-Eigenschaften auslesen und schreiben und gibt dem Entwickler dafür schlichtes und wohlbekanntes CSS zur Hand.

HTML:

```
<div id="get-set"
     style="background: seashell; border: 2px solid orange">
   <p>Hallo cssText!</p>
</div>
```

JavaScript:

```
const elem = document.getElementById("get-set");
const getSet = elem.style.cssText;
console.log("getSet", getSet);
```

```
elem.style.cssText +=
    `box-shadow: 5px 10px 5px silver;
    text-align: center`;
```

Mit einem kleinen Trick sorgt die letzte Anweisung dafür, dass die bereits vorhandenen Inline-Stile nicht überschrieben werden. Die Kombination von + und = konkateniert die vorhandenen Stile mit dem neuen String, sprich, es führt die Strings zusammen.

10.3.7 Prüfen, ob das Element existiert

Bevor das Skript Eigenschaften eines Elements ändert oder neue Eigenschaften hinzufügt, darf ein Check auf die Existenz des Elements nicht fehlen.

```
const item = document.getElementById("#item");
console.log("item", item);
```

Auch wenn das Element mit `id="item"` nicht existiert, entsteht kein Syntaxfehler, denn die Zuweisung gibt `null` zurück. Erst das Zuweisen einer neuen Eigenschaft oder andere Manipulationen des Elements würden zu einer Fehlermeldung führen. Eine einfache if-Abfrage reicht meist schon, um es gar nicht erst so weit kommen zu lassen.

```
if (item !== null) {
    item.style.cssText = "font-size: 2rem";
}
```

10.4 Zugriff mit CSS-Selektoren – querySelector() und querySelectorAll()

Der Begriff Web 2.0 steht immer noch für den großen Durchbruch des Internets und seiner Anwendungen. »ES6« hingegen ist nur Anwendungsprogrammierern geläufig, aber mit ES6 – ECMAScript 2015 – begann der Aufstieg von `querySelector()` und `querySelectorAll()`.

Bis dahin gab es nur `getElementById()` und so spröde Methoden wie `getElementsByTagName()`. Die Navigation begnügte sich mit dem Verwandtschaftsverhältnis der Knoten des DOM-Baums. Mit `querySelector()` und `querySelectorAll()` erreicht JavaScript jedes Element mit CSS-Selektoren, und zwar anhand von CSS-Klassen, Tag-Namen, Attributen wie `src`, `href` und sogar mit Hilfe von Pseudo-Selektoren.

10.4.1 querySelector() – Zugriff auf ein einzelnes Element

`querySelector(elem)` wird mit einem CSS-Selektor als Argument aufgerufen und gibt das erste Element zurück, auf das der Selektor passt. Das Argument ist ein String in Hochkommas mit derselben Syntax für den CSS-Selektor wie in der CSS-Datei oder im style-Tag.

```
const nav = document.querySelector("header");
console.log(header);
```

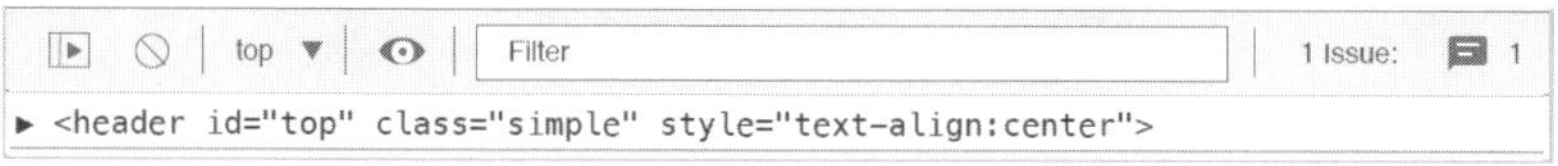

Die Konsole zeigt das HTML-Element mitsamt seinen Attributen und aufklappbar, um den Inhalt zu prüfen. Wenn das Dokument mehr als ein HTML-nav-Element enthält, wird `querySelector()` dennoch nur das erste Element zurückgeben. `querySelector()` greift immer nur auf ein einzelnes Element zu. Für den Zugriff auf alle Elemente einer CSS-Klasse ist die Methode `querySelectorAll()` zuständig (siehe Abschnitt 10.4).

10.4.2 querySelector() mit CSS-Selektoren

Das Argument von `querySelector()` ist ein String, der Typ-Selektoren (z.B. h1, input, p), class- oder id-Selektoren (z.B. .foo, #bar) und Attribut-Selektoren (z.B. `input[type="password"]`) darstellt.

```
// das erste h3-Element
const h3 = document.querySelector('h3');

// das erste Element mit der CSS-Klasse .block
const block = document.querySelector(".block");

// das Element mit id="main"
const main = document.querySelector("#main");

// das erste input-Element mit type='search'
const search = document.querySelector("input[type='search']");
```

Für den Zugriff auf ein Element an einer bestimmten Position nutzt `querySelector()` CSS-Pseudo-Klassen. Pseudo-Klassen wählen Elemente basierend auf ihrem Zustand oder ihrer Position im Dokument aus. Man erkennt sie am einfachen Doppelpunkt (z.B. `:hover` oder `:first-child`).

HTML:

```
<nav>
   <ul>
      <li><a href="ab.html"></a></li>
      <li><a href="cd.html"></a></li>
      ...
   </ul>
</nav>
```

JavaScript:

```
const li = document.querySelector("nav li:nth-child(2)");

const link = li.querySelector("a");  // (1)
link.innerText = "CSS-Datei";        // (2)

console.log("li", li);
```

Die Variable `li` verweist auf das vollständige HTML-Element, also auch auf das a-Element, das innerhalb des li-Elements sitzt. `querySelector()` akzeptiert nicht nur das Document-Objekt, sondern auch Elemente des Document-Objekts (1). `elem.innerText` überschreibt den Text (2).

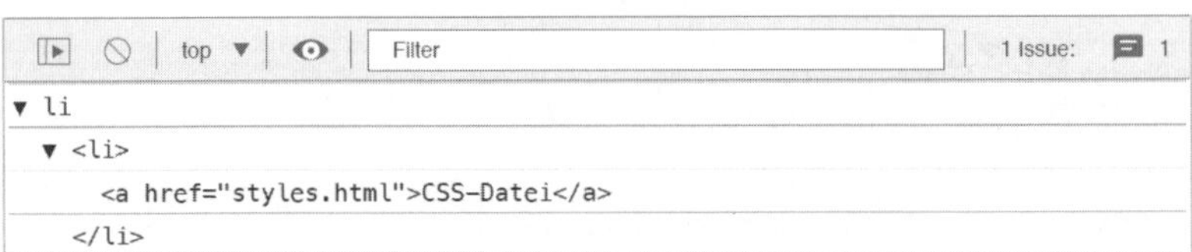

10.4.3 CSS-Stile mit querySelector() ändern

Das ist eine der häufigsten Aufgaben für `querySelector()`: das Ändern von CSS-Stilen.

```
const teaser = document.querySelector(".teaser");
teaser.style.backgroundColor = "var(--magna-color-rot)";
```

Einer der Grundsätze für die Webentwicklung lautet »Auf das HTML darf sich niemand verlassen«. Wenn kein Element mit dem Selektor existiert, gibt `querySelector()` `null` zurück.

```
const elem = document.querySelector(".selector");
console.log("elem", elem);
```

Fehleranzeige: Fehlanzeige, denn das Skript wirft keine Fehlermeldung aus. `null` wird einer Variablen zugewiesen, um aufzuzeigen, dass der Variablen kein Wert zugewiesen wurde (siehe Abschnitt 3.5).

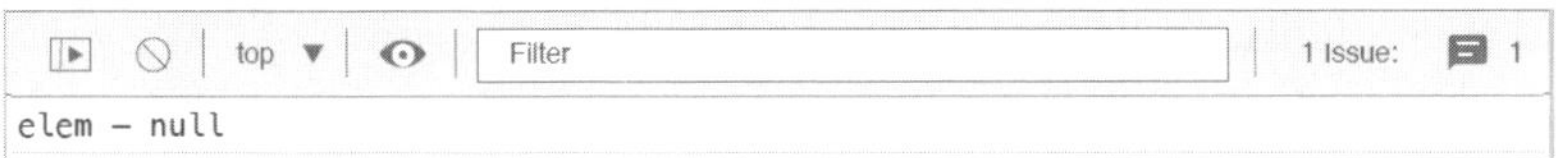

Erst der Versuch, dem nicht vorhandenen Element eine Eigenschaft zuzuweisen oder den Inhalt zu ändern, bringt einen Syntaxfehler zum Vorschein. Es ist also besser, stets schon vor einer möglichen Zuweisung auf `null` zu prüfen, genauso wie beim Aufruf von `document.getElementById()`.

```
if (elem !== null) {
   elem.style.color = "green";
} else {
   console.log("Element existiert nicht");
}
```

Der else-Zweig wird meist nicht gebraucht, es sei denn, andere Aktionen sind in so einem Fall geplant.

10.4.4 document.querySelectorAll() – alle Elemente, die zu einem CSS-Selektor passen

`document.querySelectorAll()` gibt alle Element mit einem CSS-Selektor als `NodeList` zurück. Das Argument von `querySelectorAll()` ist der CSS-Selektor als String in Hochkommas.

```
// alle img-Elemente unterhalb von main
document.querySelectorAll('main img');
```

```
// alle Element mit class="post ci"
document.querySelectorAll('.ci.post');

// alle inputs mit type="number"
document.querySelectorAll('input[type="number"]');

// alle li-Element mit ungeradem Index
document.querySelectorAll('li:nth-child(odd)');

// alle Bilder mit der Zeichenkette /img/ im src-Attribut
document.querySelectorAll('img[src*="/img/"]');
```

Der CSS-String kann ebenso wie bei `querySelector()` ein Pseudo-Element sein und auch Mehrfach-Selektoren sind erlaubt:

```
const items = document.querySelectorAll("p, li");
```

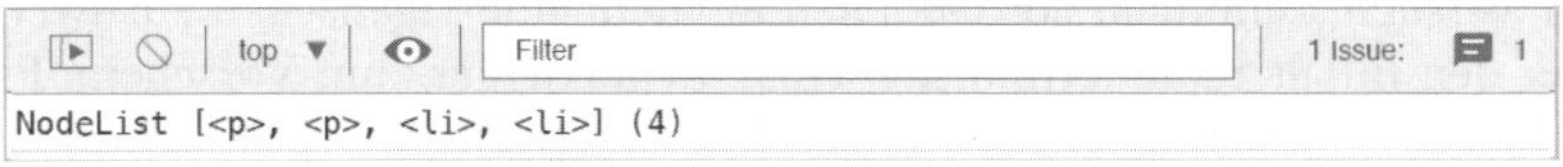

10.4.5 NodeLists – Listen von Elementen

Der Rückgabewert von `querySelectorAll()` ist eine NodeList. NodeLists sehen aus wie Arrays, sind aber tatsächlich statische Listen. Anders als bei einer HTMLCollection können Sie Array-Methoden höherer Ordnung auf NodeLists nutzen.

HTML:

```
<ul class="list">
   <li>Bezaubernder April
      <button id="b0">Zum Warenkorb</button>
   </li>
   …
</ul>
```

Ein Klick in der Konsole auf den Prototyp der NodeList spielt die Eigenschaften und Methoden der NodeList ein.

```
const listElems = document.querySelectorAll(".list li");
console.log("listElems", listElems);
```

NodeLists haben einen Index – `item(index)` – und unterstützen die Iteration mit `forEach()`. Das ist ein Unterschied zur HTMLCollection, die von den alten document-Methoden zurückgegeben wird.

```
listElems.forEach( item => console.log(item.innerText));
```

Der Index steuert ein individuelles Element der NodeList an, z.B. um den Text zwischen öffnendem und schließenden li-Tag zu lesen oder zu überschreiben.

```
console.log("listElems[2]", listElems[2].innerText);
```

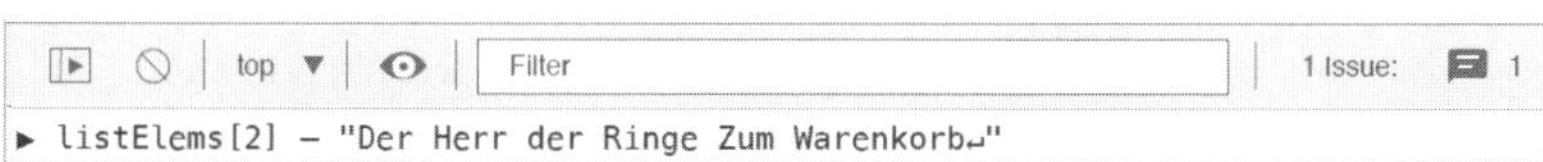

10.5 DOM-Navigation

10.5.1 Die Verwandtschaftsverhältnisse im DOM-Baum

Die sowohl sicherste als auch einfachste Methode für den Zugriff auf ein Element des DOM ist `querySelector()` in Verbindung mit einem CSS-Selektor.

Wenn keine CSS-Klassen oder id-Attribute zur Verfügung stehen, kann das Skript die Verwandtschaftsbeziehungen der Elemente nutzen.

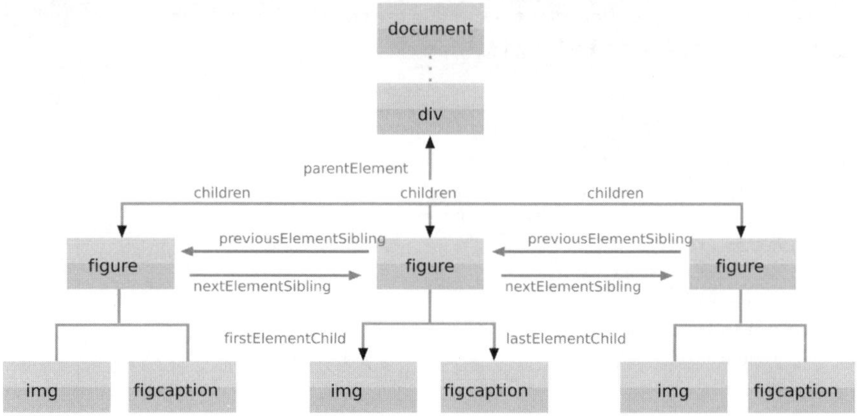

Abb. 10.2: Elemente, die unterhalb eines parent-Elements (Eltern) auf einer Ebene liegen, sind Siblings (Geschwister). Was direkt unter einem Element-Knoten liegt, ist ein `childElement` (Kind).

Eigenschaft	Beschreibung
`parentElement`	Eltern-Element, direkter Vorfahre
`children`	alle direkten Nachfahren eines Eltern-Elements
`firstElementChild`	das erste Kind-Element eines Eltern-Elements
`lastElementChild`	das letzte Kind-Element eines Eltern-Elements
`nextElementSibling`	vorangehendes Nachbar-Element auf derselben Ebene
`previousElementSibling`	folgendes Nachbar-Element auf derselben Ebene

`nextElementSibling`, `previousElementSibling`, `parentElement`, `firstElementChild`, `lastElementChild` und `children` sind keine Methoden, sondern Eigenschaften.

10.5.2 children, firstElementChild, lastElementChild

`elem.children` gibt eine einem Array ähnliche HTMLCollection mit einem Index für die individuellen Elemente zurück.

Abb. 10.3:
Poster 1: eine Tasse und ein Buch

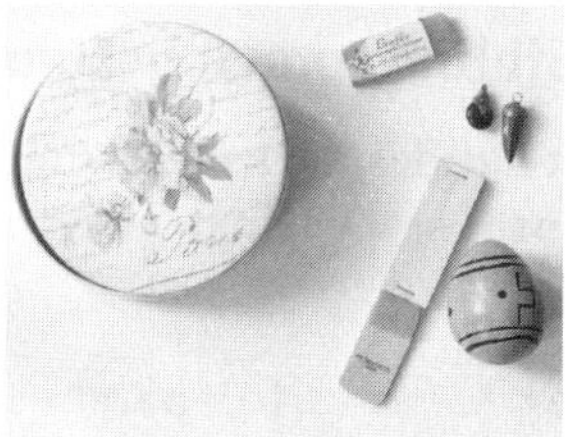

Abb. 10.4:
Poster 2: eine große runde Dose

Abb. 10.5:
Poster 3: Zeichenstifte

HTML:

```
<div class="parent">
   <figure>
      <img src="tasse-und-buch.jpg" width="4831" height="3783"
           alt="…">
      <figcaption>Poster 1: eine Tasse und ein Buch</figcaption>
   </figure>
   …
</div>
```

`parent.children [1].firstElementChild` erreicht das Bild unter dem mittleren figure-Element, `lastElementChild` das figcaption-Element.

```
console.log(parent.children [1].firstElementChild);
parent.children [1].lastElementChild.innerText =
                       "Poster 2: eine große runde Dose";
```

10.5.3 nextElementSibling, previousElementSibling

`nextElementSibling` greift auf das nächste Element auf derselben Ebene zu, das unter demselben `parentElement` hängt, `previousElementSibling` auf das vorangehende Element.

```
parent.children [1].nextElementSibling.style =
                              "background: silver";
```

10.5.4 parentElement – der Weg zum direkten Vorfahren

Mit CSS ist es erst in jüngerer Zeit möglich, das Eltern-Element eines HTML-Elements zu erreichen. Dies war darum lange Zeit ausschließlich JavaScript mit `parentElement` vorbehalten.

Das Code-Beispiel findet das Eltern-Element des div-Elements mit den drei Bildern und fragt ab, welche CSS-Klassen im umfassenden Block notiert sind.

```
const block = parent.parentElement;
console.log("block", block.className);
```

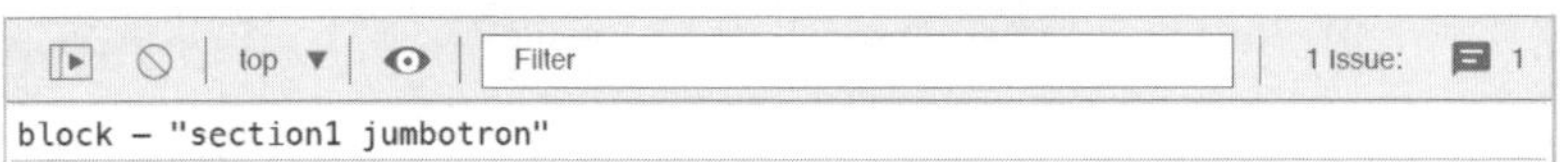

`className` gibt den Inhalt des class-Attributs als String zurück.

10.6 Zugriff auf Inhalte mit innerHTML, innerText und TextContent

10.6.1 innerText – nur sichtbaren Text übernehmen

`item.innerText` gibt den sichtbaren Textinhalt eines Elements zurück und ignoriert Text, der z.B. durch die CSS-Eigenschaft `display:none` nicht angezeigt wird. `innerText` überschreibt auch den Inhalt eines Elements, löscht dabei aber auch alle HTML-Tags des Elements.

Nur der Text, der auf der Seite sichtbar ist.
Was ausgeblendet ist, wird kein *innerText*.

HTML:

```
<div id="innertext">
   <p>Nur der Text, der auf der Seite sichtbar ist.<br>
      Was <span style="display: none">durch CSS</span>
      ausgeblendet  ist, wird kein <em>innerText</em>.</p>
</div>
```

JavaScript:

```
const innertext = document.querySelector("#innertext");
console.log(innertext.innerText);
```

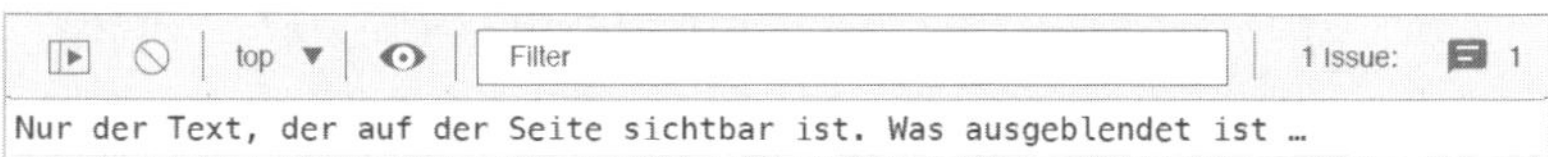

Beim Überschreiben mit `innerText` würden alle Zeichen übernommen und HTML-Tags nicht ausgewertet.

```
innertext.innerText = "Nur der <b>sichtbare</b> Text";
console.log("innertext", innertext.innerText);
```

Nur der <b>sichtbare</b> Text

10.6.2 innerHTML – HTML-Tags auswerten

`innerHTML` macht, was der Name sagt: Es überschreibt den Inhalt eines Elements, kann dabei aber auch HTML-Tags mitsamt Attributen einsetzen.

```
listElems[2].innerHTML =
   `Ab die Post <button id="b4">Zum Warenkorb</button>`;

const style =
   `background: green;
   color: white;`;
listElems[2].querySelector ("#b4").style.cssText = style;
```

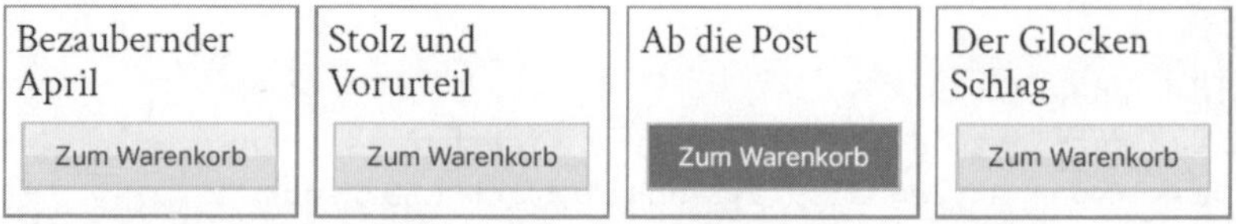

Das neue `button`-Element ist jetzt vollwertiger Teil des DOM, sodass JavaScript den Button ansprechen kann. Die Browser-Konsole zeigt das geänderte HTML.

HTML:

```
<li>Ab die Post
   <button id="b4"
        style="background: green; color: white;">
        Zum Warenkorb
    </button>
</li>
```

10.6.3 textContent – den vollständigen Text übernehmen

`textContent` gibt den gesamten Textinhalt eines Elements zurück, also auch versteckten Text, berücksichtigt aber die Darstellung nicht.

Hallo Welt!
Diese Ausgabe ist der erste Schritt.

HTML:

```
<div id="txtcont">
   <p><em>Hallo Welt!</em><br/> Diese Ausgabe ist
     <span style="display:none">in vielen Beiträgen</span>
     der erste Schritt.</p>
</div>
```

JavaScript:

```
const 6txtcont = document.querySelector ("#txtcont").textContent;
document.querySelector ("#txtcont").textContent = txtcont;
```

Hallo Welt! Diese Ausgabe ist in vielen Beiträgen der erste Schritt.

Genauso wie beim Einsatz von `innerText` werden HTML-Tags beim Überschreiben mit `textContent` nicht ausgewertet, sondern wörtlich als HTML-Tags angezeigt.

10.7 Elemente ins DOM einfügen

JavaScript hat gut ein halbes Dutzend Methoden, um neue Elemente in das DOM einzufügen. Sie unterscheiden sich durch die Referenz-Elemente:

- Sollen neue Elemente vor oder nach einem Element als Nachbar (previous Sibling oder next Sibling) eingefügt werden,
- oder sollen neue Element als Kind-Elemente unterhalb eines Eltern-Elements eingesetzt werden?

- **`appendChild()`**

  fügt als letztes Kind-Element ein
- **`insertBefore()`**

  fügt Elemente als Kind-Elemente an eine bestimmte Position des Elternknotens ein
- **`append()`**

  fügt ein oder mehrere Element-Knoten oder Strings ein
- **`replaceChild()`**

  ersetzt ein vorhandenes Kind-Element
- **`replaceWith`**

  ersetzt einen Element-Knoten
- **`before(), after()`**

  fügt Elemente vor oder nach einem Element ein

Methode	Node-Objekte	Strings	Position
`appendChild()`	ein Node		Ende des Elements

insertBefore()	ein Node		vor einem Kind-Element des Eltern-Elements
append()	ein oder mehrere Nodes	Text-Strings	Ende des Elements
prepend()	ein oder mehrere Nodes	Text-Strings	Anfang des Elements
before()	ein oder mehrere Nodes	Text-Strings	als Sibling vor dem Element
after()	ein oder mehrere Nodes	Text-Strings	als Sibling nach dem Element
innerHTML		DOM-Strings	ersetzt das vollständige Element

10.7.1 appendChild() – Element ans Ende eines übergeordneten Elements einfügen

appendChild() ist schon kurz vorbeigeflogen. Erst Methoden wie appendChild() und replaceChild() setzen das Fragment an der gewünschten Stelle in das Dokument ein.

HTML:

```
<body>
   <main>
   </main>
   ...
</body>
```

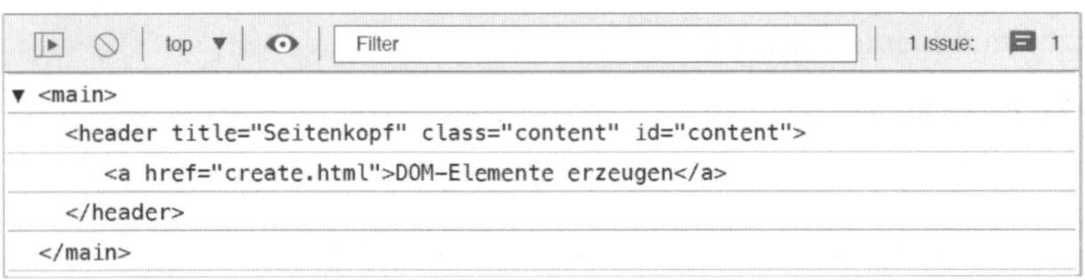

10.7.2 insertBefore() – Element vor einem anderen Element einfügen

Für lange Zeit gab es kein einfaches Gegenstück zum einfachen `appendChild()`, um ein Element als `firstChild` einzusetzen. Anstelle dessen übernahm `insertBefore()` das Einklinken eines Element-Knotens an einer beliebigen Stelle innerhalb eines Elements.

Für den Einsatz von `insertBefore()` muss das Referenz-Element identifiziert werden, vor dem ein neues Element erscheinen soll, und ebenfalls das Eltern-Element der Referenz.

Im folgenden Beispiel fehlt das img-Element zur Bildunterschrift.

HTML:

```
<figure class="stifte">
   <figcaption>Ganz schön viele Holzstifte</figcaption>
</figure>
```

Das Skript setzt das Bild mit `insertBefore(img, figcaption)` vor die Bildunterschrift:

```
const figcaption = document.querySelector(".stifte figcaption");

const img = document.createElement('img');
img.setAttribute ("src", "images/stifte-03.png");
img.setAttribute ("width", 500);
img.setAttribute ("height", 540);

figcaption.parentElement.insertBefore(img, figcaption);
           ▲                              ▲       ▲
           |                              |       |
    parentElement       neues Element ────┘       └── Referenz-
                                                       Knoten
```

Abb. 10.6: Ganz schön viele Holzstifte

10.7.3 append(), prepend() – am Ende bzw. am Anfang einfügen

`append()` und `prepend()` fügen ein oder mehrere DOM-Nodes an ein Element an: `append()` als `lastChild` am Ende eines Elements, `prepend()` als `firstChild` an den Anfang des Elements.

Während `appendChild()` immer nur ein Element einfügen kann und ein Gegenstück `prependChild()` niemals existiert hat, sind diese jüngeren Methoden flexibler und hängen sowohl DOM-Nodes als auch Text ein.

HTML:

```
<ul class="target">
</ul>
```

Eine immer wiederkehrende Aufgabe: Informationen, die von der Anwendung auf dem Server als JSON-Array übergeben wurden, in HTML umzusetzen.

```
const vasen = [
   {"src": "images/vase-01.jpg", "name": "Hohe Tonvase"},
   {"src": "images/vase-02.jpg", "name": "Helle Kugelvase"},
   {"src": "images/vase-03.jpg", "name": "Cracked Porzellan"}
];

// Ein Array als »Zwischenspeicher«
const lis = [];

// In der forEach-Schleife die Elemente zusammensetzen
// und im Array lis ablegen.
```

```
vasen.forEach((elem) => {
   const li = document.createElement ("li");
   const img = document.createElement ("img");
   img.src = elem.src;
   img.alt = elem.name;
   li.append (img);
   lis.push (li)
});

document.querySelector (".target").prepend (...lis);
```

Die forEach-Schleife könnte auch jedes li-Element direkt in der ungeordneten Liste unterbringen. Stattdessen hängt `prepend (...lis)` mithilfe des Spread-Operators alle li-Elemente mitsamt den Bildern in einem Aufwasch unter das ul-Elemente. Das verringert den Neuaufbau des Layouts bei jedem Einbinden eines li-Elements.

Die Elemente erscheinen im Markup in der Reihenfolge, in der sie in der kommagetrennten Liste als Argumente von `prepend()` stehen: Je weiter links, desto weiter oben liegen die Neuankömmlinge im HTML-Markup.

Genauso sieht es aus, wenn `append()` Elemente an den Anfang setzt: Sie erscheinen in der Reihenfolge der Argumente – was weiter links steht, wandert weiter nach oben. Machen wir es uns einfacher:

```
const imgs = [
   `<img src="images/vase-04.jpg"  alt="Steingutvase" />`,
   `<img src="images/vase-05.jpg"  alt="Rote Porzellanvase" />`
]

for (const item of imgs) {
   const li = document.createElement ("li");
   li.innerHTML = item;
   document.querySelector (".target").append (li);
}
```

Je nachdem, in welcher Form die Server-Anwendung Daten liefert, ist der einfachere Weg durchaus in Ordnung. Am Ende ist es auch eine Frage, wie gut lesbar das Skript in zwei Monaten oder nach einem Jahr ist, wenn Funktionen verbessert oder erweitert werden.

10.7.4 before(), after() – vor oder nach einem Element einfügen

`before()` fügt ein oder mehrere kommagetrennte Elemente oder Strings vor einem Knoten ein, `after()` nach einem Knoten.

So sieht das HTML aus, bevor ein Bild vor und ein Bild nach vorhandenen Elementen eingefügt wird:

HTML:

```
<div id="trio">
   <img src="stifte-01.png" width="500" height="540">
</div>
```

Das Skript nutzt das umfassende HTML-Element mit `id="trio"` und erreicht das vorhandene img-Element mit dem Selektor `#trio img`.

```
const trio = document.querySelector("#trio img");
const img02 = document.createElement("img");
img02.src = "images/stifte-02.png";
img02.width = 500;
img02.height = 540;

const img03 = document.createElement("img");
img03.src = "images/stifte-03.png";
img03.width = 500;
img03.height = 540;

trio.before(img02);
trio.after(img03);
```

`document.createElement("img")` erzeugt die neuen img-Elemente, setzt den Pfad zum Bild und fügt die Bilder vor bzw. nach dem ursprünglich vorhandenen Bild ein.

10.8 Übung: Elemente im DOM einbinden

Fügen Sie ein neues Element `Geranien` vor dem Eintrag `Lilien` in die Liste ein sowie einen Eintrag `Nelken` vor dem gerade eingefügten Element `Geranien`. Nutzen Sie zwei verschiedene Methoden, z.B. `insertBefore()` und `before()`.

- Rosen
- Magnolien
- Lilien
- Flieder

Beispiellösung: `sandbox/dom-elemente-einfuegen/index.html`

10.9 Praxisbeispiel – komplexe Strukturen einfügen

Eine typische Aufgabe ist die Übernahme von Daten für eine Galerie oder für Produktbeschreibungen, die eine Anwendung auf dem Server als JSON-Array liefert. Das JSON-Array enthält die Elemente jedes Produkts als Objekt.

```
const bücher = [
  { "title": "Alice im Wunderland",
    "autor": "Carroll, Lewis",
    "jahr": "2003",
```

```
    "img": "buch-titel-lewis-carroll.jpg",
    "link": "alice.html"},

    // Dieselbe Struktur für die weiteren Elemente des Arrays
  { "title": "Accidental Empires" … },
  { "title": "Mummenschanz" … },
  { "title": "Verzauberter April" … }
];
```

Auch wenn das Array nicht einfach Strings oder Zahlen enthält, hat es die normalen Eigenschaften eines Arrays: einen Index und eine Länge. Eine einfache for-of-Iteration läuft über alle Elemente des Arrays und erzeugt die HTML-Elemente und ihre Attribute.

```
01 for (const buch of bücher) {
02    const container = document.createElement("div");
03    container.className = "buch";
04
05    console.log(container);
06 }
```

An dieser Stelle sollten die vier div-Elemente in der Konsole sichtbar sein, aber die sind natürlich noch leer. Ab Zeile 07 setzt das Skript den Buchtitel und den Autor in ein p- oder div-Element.

```
07 const title = document.createElement("p");
08 title.className = "title";
09 title.innerHTML = `${buch.title}<br>${buch.autor}`;
10 container.appendChild (title);
```

Die Anweisungen erzeugen eine Zeile HTML, die den Buchtitel und Autor durch einen Zeilenumbruch (<br>) in zwei Zeilen ausgibt. Zeile 10 des Skripts hängt das p-Element in das div-Element mit der CSS-Klasse `buch`. In der Konsole ist das Ergebnis der Aktion sichtbar, aber die div-Container gibt es bislang nur im Speicher.

Bevor der div-Container in die Seite gesetzt wird, erzeugt das Skript die weiteren Elemente. Der Container bleibt vorerst ein frei schwebendes Fragment. Als nächstes Element kommt der Link an die Reihe: ein p-Element, in das ein a-Element angehängt wird. Das a-Element braucht ein href-Attribut und einen Text.

```

link = document.createElement("p");
a = document.createElement("a");
a.href = buch.link;
a.innerText = "Link zur Buchbesprechung";
link.appendChild(a);
container.appendChild(link);
```

Warum wurde das Container-Element immer noch nicht in das Dokument eingebunden? Jedes Mal, wenn ein Skript nach dem Laden der Webseite ein neues Element in das Dokument einhängt, muss der Browser das Layout neu aufbauen. Das kostet Zeit und führt zu einem Aufzucken der Seite. Es ist besser, das Fragment fertigzustellen, bevor es »in einem Stück« in das Dokument gesetzt wird.

Es wird Zeit, das Ergebnis in der Konsole zu prüfen.

10.10 Übung: Bild in das Fragment setzen

Im JSON-Array liegt noch die URL des Titelbilds, also braucht das Fragment noch ein Block-Element (z.B. ein div) mit einem alt-Attribut und am besten auch noch ein `loading="lazy"`.

Das Bild komplettiert das Fragment und es ist endlich so weit: Zeit, das Fragment einzusetzen. Erzeugen Sie das Markup für das Bild und setzen Sie das Fragment endgültig in die Webseite.

Beispiellösung: `sandbox/dom-komplexe-strukturen/index.html`

10.11 DOM-Elemente erzeugen und platzieren

Die vorangegangenen Abschnitte haben bereits `element.innerHTML` benutzt, um neue Elemente im Dokument zu erzeugen. Das Document-Objekt enthält weitere Methoden zur Erzeugung neuer Elemente, die insbesondere für die Massenabfertigung neuer Elemente eingesetzt werden.

- `createElement(elementName)`
- `createAttribute(name)`
- `createTextNode(data)`

Neue Elemente legt das Skript z.B. an, wenn die Anwendung auf dem Server Daten sendet, etwa Bilder und Texte einer Galerie oder Slideshow, bei Änderungen des Warenkorbs in einem Shop oder bei Benutzeraktionen.

10.11.1 Neues HTML-Element erzeugen: createElement()

`createElement(tagName)` erzeugt ein neues Element `node`. Der Typ des Element-Knotens ist ein String mit dem Namen eines HTML-Tags wie `div`, `p`, `header` oder `img`. Der neu erzeugte Knoten erscheint nicht im Dokument, sondern existiert zunächst nur im Speicher von JavaScript.

Erst wenn Methoden wie in Abschnitt 10.7 das Element im Dokument platzieren, erscheinen es sichtbar auf der Seite.

```
const header = document.createElement("header");
console.log(header); // [Log]  <header></header>
```

10.11.2 HTML-Attribut erzeugen: createAttribute()

Attribute wie `class`, `id` oder `src` werden eher selten mit `createAttribute()` erzeugt, denn genauso wie das gerade erzeugte Element schweben sie so lange im Speicher, bis `appendChild()` das Attribut in das Element einfügt.

```
const title = document.createAttribute("title");
title.value = "Seitenkopf";
header.setAttributeNode(title);
```

Dieser Weg zum Attribut ist langatmig und mit ordentlichem Schreibaufwand verbunden. Anstelle dessen können wir Attribute mit `element.setAttribute()` oder mit ihrem Namen direkt erzeugen.

```
header.setAttribute("title", "Seitenkopf");

// oder noch kürzer

header.className = "content";
header.id = "content";
```

Mit den Einzeilern erscheinen die Attribute direkt in der Konsole – sie sind live –, obwohl das neue Element `header` noch immer frei im Speicher schwebt.

10.11.3 Text erzeugen: createTextNode()

Texte, die mit `createTextNode()` erzeugt werden, müssen mit `element.appendChild()` an ein Element gebunden werden.

```
const text = document.createTextNode("Neue Seiten braucht das Land");
header.appendChild(text);
```

Den direkten Weg über `innerText` oder `innerHTML` kennen Sie bereits – das ist die gängigere Technik. Zur Erinnerung: `innerText` schreibt oder überschreibt reinen Text. Wenn das Element bereits HTML-Tags enthalten würde, würden diese ebenfalls überschrieben. `innerHTML` schreibt oder überschreibt ebenfalls alle Elemente, kann aber auch HTML-Tags innerhalb des Strings in das Dokument einsetzen.

```
link.innerText = "DOM-Elemente erzeugen";
link.innerHTML = `<a href="${home}">Elemente erzeugen</a>`;
```

Achtung Backticks

`innerHTML` setzt den String in Backticks als Template Literal (siehe Abschnitt 3.4). Backticks sitzen auf der sogenannten »Tottaste« für den Accent aigu und können Variablen, die in geschweiften Klammern ${} platziert sind, zur Laufzeit durch den Wert der Variablen ersetzen.

10.12 Elemente ersetzen und entfernen

10.12.1 Übersicht

Methode	Rückgabewert	Strings	Referenz
`replaceChild(newChild, oldChild)`	der ersetzte Knoten		über das parentElement
`removeChild(child)`	der entfernte Knoten		über das parentElement
`replaceWith(elem1, elem2 …)`	kein Rückgabewert		
`remove()`	kein Rückgabewert		
Methode	**Node-Objekte**	**Strings**	**Position**
`outerHTML`		DOM-Strings	löscht oder ersetzt das vollständige Element

10.12.2 Element mit replaceChild() ersetzen

`elem.replaceChild()` ersetzt ein Element durch ein anderes Element und geht dabei wie `insertBefore()` über das parentElement. Die generelle Syntax ist:

```
old.parentElement.replaceChild(new, old);

//oder

const fragment = old.parentElement.replaceChild(new, old);
```

Den Anfang macht eine Liste von Vasen. Anstelle der Steingutvase setzt das Skript ein anderes Bild ein.

HTML:

```
<ul class="target">
   <li><img src="vase-01.jpg" … alt="Hohe Tonvase"></li>
   <li><img src="vase-04.jpg" … alt="Steingutvase"></li>
   <li><img src="vase-05.jpg" … alt="Rote Porzellanvase"></li>
</ul>
```

`querySelector()` erfasst Elemente anhand eines regulären CSS-Selektors, in diesem Beispiel mit einem Attribut-Selektor.

```
const old = document.querySelector("img[alt=Steingutvase]");

const newImage = document.createElement("img");
newImage.src = "vase-03.jpg";
newImage.alt = "Cracked Porzellan";
const fragment = old.parentElement.replaceChild(newImage, old);
```

replaceChild() löscht das ersetzte Element nicht, sondern bietet es optional als Rückgabewert an. Das Fragment könnte an einer beliebigen Stelle des Dokuments erneut eingefügt werden.

```
document.querySelector("section").appendChild(fragment);
```

10.12.3 Elemente mit removeChild() entfernen

Genauso wie bei appendChild() und replaceChild() wird removeChild() über das Elternelement aufgerufen.

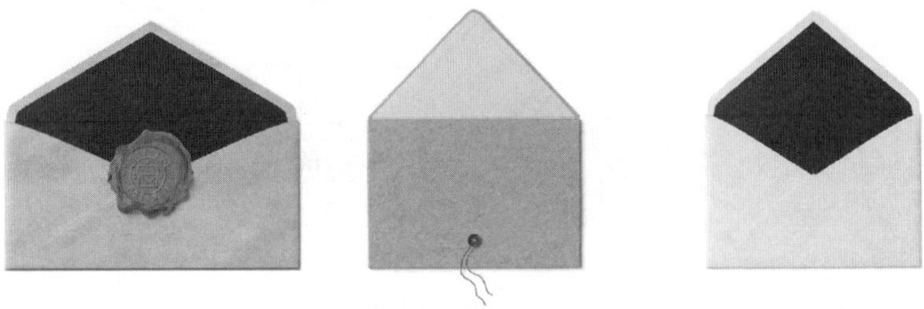

HTML:

```
<ul>
   <li><figure><img src="siegel.jpg" alt="siegel" /></figure></li>
   <li><figure><img src="grau.jpg" alt="grau" /></figure></li>
   <li><figure><img src="weiss.jpg" alt="weiss" /></figure></li>
</ul>
```

JavaScript:

```
const umschlag = document.querySelector("li:nth-child(2)");
const removed = umschlag.parentElement.removeChild(umschlag);
```

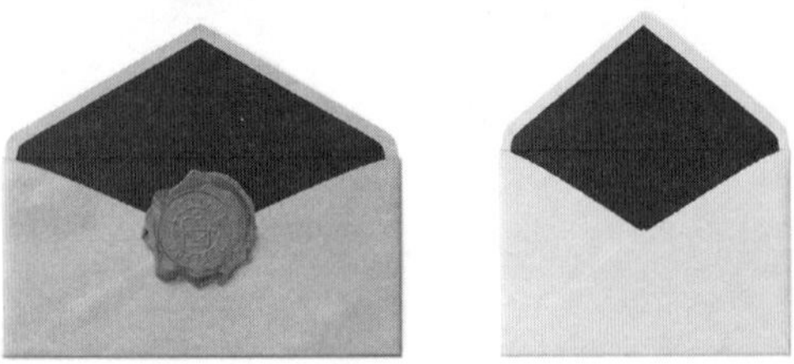

Das Entfernen eines Elements löscht das Element mit all seinen Unterelementen nicht aus dem DOM, sondern es schwebt frei als sogenanntes `documentFragment`. Es ist in der Variablen `removed` als Rückgabewert von `removeChild()` gespeichert und kann jederzeit an einer anderen Stelle des Dokuments erneut eingebunden werden.

```
document.querySelector("article").appendChild(removed);
```

10.12.4 Elemente mit replaceWith() ersetzen

`replaceWith()` ist jünger und einfacher als `replaceChild()`, denn die Methode braucht kein Elternelement und übernimmt auch einen String, sodass kein neues Element erzeugt werden muss.

HTML:

```
<ul>
   <li><a href="home">Home</a></li>
   <li><a href="über">Über diese Seite</a></li>
   <li><a href="galerie">Galerie</a></li>
   <li><a href="kontakt">Kontakt</a></li>
</ul>
```

JavaScript:

```
const galerie = document.querySelector("a[href=galerie]");
const link = document.createElement("a");
link.href = "neu";
link.innerText = "Neue Galerie";
galerie.replaceWith(link);
```

Warum nicht gleich innerHTML einsetzen? Das geht natürlich auch – eine Frage der persönlichen Vorlieben. Für die Methode `replaceWith()` spricht wie so oft die Lesbarkeit.

10.12.5 Element mit remove() entfernen

`remove()` entfernt ein Element ohne den Zugriff über ein Elternelement. Es gehört – genauso wie `append()`, `prepend()`, `before()`, `after()` und `replace()` – zur jüngeren Generation von DOM-Methoden.

```
const umschlag = document.querySelector("li:nth-child(2)");
umschlag.remove();
```

`elem.remove()` hat keinen Rückgabewert.

10.12.6 Elemente mit outerHTML ersetzen

Wie bereits erwähnt: Es ist Geschmackssache, ob man lieber mit Methoden wie `replaceChild()` oder `replaceWith()` oder mit `innerHTML` arbeitet. `outerHTML` kam bislang noch nicht vor. Die Eigenschaft ersetzt nicht nur das »Innere« eines Elements, sondern gleich das gesamte Element.

Vorher: Im HTML-Markup

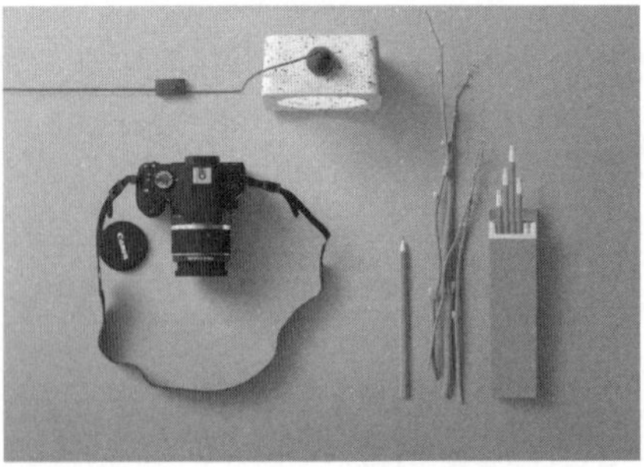

Abb. 10.7: Tausche Kamera gegen Computer

Nachher: Ausgetauscht

Abb. 10.8: Tausche Computer gegen Kamera

HTML:

```
<div class="card" style="max-width: 400px; margin: auto">
   <figure>
      <img src="camera-on-blue.jpg" alt="camera-on-blue">
      <figcaption>Tausche Kamera gegen Computer</figcaption>
   </figure>
</div>
```

JavaScript:

```
const figure = document.querySelector(".card figure" );
figure.outerHTML =
`<figure class="ersatz">
   <img src="images/imac-on-white.jpg"
      width="2300" height="1644" alt="camera-on-blue" />
   <figcaption>Tausche Computer gegen Kamera</figcaption>
</figure>`;
```

So, das war einfach. Dennoch muss die Ausgabe gut kontrolliert werden, denn schießende Tags dürfen nicht vergessen werden und die Hochkommas müssen korrekt sitzen.

10.13 Übung: Elemente entfernen

Programmieren Sie eine Funktion, die ein Element über seinen Index entfernt, also z.B. das zweite und dritte Element.

○ Rosen ○ Kakteen ○ Orchideen ○ Hortensien ○ Tulpen

Beispiellösung: `sandbox/dom-replace-remove/index.html`

10.14 CSS-Stile und -Klassen ändern

JavaScript ändert CSS selten beim Laden der Seite, sondern meist aufgrund von Aktionen des Benutzers. Obwohl Events – Ereignisse – erst im folgenden Kapitel auf die Bühne treten, nehmen wir hier einfache Events vorab mit in die Beispiele auf. Ereignisse sind z.B. der Klick auf einen Button, der zusätzliche Informationen liefert und das Design ändert.

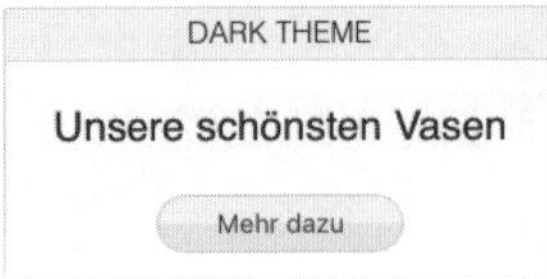

Abb. 10.9:
Anfängliche Ansicht

Abb. 10.10:
Mit dem Klick auf »Mehr dazu«

Abb. 10.11:
Mit dem Klick auf »DARK THEME«

Beim Laden der Seite werden die Produktbilder nicht angezeigt. Erst ein Klick auf den Button »Mehr dazu« blendet die Bilder ein. Ein Klick auf DARK THEME setzt den Kasten vor einen dunklen Hintergrund und blendet den Header »LIGHT THEME« ein. Ein Klick auf LIGHT THEME schaltet zurück auf den hellen Hintergrund.

HTML:

```
<div class="cl">
   <div id="switch">Dark Theme</div>
   <h3>Unsere schönsten Vasen</h3>
   <button class="btn" id="more">Mehr dazu</button>
   <div class="vasen hidden">
      <img src="vasen.png" width="996" height="527" alt="vasen">
   </div>
</div>
```

HTML, CSS und Skript: `sandbox/classlist/index.html`

10.14.1 CSS-Klassen mit className ändern

`elem.style` haben Sie bereits in Abschnitt 10.3 kennengelernt. Häufig soll das Skript aber nicht einzelne Inline-Stile ändern, sondern eine andere Klasse aus der CSS-Datei einsetzen.

`elem.className` liest und schreibt die Werte des class-Attributs.

```
function showProducts() {
    const vasen = document.querySelector(".vasen");
    vasen.className = "vasen show";
}

document.querySelector("#more").onclick = showProducts;
```

`elem.className` liest das class-Attribut als String und ersetzt den kompletten String des class-Attributs. Wenn also bereits CSS-Klassen vorhanden sind, löscht `className` alles. Darum nutzt das Skript beide Namen – `vasen` und `show`.

10.14.2 CSS-Klassen flexibel manipulieren: classList()

Das `classList`-Objekt ersetzt nicht nur individuelle Werte eines class-Attributs, sondern seine Methoden fügen CSS-Klassen hinzu, entfernen oder toggeln (im Wechsel ein- und ausschalten) CSS-Klassen.

`elem.classList.add(class)`	CSS-Klasse hinzufügen
`elem.classList.remove(class)`	CSS-Klasse entfernen
`elem.classList.toggle(toggleClass)`	CSS-Klasse ein-/ausschalten
`elem.classList.replace(oldClass, newClass)`	CSS-Klasse ersetzen
`elem.classList.contains()`	Abfrage, ob eine bestimmte CSS-Klasse vorhanden ist
`elem.classList.length`	Zahl der Klassen eines Elements
`elem.classList.toString()`	den Inhalt des class-Attributs in einen String umwandeln

Ein Blick auf die `classList` eines Elements in der Konsole zeigt, dass `classList` eine DOMTokenList zurückgibt.

```
console.log(document.querySelector(".vasen").classList);
```

Eine DOMTokenList unterstützt `forEach()`, sodass JavaScript mit `forEach()` über die Liste der CSS-Klassen iterieren kann. Die zwei Klassen des Beispiels sind überschaubar. Ein Blick hingegen auf die Flut der Klassen, die Content-Management-Systeme wie WordPress oder Drupal mitbringen, führt vor Augen, dass nur das `classList`-Objekt solche Fluten von Klassen beherrscht.

```
<body class="product-template-default single single-product
            postid-13351 logged-in admin-bar wp-custom-logo
            wp-embed-responsive woocommerce woocommerce-page …">
```

classList.add(), classList.remove() – Klassen hinzufügen und entfernen

Hier ist noch einmal das Beispiel vom Anfang dieses Abschnitts, aber jetzt verwendet das Skript das elegantere `classList`.

Es bleibt zwar bei den wenigen Zeilen, aber das Skript muss sich nicht darum kümmern, ob noch weitere CSS-Klassen vorliegen.

```
function showMore() {
   document.querySelector(".vasen").classList.add("show");
}

document.querySelector("#more").onclick = showMore;
```

classList.toggle()

`toggle()` ist ein Schalter, der eine Klasse automatisch bei einem Klick ein- und beim nächsten Klick wieder ausschaltet. Damit hat der Benutzer die Chance, den Dark Theme wieder gegen den Light Theme zu tauschen.

```
function switchTheme() {
   document.querySelector(".cl").classList.toggle("dark");
   if (cl.classList.contains("dark")) {
      document.querySelector("#switch").textContent = "Light Theme";
```

```
    } else {
        document.querySelector("#switch").textContent = "Dark Theme";
    }
}

document.querySelector("#switch").onclick = switchTheme;
```

`classList.contains("dark")` prüft, ob die Anzeige im Dark Theme oder Light Theme ist, um den Text entsprechend zu ändern.

style-Eigenschaften ändern mit elem.style

`elem.style` ist bereits in den vorangegangenen Abschnitten mehrfach verwendet worden. Der Vollständigkeit halber gibt es hier eine kurze Wiederholung.

Als Reaktion auf eine Aktion des Benutzers sind meist CSS-Klassen aus der CSS-Datei gefragt. Aber auch `style` und `cssText.style` sind Optionen für das Ändern der Darstellung.

`elem.style` überschreibt das style-Attribut. Damit ein eventuell vorhandenes style-Attribut nicht einfach überschrieben wird, fügen Anweisungen wie `elem.style.color` oder `elem.style.backgroundColor` Eigenschaften dynamisch ein, ohne vorhandene Stile zu überschreiben.

HTML:

```
<div class="block" style="background: wheat; color: green;">
   BLOCK
</div>
```

JavaScript:

```
const block = document.querySelector(".block");
block.style.backgroundColor = "#efefef";
block.style.border = "5px solid #AEE1EB";
block.style.color = "navy";
```

cssText – flexibler als elem.style

Für das Ändern von mehreren Eigenschaften braucht `elem.style.xy` viele Zeilen. Eleganter und nachvollziehbarer ist `elem.style.cssText`. Nur darf das Plus-Zeichen vor der Zuweisung nicht vergessen werden, sonst würde `style.cssText` wieder ein style-Attribut überschreiben.

```
block.style.cssText += `display:flex;
                        flex-direction: column;
                        justify-content: center;
                        text-align: center`;
```

11 Ereignisse – Events

11.1 Event Handling – Ereignisse erkennen

Events – Ereignisse – sind der Kern aller interaktiven Anwendungen: Das Drücken einer Taste oder der Mausklick auf einen Button macht selbst dem Betriebssystem Beine. Events entstehen mit dem Laden der Seite, werden vom Browser signalisiert und melden automatisch Scrollen, jeden Touch und jede Mausbewegung bis zum Verlassen der Seite.

Die Event-Erkennung ist in JavaScript schon eingebaut. Die Reaktion auf ein Event wird in sogenannten »Event Handlern« programmiert.

11.1.1 Arten von Events

Nahezu jedes Element reagiert auf Events und JavaScript kann alle Events abfangen und dem Skript melden. Die Tabelle zeigt nur eine grobe Übersicht.

`keyboard`	Tastatur
`loading/unloading`	Laden/Schließen des Dokuments
`media`	Video, Audio
`messaging`	Ereignisse des Browserfensters
`mouse`	Ereignisse der Maus
`text selection`	Ereignisse von Eingabefeldern
`touch`	Touch-Events auf Touchscreen

11.1.2 Events erkennen – Version 1

Die älteste Technik der Reaktion auf ein Event setzt ein valides HTML-Attribut wie `onclick`, `onchange` oder `onblur` in ein öffnendes HTML-Tag. Diese ursprüngliche Form erlaubt nur einfachste Events aus den Kindertagen des Event Handlings und lässt das HTML wie einen Hefeteig aufgehen. Trotzdem macht es Sinn, diese Technik nachzuvollziehen, denn sie erklärt das Konzept hinter dem `this`, das Entwicklern oft Kopfzerbrechen bereitet.

```
<img onclick="alert('Vase Cracked Porzelan')"
     loading="lazy" src="vase.jpg"
     width="331" height="331" alt="Vase cracked Porzelan">
```

`onclick` öffnet mit `alert()` ein Dialogfenster, das den Ablauf blockiert, bis der Benutzer es mit einem Klick auf »Schließen« aus dem Weg räumt.

Die Skript-Anweisungen sitzen innerhalb von doppelten oder einfachen Hochkommas, um sie von den anderen Attributen zu trennen. Wenn Werte wie Strings selbst in Hochkommas stehen, braucht die Anweisung innerhalb von doppelten Hochkommas einfache Hochkommas und umgekehrt.

11.1.3 Das Schlüsselwort »this«

Inline-Skripte führen auch komplexere Anweisungen als ein einfaches `alert()` durch.

```
img.onclick =
   "this.src='vase.jpg';this.style='transform: scale(2,2)'";
```

Die Anweisungen tauschen das src-Attribut des img-Tags gegen ein anderes Bild und zoomen es um den Faktor 2. Anstelle von `elem.src` und `elem.style` steht das Schlüsselwort `this`, das eine Referenz auf das Element selbst herstellt. `this` ist das Objekt, das die aktuelle Funktion ausführt und das durch den Ausführungskontext definiert ist: das img-Objekt.

Das Inline-Skript kann auch Funktionen aufrufen. Das Argument `this` des Aufrufs transportiert auch hier den Verweis auf das Objekt zur Funktion.

HTML:

```
<img onclick="larger(this)" src="vase-cracked.jpg" …>
```

JavaScript:

```
function larger(elem) {
   elem.src='images/product-01.jpg';
   elem.style='transform: scale(2,2)';
}
```

Also: Das Schlüsselwort `this` verweist auf ein Objekt. Auf welches Objekt `this` verweist, hängt davon ab, wie `this` benutzt oder aufgerufen wird.

- In einer Methode eines Objekts verweist `this` auf das Objekt.
- Sitzt `this` nicht in einem Objekt, sondern allein für sich, verweist es auf das globale Objekt. In einer Webseite ist das Window-Objekt das globale Objekt.
- In einer Funktion verweist `this` ebenfalls auf das globale Objekt.
- In einem Event verweist `this` auf das Element, auf dem das Event stattfindet.

`this` ist keine Variable, sondern ein Schlüsselwort und kann nicht geändert werden.

11.1.4 Events erkennen – Version 2 – Event Listener

Die Event Handler dieser frühen Ereignissteuerung ließen sich nicht deaktivieren, haben das HTML-Markup aufgeschwemmt, und Änderungen waren ein Wespennest. Um das HTML-Markup frei von Inline-Skripten zu halten, weist das Skript dem Element einen Event Listener – einen Beobachter – zu.

JavaScript kennt kein Hover-Event, sondern unterscheidet die Position der Maus in Hinsicht auf das Element in:

- **onmouseenter**

  Grenze zum Element überschreiten
- **onmouseover**

  über dem Element liegen
- **onmousemove**

  über dem Element bewegen
- **onmouseout**

  Element verlassen

Für Touchscreens nutzt JavaScript eine andere Gruppe von Events.

- **onTouchStart**

  mit dem Finger auf das Element tippen
- **onTouchEnd**

  Finger angehoben

Solange die Maus über dem Bild liegt, wird es vergrößert. Auf Touchscreens vergrößert die erste Berührung des Fingers das Bild und die nächste Berührung bringt es wieder in die anfängliche Größe zurück. Für die Animation ist CSS mit einfachen Transitions (Übergängen) zuständig.

HTML:

```
<style>
.zoomit { transition: 1s}
.zoomIn {
   transform: scale(2); transition: 1s
}
</style>

<img class="zoomit" src="garn.jpg" width="661" height="661" …>
```

Das Skript nutzt `classList`, um CSS-Klassen hinzuzufügen und zu »toggeln«.

```
const img = document.querySelector(".zoomit");

img.onmouseover = function() {
   this.classList.add("zoomIn");
}

img.onmouseout = function() {
   this.classList.remove("zoomIn")
}

img.ontouchend = function() {
   console.log("Jetzt ist Schluss!");
   this.classList.toggle("zoomIn");
}
```

Für den Desktop-Rechner und die Maus hätte `:hover` von CSS denselben Effekt erzielt, aber Touchscreen-Monitore interpretieren die erste Berührung als click-Event. Ein zweiter Tipp auf das Bild führt das Bild zurück in seine ursprüngliche Darstellung.

Diese zweite Version der Ereignissteuerung befreit das Markup von unzähligen Einschlüssen und kann beliebig viele Ereignisse für ein Element registrieren. Obendrein kann der Event Handler durch `elem.onclick = null;` entfernt werden, wenn z.B. ein Button nicht ein zweites Mal gedrückt werden soll.

11.1.5 eventListener() – Ereignissteuerung heute

Die Methode `addEventListener()` ist heute die zentrale Funktion, die Ereignisse und die dazugehörigen Aktionen registriert – ein Beobachter und eine Meldestelle. Mit `elem.addEventListener` wird ein Event für ein Element angemeldet und gleichzeitig eine Aktion aufgeführt, die beim Eintreten des Events ausgeführt werden soll. JavaScript unterstützt alle drei Generationen der Ereignissteuerung:

- Die älteste Methode – die Erkennung des Events inline in das öffnende HTML-Tag zu platzieren,
- Die zweite Version – die Erkennung und Behandlung des Events im Skript zu halten,
- Die Methode addEventListener.

Alle drei Varianten sind weiterhin gültig. Sie bieten verschiedene Möglichkeiten, Ereignisse zu behandeln, und ihre Verwendung hängt von den Anforderungen der Anwendung und persönlichen Vorlieben ab.

```
const button = document.querySelector("#btn");
   ┌— Element                   ┌—— Art des Events
   ▼                            ▼
button.addEventListener("click", showlarge);
          ▲                                ▲
          |        Callback-Funktion ——┘
   Event Listener
```

`addEventListener()` hat zwei Parameter: die Art des Events und eine Callback-Funktion. Die Namen der Events sind dieselben wie bei den älteren Versionen der Ereignissteuerung, nur ohne das vorangestellte »on«, z.B. `click` anstelle von `onclick`. Das verdeutlicht die Trennung von HTML und JavaScript, denn `onclick` ist ein HTML-Attribut.

Wenn das Event mit wenigen Zeilen abgehandelt wird, sehen wir meist eine anonyme Funktion oder – im einfachsten Fall – eine Arrow-Funktion als zweites Argument (siehe Abschnitt 6.4 sowie Abschnitt 6.5).

```
button.addEventListener("click", function() { … });

// oder als Arrow-Funktion

button.addEventListener("click", () => {});
```

Mit dem `eventListener` behandelt das Skript Events für `window`, `document` und individuelle Elemente der Webseite und ruft eine Funktion als Event Handler auf, sobald das Event »feuert«.

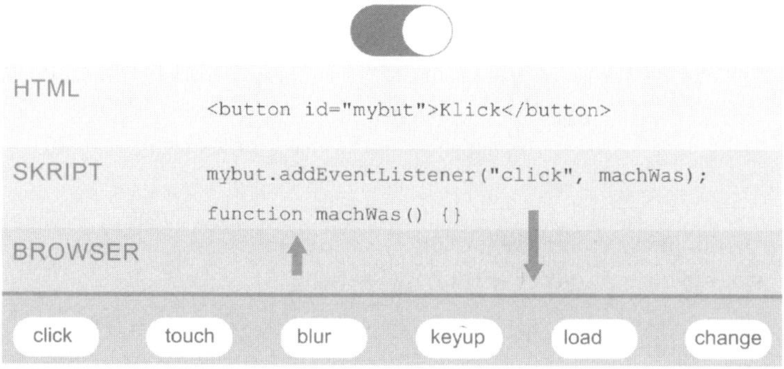

11.1.6 Callback-Funktionen

Der Begriff Callback- oder »Rückruf-Funktion« ist bereits bei Arrays gefallen. Diese Funktionen sind Argumente im Aufruf anderer Funktionen, so wie in `forEach()`. In der Behandlung von Ereignissen sind sie allgegenwärtig.

```
arr.forEach(function() { … })

addEventListener("click", function() { … })
```

Wenn Sie jemanden um einen Rückruf bitten, behalten Sie den Grund für die Bitte im Hinterkopf. Beim Rückruf fragt der Anrufer meist »Worum geht es?«, und Sie holen sich den Grund zurück ins Gedächtnis. Genauso speichert die Callback-Funktion den ursprünglichen Kontext der Situation zum Zeitpunkt des Aufrufs. Den Zeitpunkt des Callbacks bestimmt eine andere Umgebung, aber die Callback-Funktion hat ihre Daten aus der ursprünglichen Umgebung gespeichert.

Wie in den beiden Beispielen oben sind Callbacks oft anonyme Funktionen direkt im Aufruf einer Funktion, aber sie können genauso gut mit einem Funktionsnamen aufgerufen werden. So ergeht es den Callback-Funktionen bei der Behandlung von Events: Ihre Reaktivierung erfolgt zu einem späteren Zeitpunkt, wenn sich die Umgebung unter Umständen bereits verändert hat, aber sie weiß noch, dass sie den Stil eines Buttons ändern soll.

Ein typischer Ablauf sieht wie folgt aus:

```
const color = document.querySelector(".color");
const change = document.querySelector("#change");

function changeColor(evt) {
   evt.target.classList.toggle("dark");
   color.classList.toggle("black");
}

klick.addEventListener("click", changeColor);
```

Die Callback-Funktion `changeColor` wird ohne runde Klammern aufgerufen. Würde sie mit runden Klammern notiert, würde die Funktion sofort ausgeführt, das Farbfeld rührt sich nicht. Die Fehlermeldung in der Konsole moniert, das Objekt `evt.target` würde fehlen.

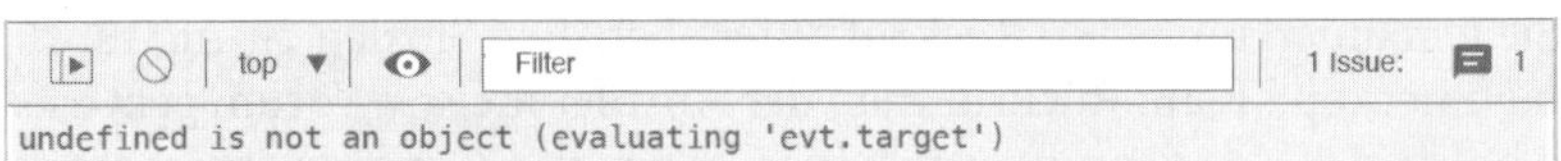

11.1.7 addEventListener() für eine Gruppe von Elementen

Oft soll ein Skript nicht auf ein einzelnes Event auf einem individuellen Element reagieren, sondern es soll alle Bilder eines Shops beim Klick das Produkt von allen Seiten zeigen, oder alle Eingabefelder eines Formulars prüfen, sobald der Benutzer seine Eingabe abgeschlossen hat.

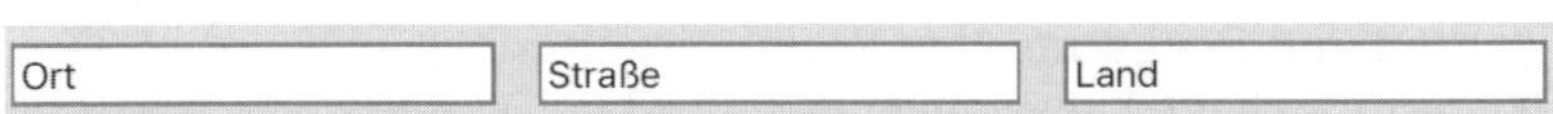

HTML:

```
<div class="columns">
   <label><input class="feld" placeholder="Ort"></label>
   <label><input class="feld" placeholder="Straße"></label>
   <label><input class="feld" placeholder="Land"></label>
</div>
```

`querySelectorAll()` gibt eine iterierbare Liste zurück, sodass jedes Eingabefeld mit `forEach()` angesprochen werden kann.

```
const input = document.querySelectorAll(".feld");
input.forEach((elem) => {
   elem.addEventListener("blur", () => {
      elem.closest("label").append(elem.value);
   });
});
```

`elem.addEventListener` horcht das `onblur`-Event ab, das beim Verlassen eines Eingabefelds feuert. Anstelle der anonymen Funktion kann auch eine Funktion mit ihrem Namen stehen.

```
function blurField(elem) {
   elem.closest("label").append(elem.value);
}
input.forEach((elem) => {
   elem.addEventListener("blur", blurField);
});
```

11.1.8 Die Beobachtung eines Elements beenden: removeEventListener()

Zu `addEventListener()` gibt es ein Gegenstück `removeEventListener()`, das den Event Handler vom Event entbindet oder entkoppelt. Sinnvoll ist die Funktion z.B., wenn ein Element aus dem DOM entfernt wird oder ein Formular nicht ein weiteres Mal abgeschickt werden soll.

```
input [2].removeEventListener("blur", blurField)
input[2].remove();
```

`removeEventListener()` reagiert nur bei externen Funktionsaufrufen. Wurde der Event Handler durch eine anonyme Funktion registriert, funktioniert `removeEventListener()` nicht.

11.2 Eigenschaften und Methoden der Maus-Events

11.2.1 Mausklicks und Mausbuttons

Maus-Events beschränken sich nicht auf Klicks, sondern kümmern sich um

- einfache Klicks,
- Doppelklicks,
- die Beteiligung der Maustaste,
- die Position der Maus über dem Element,
- das Scrollrad der Maus.

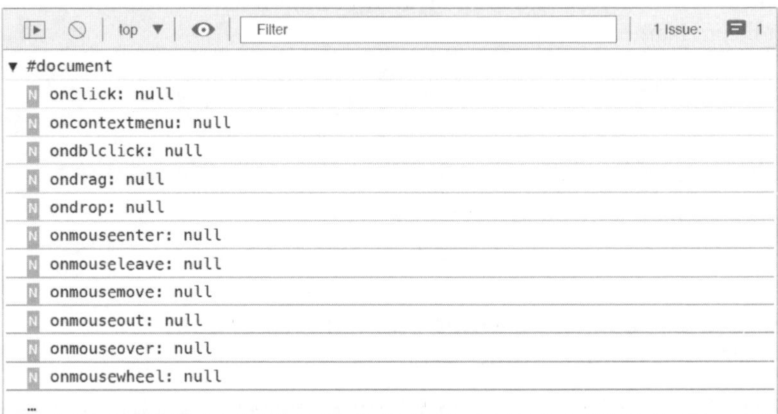

Der Button wechselt je nach Art des Mausklicks die Farbe:

HTML:

```
<img id="stift" src="stift-rot.svg" width="157" height="104">
```

Der einfache Mausklick ist schon aus den vorangegangenen Kapiteln ein Vertrauter. Den Klick mit der rechten Maustaste kennen die meisten Besucher von Webseiten, denn der Rechtsklick über einem Bild öffnet auch ohne JavaScript ein Kontextmenü und bietet an, das Bild zu laden oder in einem anderen Fenster zu öffnen.

```
const stift = document.querySelector("#stift");

stift.addEventListener("click", function() {
   this.src= "stift-gruen.svg";
});

stift.addEventListener("dblclick", function() {
   this.src= "stift-blau.svg";
});
```

Webseiten verwenden selten einen Doppelklick für die Interaktion mit dem Besucher, denn sie müssten den Benutzer darauf hinweisen, dass ein einfacher Klick nicht reicht. Auch die Tasten der Maus und das Scrollrad sind eher in Anwendungen gefragt.

11.2.2 Die Informationen zum Mausklick und der Bewegung der Maus

Jedes Event bringt Informationen mit, die das Ereignis und seinen aktuellen Zustand beschreiben. Die Eigenschaften eines Events identifizieren das auslösende Element (event target), den Typ des Events (event type) und den Zeitpunkt des Eintreffens (timestamp).

`target`	Das Element, das das Ereignis gemeldet hat
`currentTarget`	Das Element, an das der Event Listener gebunden ist
`type`	Das auslösende Event
`timestamp`	Zeitpunkt des Events
`clientX`	Die x-Position der Maus relativ zum Browserfenster

clientY	Die y-Position der Maus relativ zum Browserfenster
offsetX	Die x-Position der Maus relativ zum Element
offsetY	Die y-Position der Maus relativ zum Element
pageX	Die x-Position der Maus relativ zur Seite
pageY	Die y-Position der Maus relativ zur Seite
screenX	Die x-Position der Maus relativ zum Bildschirm
screenY	Die y-Position der Maus relativ zum Bildschirm

Mit `offsetX` findet ein Skript heraus, wie viele Sterne der Benutzer durch einen Klick oder Touch vergibt und tauscht das Bild aus.

Abb. 11.1: Wie gut hat Ihnen das Event gefallen?

HTML:

```
<img id="stars" src="images/stars-0.svg" alt="stars-0" />
```

Das Event wird automatisch an die aufgerufene Funktion weitergegeben, aber das Skript muss das Event der Funktion dennoch ausdrücklich als Parameter übergeben. Die meisten Skripte wählen `event`, `evt` oder einfach `e` als Name.

```
const stars = document.querySelector("#stars");
stars.addEventListener("click", function(evt) {
   const width = this.width;
   const position = evt.offsetX;

   switch(true) {
      case ( position > width/5 * 4):
         this.src = "images/stars-5.svg";
         break;
      case ( position > width/5 * 3):
         this.src = "images/stars-4.svg";
         break;
      case ( position > width/5 * 2):
```

```
            this.src = "images/stars-3.svg";
            break;
        case ( position > width/5):
            this.src = "images/stars-2.svg";
            break;
        default:
            this.src = "images/stars-1.svg";
    }
});
```

`this.width` gibt die aktuelle Breite des Bilds als Number zurück. Für die Position der Maus oder des Fingers reicht `evt.offsetX`, das ebenfalls einen Wert vom Typ Number zurückgibt. Die switch-Anweisung verzweigt je nach der Position des Mausklicks.

11.2.3 Das betroffene HTML-Element: target

Die Referenz auf das HTML-Element, auf dem sich das Event abgespielt hat, gehört zu den wichtigsten Informationen aller Ereignisse: das `event.target`. Das auslösende Element wird meist angesprochen, um CSS-Stile zu ändern oder um dem Benutzer zusätzliche Informationen zur Verfügung zu stellen. Hier gibt das Skript den Namen der gewählten Frucht zurück und setzt ihn unter das Bild.

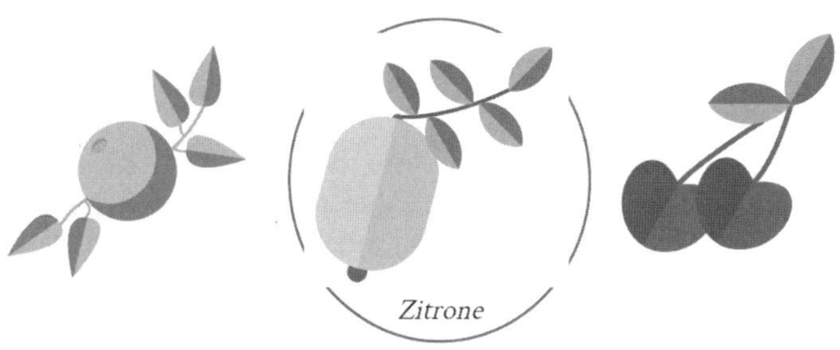


```
const frucht = document.querySelectorAll(".frucht img");
frucht.forEach (item => {
    item.addEventListener("click", function myCaption(evt) {
        const caption = evt.target.getAttribute("alt");
        const figcaption = document.createElement("figcaption");
        figcaption.innerHTML = caption;
```

```
        evt.target.after(figcaption);
        evt.target.removeEventListener("click", myCaption);
    });
});
```

Die Methode `after()` hängt ein Element oder – in diesem Beispiel – einen Text hinter das angesprochene Element.

Die letzte Anweisung `evt.target.removeEventListener()` entfernt den Event Listener vom angeklickten Element, damit ein erneuter Klick auf ein Bild den Namen nicht noch einmal anhängt.

11.2.4 Welches Ereignis hat hier stattgefunden: event.type

An ein Element können mehrere Event Listener gebunden sein, sodass sich die Frage nach der Art des Events stellt. Solche Situationen entstehen z.B. in Zeichenprogrammen oder Editoren.

```
function clickDrag(evt) {
    console.log("drag oder click?", evt.type);
}

const figure = document.querySelector(".demo figure");
figure.addEventListener("click", clickDrag);
figure.addEventListener("drag", clickDrag);
```

11.2.5 Mehr zu den Events der Maus

Die Position der Maus eröffnet sich nicht nur beim Klick, sondern jede Bewegung der Maus – `onmousemove` – feuert bei jeder ihrer Bewegungen. `onmouseover` entdeckt die Bewegung der Maus, sobald der Cursor die Grenze zum Element passiert hat (`onmousemove` hingegen macht das bereits an der Grenze zum Element). Zusammen mit `onmousemove`, `onmouseover`, `onmouseout` und `onmouseup` bilden die Ereignisse der Maus die Basis für Anwendungen wie Zeichenprogramme und für Spiele.

```
elem.addEventListener("mousemove", coords);
```

11.3 Übung: Mauszeiger verfolgen

Übertragen Sie die x- und y-Position des Mauszeigers bei jeder Bewegung in die weißen Felder und bewegen Sie den blauen Kreis bei einem Klick auf die Position der Maus.

HTML:

```
<div class="wrapper">
   <div class="columns stripe">
      <div class="column mouseX"></div>
      <div class="column mouseY"></div>
   </div>
   <div class="pixel"></div>
</div>
```

Musterlösung: `sandbox/mouse-events/index.html`

11.4 Tastatur-Events

Das Drücken einer Taste auf der Tastatur ist ein Schlüsselereignis beim Ausfüllen von Formularen. `keydown`, `keypress` und `keyup` (in dieser Reihenfolge) werden vom einfachen Drücken und Loslassen einer Taste erzeugt. `onkeydown` und `keypress` feuern so lange, wie die Taste gedrückt bleibt. Wenn der Benutzer die Taste loslässt, feuert `onkeyup` ein einziges Mal.

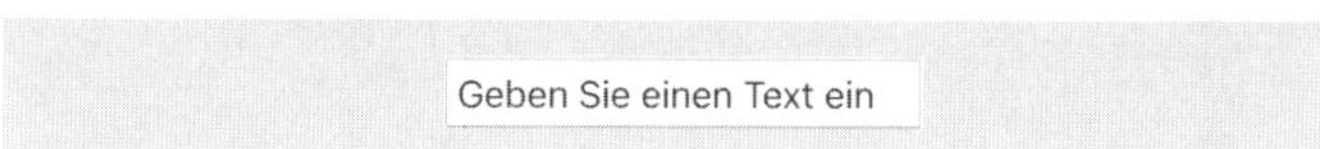

p	keypress p	keydown p
9	keypress 9	keydown 9
^	keypress esc	keydown esc
▶		keydown ArrowRight
↵	keypress Enter	keydown Enter
⌫		keydown Backspace
&	keypress &	keydown &

HTML:

```
<input id="textfld" type="text"
       placeholder="Geben Sie einen Text ein">
```

`keydown` feuert auch bei Steuertasten wie `Shift`, `Esc`, den Pfeiltasten und Tottasten (Accent aigu).

```
textfld.addEventListener("keydown", evt => {
   console.log("keydown");
});
```

`keypress` liefert nur Informationen bei druckbaren Zeichen, nicht aber bei Tasten wie `Enter` oder der `Umschalt`- bzw. `Shift`-Taste.

```
const textfld = document.querySelector("#textfeld");
textfld.addEventListener("keypress", evt => {
   console.log("keypress");
});
```

`keypress` gilt heute als veraltet und könnte jederzeit aus dem Standard entfernt werden, aber die aktuellen Browser unterstützen das Event noch.

`keyup` feuert erst, wenn die Taste wieder losgelassen wird.

```
textfld.addEventListener("keyup", evt => {
   console.log("keyup");
});
```

11.4.1 Eigenschaften der Tastatur-Ereignisse

Wenn sich das Skript um `keypress`, `keyup` und `keydown` kümmert, geht es meist um den Wert der Taste. In Formularen könnte z.B. die `Enter`-Taste das Formular auch ohne SUBMIT absenden, in Spielen bewegen die Tasten ▲, ►, ▼ und ◄ den Cursor.

Wie schon bei den Ereignissen der Maus verrät die Konsole sämtliche Eigenschaften des Events. Dabei sind auch die Standard-Eigenschaften `event.target`, `event.currentTarget` und `event.type`.

`key`	Gibt den Wert der Taste zurück. Wird von alten Browsern unter Umständen nicht unterstützt
`code`	Gibt einen numerischen Wert der Taste zurück. Wichtig für Steuertasten wie Enter
`repeat`	Gibt true zurück, wenn eine Taste dauerhaft gehalten wird
`shiftKey`	Gibt true zurück, wenn die `Shift`-Taste zusätzlich gedrückt wird
`ctrlKey`	Gibt true zurück, wenn die `Ctrl`-Taste zusätzlich gedrückt wird
`altKey`	Gibt true zurück, wenn die `Alt`-Taste zusätzlich gedrückt wird (Option-Taste unter macOS)
`keyCode` (veraltet)	Gibt einen Namen für die gedrückte Taste zurück, z.B. "`Digit7`" oder "`Numpad7`" bei einer Zahl oder "`KeyP`" für einen Buchstaben
`charCode` (veraltet)	gibt einen Unicode-Wert als Symbol für die gedrückte Taste zurück.

```
textfld.addEventListener("keypress", evt => {
   console.log("key", evt.key);
   console.log("keyCode", evt.keyCode);
   console.log("code", evt.code);
});
```

Die `Enter`-Taste zeigt sich bei keyCode 13. Wenn das Suchfeld auf die `Enter`-Taste reagieren soll:

```
const search = document.querySelector("#search");
search.addEventListener("keypress", (evt) => {
   if (evt.keyCode === 13) {
```

```
        console.log("keypressed enter");
    }
});
```

11.5 Übung: Tastatur-Ereignisse

Beim Drücken einer Taste im weißen Eingabefeld zeigt das Skript `event.key`, `event.keyCode` und `event.code` an. Das Skript liegt bereits vor, aber es zeigt keine der zusätzlich gedrückten Tasten – also ob shift, alt und ctrl zusätzlich gehalten werden.

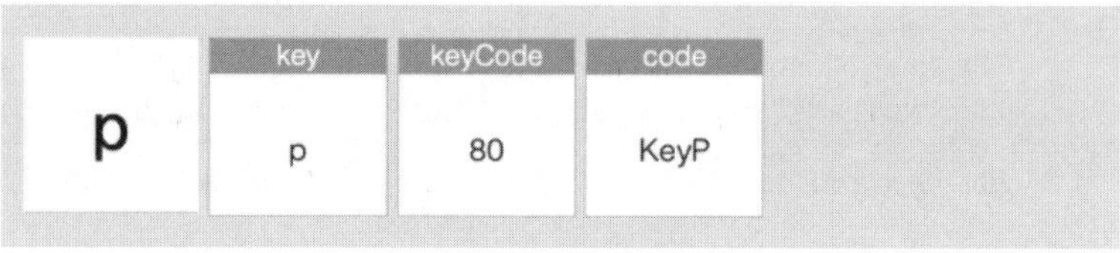

Erweitern Sie das Skript um die Anzeige weiterer Tasten!

Beispiellösung: `sandbox/event-keyboard/index.html`

11.6 Vorbestimmte Verhalten verhindern – event.preventDefault()

Viele Elemente reagieren auf Ereignisse, ohne dass JavaScript beteiligt ist: Links führen bei einem Klick zu Sprungzielen, der Button »Absenden« unter einem Formular sendet Informationen an die Anwendung auf dem Server.

`preventDefault()` verhindert Reaktionen und setzt die ursprüngliche Aktion des Browsers außer Kraft. Das erlaubt dem Skript z.B., die Informationen des Formulars zu prüfen, bevor die Daten an die Anwendung auf dem Server geschickt werden.

HTML:

```
<a href="https://www.mitp.de">
    mitp-Verlag - Fachbuchverlag für IT</a>
```

Ausgabe:

```
mitp-Verlag - Fachbuchverlag für IT
```

Die vorbestimmte Aktion bei einem Klick auf einen Link ist der Sprung zu der aufgeführten Seite. Wenn nach dem Klick auf den Link noch Aktionen durchgeführt werden sollen, muss der Sprung unterbunden werden.

`event.preventDefault()` ist eine Methode, also mit runden Klammern nach dem Aufruf, auch wenn diese Klammern leer bleiben.

```
mitp.addEventListener("click", function(evt) {
   evt.preventDefault();
   …
});
```

Unterhalb von `preventDefault()` kann das Skript jetzt fortfahren und die Aktionen durchführen, die für den Link geplant sind.

11.6.1 Absenden von Formularen verhindern

Wenn der Benutzer ein Formular absendet, feuert der Browser ein `submit`-Event. JavaScript kann das `submit`-Event abfangen und die Übermittlung der Daten verhindern. So kann das Skript die Formulareingaben vor der Übertragung der Daten prüfen und die Übertragung aussetzen, bis alle erforderlichen Felder korrekt ausgefüllt wurden.

Das `submit`-Event ist ausschließlich für das form-Element gedacht und wird bei der Validierung von Formularen eingesetzt. `submit` feuert, wenn der Benutzer das Formular zur Bearbeitung abschickt.

```
<form id="myform" action="anfrage.php" method="post">
   <input type="text" id="reqname" name="reqname">
   <input type="text" id="reqemail" name="reqemail">
   <input type="text" id="reqphone" name="reqphone">
   <textarea id="reqtext" name="reqtext">Ihr Anliegen</textarea>
   <div class="emsg"></div>
   <input type="submit" value="Senden">
</form>
```

Das ist ein typisches Kontaktformular. Die Zeile mit dem div-Element `class="emsg"` ist für eventuelle Fehlermeldungen gedacht.

Wenn JavaScript nicht aktiviert ist, wird die vorgegebene Aktion des Formulars – die Übertragung der Daten an die Anwendung – ohne Prüfung ausgeführt. Es empfiehlt sich, die type-Attribute `type="email"` und `type="phone"` einzusetzen und das »Frühwarnsystem« der CSS-Selektoren zu nutzen. Wir halten es jetzt nur der Übersichtlichkeit halber einfach.

```
const form = document.querySelector("#myform");
form.addEventListener("submit", function(evt) {
  evt.preventDefault();
  document.querySelector(".emsg").innerText = "";
  const reqname = document.querySelector("#reqname").value;

  // Name testen
  let result = /^([ \u00c0-\u01ffa-zA-Z\.' \-]{3,})+$/.test(reqname);
  if (!result) {
    document.querySelector(".emsg").innerText =
       "Der Name muss mindestens drei Zeichen lang sein.";
  }
```

Die Fehlererkennung nutzt reguläre Ausdrücke (siehe Abschnitt 4.10), um möglichst gut valide Namen, E-Mail-Adressen und Telefonnummern zu erkennen. Die String-Methode `regex.test()` prüft, ob ein String zum regulären Ausdruck passt.

Namen	`/^([ \u00c0-\u01ffa-zA-Z\.‘ \-]{3,})+$/`
Telefonnummern	`/^([0-9\.-\/ ()]{7,})$/`
E-Mail	`/^([a-z0-9_\.-]+)@([\da-z\.-]+)\.([a-z\.]{2,6})$/`
URL	`/^(https?:\/\/)?([\da-z\.-]+)\.([a-z\.]{2,6})([\/\w \.-]*)*\/?$/`

- `\u00c0-\u01ffa` erlaubt die diakritischen Sonderzeichen wie Umlaute, Zirkumflex, Gravis und Tilde der Sprachen im Namen von Eingabefeldern.
- Telefonnummern dürfen aus den Ziffern 0 bis 9, einem optionalen Bindestrich und ebenso optionalen runden Klammern bestehen. Sie müssen mindestens sieben Zeichen lang sein.

- E-Mail-Adressen müssen mit einem Buchstaben zwischen a bis z beginnen. Im Namen vor dem @-Zeichen sind Bindestrich, Punkt und Unterstrich erlaubt. Nach dem @-Zeichen können Ziffern (\d) und Buchstaben von a bis z sowie Bindestriche stehen. Das Ende bildet ein Punkt, gefolgt von 2 bis 6 Zeichen.

Die weiteren Tests sind nach demselben Schema aufgebaut: Das Skript liest die Eingaben über die `value`-Eigenschaft der einzelnen Felder und testet sie gegen den jeweiligen regulären Ausdruck.

```
  // E-Mail testen
  const reqemail = document.querySelector("#reqemail").value;
  result = /^([a-z0-9_\.-]+)@([\da-z\.-]+)\.([a-z\.]{2,6})$/.
         test(reqemail);
  if (!result) {
    document.querySelector(".emsg").innerText +=
         "\nBitte prüfen Sie die E-Mail-Adresse!";
  }

  // Telefonnummer testen
  const reqphone = document.querySelector("#reqphone").value;
  result = /^([0-9\.-\/ ()]{7,})$/.test(reqphone);
  if (!result) {
    document.querySelector(".emsg").innerText +=
          "\nBitte prüfen Sie die Telefonnummer!";
  }

  // Einen Text von mindestens 30 Zeichen fordern
  const text = document.querySelector("#reqtext").value;
  result = /^([ \u00c0-\u01ffa-zA-Z\.' \-]{30,})+$/.test(text);
  if (!result) {
    document.querySelector(".emsg").innerText +=
         "\nBitte erklären Sie Ihr Anliegen kurz.";
  }

  if (result) {
    form.submit(); // Alles richtig - und ab die Post!
  }
});
```

Das Skript verwendet für das Textfeld denselben regulären Ausdruck wie für den Namen und erlaubt also keine Zeichen wie < oder ?, um HTML-Tags oder gar PHP-Direktiven auszuschließen. Das Beispiel fordert lediglich mindestens 30 Zeichen.

11.7 Übung: Formulare prüfen

Die Untersuchung mittels JavaScript erspart der Anwendung auf dem Server natürlich die erneute Prüfung nicht, aber dem Benutzer unter Umständen das Hin und Her zwischen Browser und Server.

Das Skript ist ausgesprochen einfach gehalten. Untersuchen Sie jede Benutzereingabe direkt, statt immer erst beim nächsten Sendeversuch die Fehler aufzulisten.

Beispiellösung: `sandbox/event-prevent-default/index.html`

11.8 Event Delegation – ein Event Handler für viele Elemente

Bei einer langen Liste von Elementen, die bei einem Event in ähnlicher Weise behandelt werden, muss nicht jedes Event in einem eigenen Skript behandelt werden. Event Delegation setzt einen Event Handler auf ein gemeinsames Eltern-Element.

HTML:

```
<div class="gallery">
   <div class="ding">
      <img src="musik.jpg" width="920" height="612" ...>
      <div class="del">X</div>
   </div>
   ...
</div>
```

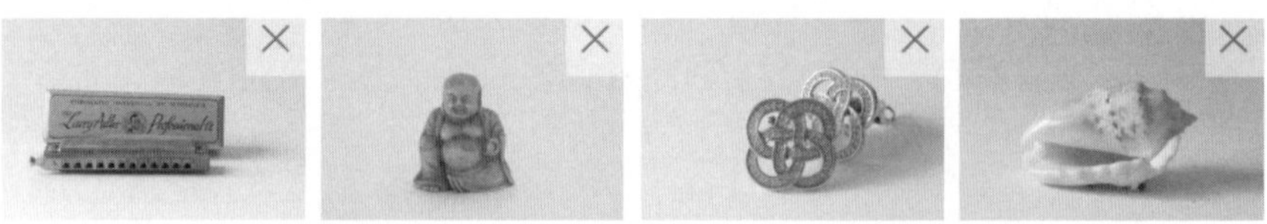

Statt einen Event Listener auf jedes individuelle Element zu setzen, horcht der Beobachter das umfassende Element mit der CSS-Klasse `gallery` ab.

```
const gallery = document.querySelector(".gallery");

gallery.addEventListener("click", (evt) => {
   if (evt.target.className === "del") {
      evt.target.parentElement.remove()
   }
});
```

Bei einem Klick auf das gallery-Element prüft `evt.target.className`, ob ein Element mit dieser CSS-Klasse vorliegt. Wenn das der Fall ist, greift `evt.target.parentElement` auf das umfassende Element zu, also auf das div-Element mit der CSS-Klasse `ding`. `remove()` löscht das Element.

11.9 Ereignisse des Window-Objekts

Das Window-Objekt steht für das Browserfenster und löst Events beim Laden der Seite, beim Vergrößern, Verkleinern und Schließen des Browserfensters und beim Scrollen des Dokuments aus.

Event	Beschreibung
`load`	löst aus, wenn das Dokument mit allen Ressourcen (Bilder, CSS-Dateien, Skripte usw.) vollständig geladen wurde.
`domContentLoaded`	löst aus, wenn das Dokument geladen wurde, aber die externen Ressourcen noch nicht verfügbar sind.
`unload`	löst aus, wenn der Benutzer die Seite verlässt oder das Dokument geschlossen wird.
`beforeunload`	löst aus, bevor der Benutzer die Seite verlässt. In dieser Situation kann das Skript den Benutzer z.B. warnen, dass Änderungen noch nicht gespeichert wurden.
`resize`	löst aus, wenn das Browserfenster vergrößert oder verkleinert wird.
`scroll`	löst aus, wenn der Benutzer das Dokument scrollt.

Das Beobachten und Reagieren auf viele der Ereignisse des Window-Objekts sind im modernen JavaScript überflüssig geworden. Die Attribute `defer` und `async` reduzieren den Einsatz zusätzlicher Event Handler, denn sie sorgen dafür, dass der Browser Skript-Dateien erst lädt, wenn die angesprochenen Elemente bereits eingelesen sind. CSS Media Queries übernehmen die Anordnung der Layout-Elemente beim Verkleinern und Vergrößern des Browserfensters. Das Scroll-Event sorgt für das Nachladen von Bildern bei der Bildersuche mit Google und Instagram. Die Abfrage nach der Scrollposition war früher extrem aufwendig. Heute bieten HTML mit `loading="lazy"` und JavaScript mit dem IntersectionObserver (siehe Abschnitt 14.3) bessere Techniken.

Der `addEventListener`-Mechanismus behandelt Window-Events genauso wie Document-Events, nur dass die Events des globalen Window-Objekts mit `window` angesprochen werden.

```
window.addEventListener("resize", function() {
   // Behandlung des resize-Events
});
```

12 Formulare prüfen und Daten versenden

12.1 input – Eingaben in Formularfelder

12.1.1 HTML-Formulare und PHP-Anwendungen

Formulare bestehen meist aus mindestens zwei Komponenten: dem HTML-Formular mit form- und input-Elementen auf der HTML-Seite und einem PHP-Programm auf dem Server. Das muss nicht so sein, ist aber immer noch die klassische Technik für die Kommunikation zwischen Client und Server. Einfache Formulare wie ein Kontaktformular oder der Kommentar in einem Content-Management-System brauchen dafür im Grunde genommen kein JavaScript.

Der Anwendungsprogrammierer gibt die Daten vor, die vom PHP-Programm in der Antwort erwartet werden, und das HTML-Formular bereitet die Felder entsprechend vor.

```
<input type="text" name="username" value="">
```

Dafür setzen HTML-Tags wie `input` und `select` das name-Attribut ein, denn die Server-Anwendung erwartet die Antwort in Form von Name-value-Paaren: Das name-Attribut identifiziert ein Feld und die Eingabe des Benutzers wird als `value` übertragen. Das value-Attribut muss nicht eingesetzt werden, kann aber auch einen Vorgabewert enthalten oder leer sein.

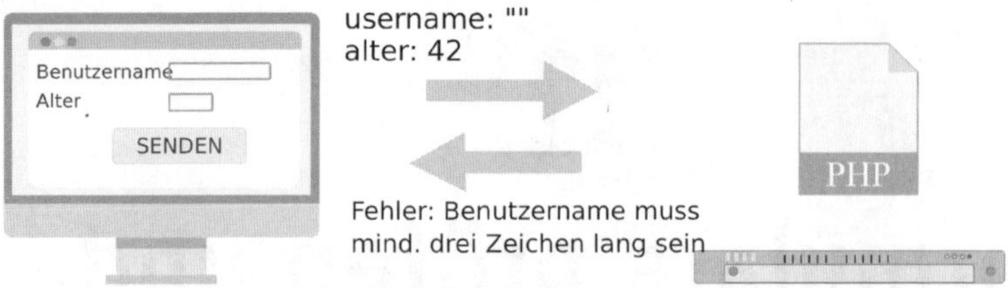

Abb. 12.1: Wenn eine Antwort des Benutzers fehlt oder fehlerhaft ist, müsste die Anwendung die Seite erneut aufbauen und zum Browser senden.

JavaScript übernimmt die Rolle des Vermittlers, verhindert das Absenden des Formulars und gibt dem Benutzer direkt eine Rückmeldung, ohne dass die Seite erneut aufgebaut werden muss.

Dafür brauchen Sie als JavaScript-Programmierer keine PHP-Kenntnisse, noch müssen Sie die PHP-Anwendung auch nur oberflächlich kennen. Sie müssen nur wissen, welche Name-value-Paare von der PHP-Anwendung erwartet werden und wie die Werte auszusehen haben.

12.1.2 Werte von Eingabefeldern lesen und schreiben

Bevor der Benutzer Daten an die Anwendung zum Server sendet, liest und prüft JavaScript die Eingaben, um das Hin und Her zwischen Client und Server zu reduzieren.

Andererseits schickt der Server unter Umständen auch Werte für Eingabefelder, damit das Skript die Werte in die Felder des Formulars einsetzt.

Quelltext: `sandbox/event-input-formular/index.html`

Der Benutzer füllt Felder des Formulars aus und klickt auf »Senden« (submit), damit der Browser die Daten zur Weiterbearbeitung an das Programm auf dem Server überträgt. Beim Absenden der Formulardaten stellt der Browser aus den Eingaben einen HTTP-Request zusammen. Das ist letztendlich nichts anderes als eine Zeichenkette (Query String) aus den Name-value-Paaren, die bestimmten Regeln folgt.

Darum müssen wir uns im Grunde genommen nicht kümmern: Das Zusammensetzen und Übertragen der Daten übernimmt der Browser, die Anwendung bekommt die Daten automatisch mundgerecht aufbereitet.

12.1.3 Zugriff auf Formularfelder

Wenn JavaScript Eingabefelder untersucht oder mit Werten belegt, haben wir meist ein HTML-form-Element im Dokument und die input-Tags enthalten name-Attribute, um die Werte gegenüber der Anwendung auf dem Server zu identifizieren.

JavaScript greift auf den Inhalt von Formularfeldern genauso wie auf andere Elemente zu:

- Wenn das Formularfeld ein id-Attribut hat, mit `getElementById()` oder `querySelector()`,
- zusätzlich kann JavaScript in Formularen das name-Attribut benutzen – `getElementsByName()`.

Beim Klick auf den Button »Senden« feuert der Browser ein submit-Event. JavaScript muss dieses Ereignis abfangen und verhindern, dass die Daten an die Anwendung übertragen werden.

12.1.4 Eingaben erkennen

Es gibt mehrere Events, die Eingaben erkennen und auslesen oder nur erkennen:

- `blur` erkennt, wenn das Eingabefeld den Fokus verliert, weil der Benutzer außerhalb des input-Elements klickt,
- `change` erkennt, wenn sich der Inhalt eines Felds ändert,
- `input` feuert genauso wie `keydown` bei jedem Druck auf eine Taste.

Ein Tipp am Rande: Legen Sie für die ersten Schritte ein HTML-Element an, das Ihnen die Eingabewerte anzeigt. Das erspart den wiederkehrenden Blick in die Browser-Konsole. In diesem Beispiel ist es das div-Element mit der

CSS-Klasse `test` in der ersten Zeile des Formulars. Nur nicht vergessen, das Feld wieder zu löschen, bevor das Formular veröffentlicht wird!

HTML:

```
<form action="formapp.php" method="post">
   <div class="test" style="color: red"></div>
   Name <input type="text" name="username">
   Ort
   <select name="ort">
      <option value="ms">Münster</option>
      <option value="bb" selected="selected">Böblingen</option>
      <option value="m">München</option>
   </select>

   Bemerkung <textarea name="bemerkung"></textarea>

   <input type="radio" value="rot" name="choice"> Gelb
   <input type="radio" value="blau" name="choice"> Blau

   <input type="checkbox" name="age"> mitmachen

   <button type="submit">Senden</button>
</form>
```

Der Vorteil des input-Events: Sie können das Event für viele Arten von Eingabefeldern einsetzen.

```
const inputUsername = document.querySelector("#username");
const ortSelection = document.querySelector("#ort");
const text = document.querySelector("#bemerkung");
const checkbox = document.querySelector("#agb");
const radio = document.getElementsByName("choice");

function checkInput(evt) {
   console.log(evt.target.value);
}

inputUsername.addEventListener("input", checkInput);
```

`event.target` in der Funktion `checkInput` gibt das auslösende Element zurück, `event.target.value` den aktuellen Wert des Felds. Nach demselben Muster, mit dem das Skript die Eingabe im Feld `username` erkennt, fängt das Skript die Wahl des select-Elements und die Eingabe in ein textarea-Element ab.

```
ortSelection.addEventListener("input", checkInput);
text.addEventListener("input", checkInput);
```

Der Wert, den das select-Element zurückgibt, ist nicht München, Böblingen oder Münster, sondern der Wert des value-Attributs im jeweiligen option-Element. Der Inhalt zwischen den öffnenden und schließenden option-Tags ist nur der Text für den Benutzer.

Ein change-Event anstelle des input-Events würde genauso wirken, aber wie bereits erwähnt: `input` ist universeller und um das change-Event kümmern wir uns später.

12.1.5 Checkboxen und Radiobuttons

Checkboxen haben genauso wie Felder mit `type="text"` ein implizites value-Attribut. Wenn der Benutzer eine Checkbox aktiviert, liefert `value` den Wert »on«. Zusätzlich haben sie ein implizites checked-Attribut, das beim Aktivieren `true` zurückgibt, und `false`, wenn der Benutzer die Checkbox deaktiviert.

```
function isChecked(evt) {
   document.querySelector(".test").innerText = evt.target.checked;
}

checkbox.addEventListener("input", isChecked);
```

Radiobuttons spielen eine Sonderrolle, denn sie bestehen aus mehreren Eingabefeldern, von denen immer nur eines bei einem Klick aktiv wird. Ein einfaches click-Event ist die gängigste Technik für das Auslesen des aktuellen Werts.

```
function radioValue(evt) {
   document.querySelector(".test").innerText = evt.target.value;
}
```

```
for (const item of radio) {
   item.addEventListener("click", radioValue)
}
```

12.1.6 focus-Event

Zwei weitere Events für input-Elemente sind `blur` und `focus`. Auch CSS kennt ein focus-Ereignis:

```
input:focus { background: lavender }
```

Effekte zeigen dem Benutzer, dass die Seite ihn zur Kenntnis nimmt – das ist auch für Skripte sinnvoll.

Wenn der Benutzer in ein Eingabefeld klickt, stellt das Skript das aktive Feld durch einen farbigen Rahmen heraus.

```
inputUsername.addEventListener("focus", function() {
   this.style.cssText = "outline: 1px solid green";
});
```

12.1.7 blur-Event

Das blur-Event ist sozusagen das Gegenstück zu `focus`: `blur` feuert, wenn ein Feld den Fokus verliert.

```
inputUsername.addEventListener("blur", function() {
   this.style.cssText = "outline: none";
});
```

12.1.8 Bonusmaterial: Schriftgröße mit clamp

Die CSS-Funktion `clamp()` beschränkt den Wert einer Eigenschaft zwischen einem Minimum und einem Maximum. Gleichzeitig passt sie den bevorzugten mittleren Wert flexibel zwischen Minimum und Maximum an. Sie finden ein Formular, um die Werte für die Schriftgröße mit der clamp-Funktion zu berechnen, in den Downloads zum Buch: `sandbox/event-input-clamp/index.html`.

12.2 Formulardaten versenden

12.2.1 Absenden der Formulardaten verhindern

Vor dem Absenden des Formulars soll das Skript die Eingaben prüfen, also verhindert `evt.preventDefault()` das `submit`-Event des Formulars (siehe Abschnitt 11.6).

```
const form = document.querySelector("#form-element");

function formSubmit(evt) {
   evt.preventDefault();
}
form.addEventListener("submit", formSubmit);
```

Der nächste Schritt ist die Untersuchung der Eingaben. Dafür stehen mehrere Vorgehensweisen zur Verfügung: Die älteste Technik ist die Untersuchung mit der value-Eigenschaft der Eingabefelder.

12.2.2 Auslesen der Werte mit value und checked

Formulare übermitteln der PHP-Anwendung Paare von Name und Wert, wobei der Name durch das name-Attribut der Eingabefelder festgelegt ist. Das Skript greift vor dem Absenden auf die value-Eigenschaft der Felder zu.

`document.getElementsByName()` sammelt input-Elemente mit `type="radio"` mit demselben name-Attribut. Eine for-Schleife steuert die Felder an, bis das aktivierte Feld zutrifft.

Bei Checkboxen ist die Abfrage auf `checked` eine einfache Lösung.

```
function formSubmit(evt) {
   evt.preventDefault();
   console.log("username", inputUsername.value);
   console.log("ort", ortSelection.value);
   console.log("bemerkung", text.value);
   console.log("agb", checkbox.checked);
   for (const item of radio) {
      if (item.checked) {
         console.log("choice", item.value);
         break;
```

```
        }
    }
}
```

12.2.3 FormData: Daten sammeln und übermitteln

Das `FormData`-Objekt belegt die Name-Wert-Paare und codiert automatisch die Werte bei der Übertragung. FormData ist flexibler als der direkte Zugriff auf die einzelnen Formularelemente, spart das langatmige Navigieren durch die Eingabefelder des Formulars sowie das Zusammenstellen eines Post-Requests oder JSON-Objekts.

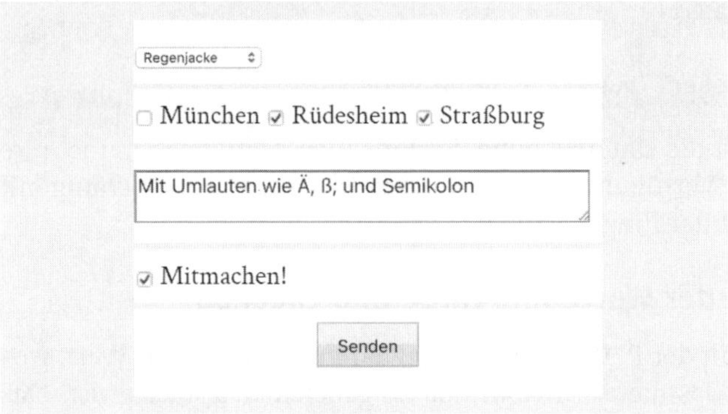

HTML:

```
<form action="formdata.php" method="post" id="formdemo">
   <select name="artikel">
      <option value="regenjacke">Regenjacke</option>
      <option value="wanderstiefel">Wanderstiefel</option>
      <option value="rucksack">Rucksack</option>
   </select>

   <input type="checkbox" name="stadt[]"
      value="München"> München
   <input type="checkbox" name="stadt[]"
      value="Rüdesheim" checked> Rüdesheim
   <input type="checkbox" name="stadt[]"
      value="Straßburg" checked> Straßburg
```

```
    <textarea name="txt" id="txt">
       Text mit Umlauten wie Ä, ß; und Semikolon</textarea>
    <input type="checkbox" name="mitm" id="mitm" checked> Mitmachen!
    <button type="submit">Senden</button>
</form>
```

Zu den Hürden der Formularbearbeitung zählen

- Codierung: Die übertragenen Daten müssen codiert werden, um die korrekte Übertragung von Sonderzeichen und Steuerzeichen sicherzustellen.
- Checkboxen: Sie übertragen ein Array von Name-value-Paaren, ein »on«, wenn eine einzelne Checkbox markiert ist.

FormData codiert die Daten automatisch und bereitet sie zu einem JSON-Objekt auf. Die Methoden des FormData-Objekts sind

- `data.get()` gibt individuelle Werte der Eingabefelder zurück.
- `data.entries()` gibt einen Iterator zurück, der über alle Name-value-Paare des Formulars läuft.
- `data.append()` hängt ein Name-value-Paar an das FormData-Objekt an und erstellt neue Schlüssel.
- `data.values()` gibt ebenfalls einen Iterator zurück, der nur die Werte des FormData-Objekts anspricht.

Im folgenden Beispiel erzeugt `new FormData(form)` eine neue Instanz eines FormData-Objekts für das Formular mit der id `formdemo`.

Das Argument von `data.get()` ist das name-Attribut des Eingabefelds als String in Hochkommas.

```
const form = document.querySelector("#formdemo");
function formData(evt) {
   evt.preventDefault();
   const data = new FormData(form);
   const artikel = data.get("artikel");
   const stadt   = data.get("stadt");
   const txt     = data.get("txt");
   …
   console.log("data", artikel, stadt, txt …);
}
```

Das ist eleganter als die traditionelle Methode. Spätestens bei Formularen mit mehr als drei, vier Eingabefeldern ist die FormData-Methode `entries()` sinnvoll. `data.entries` gibt uns einen FormData-Iterator, der alle Name-Wert-Paare des Formulars automatisch in Arrays mit dem name-Attribut und dem aktuellen Wert zurückgibt. Probieren wir also eine dritte Variante der Funktion:

```
function formData(evt) {
   evt.preventDefault();
   const data = new FormData(form);
   const entries = data.entries();
   for (const item of entries) {
      console.log(item);
   }
}
```

12.3 Datum und Dauer – Formulareingaben

12.3.1 Der Umgang mit dem Datepicker

Die Formatierung von Datum und Uhrzeit aus einem Eingabefeld `input type="text"` ist sowohl eine Barriere als auch eine Tretmine für den Benutzer und schafft viel Aufwand für die Validierung. Obendrein weicht die Darstellung der Kalender in den Browsern voneinander ab.

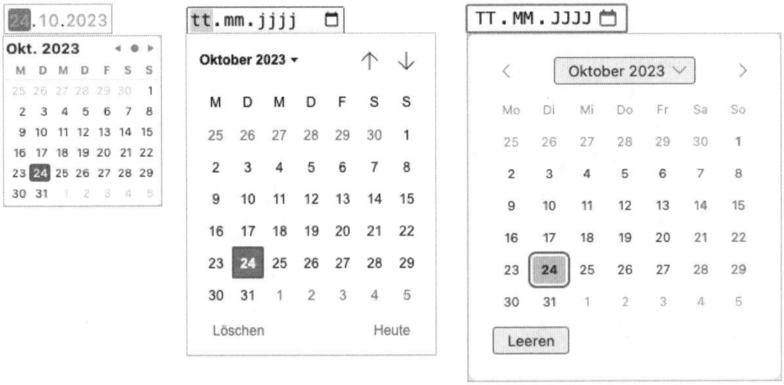

Abb. 12.2: Die Kalender der Browser: Safari, Chrome und Firefox

Bei HTML-Eingabefeldern wie `input type="date"`, `type="datetime-local"`, `type="month"` und `type="week"` zeigen die modernen Browser beim Klick auf das Eingabefeld Kalender bzw. spezielle Uhrzeit-Felder und vereinfachen die Eingabe von Datum und Zeit.

12.3.2 input type="date" – Eingabe eines Datums

Wie die `Datepicker` der JavaScript-Libraries schränken die optionalen Attribute des input-Tags den Datumsbereich ein oder geben ein Datum vor. Der Browser zeigt dem Benutzer das Datum in lokaler Formatierung (z.B. TT.MM.JJJJ), das interne Ergebnis ist aber ISO-formatiert (YYYY-MM-DD).

HTML:

```
<input type="date" id="datepicker" value="">
```

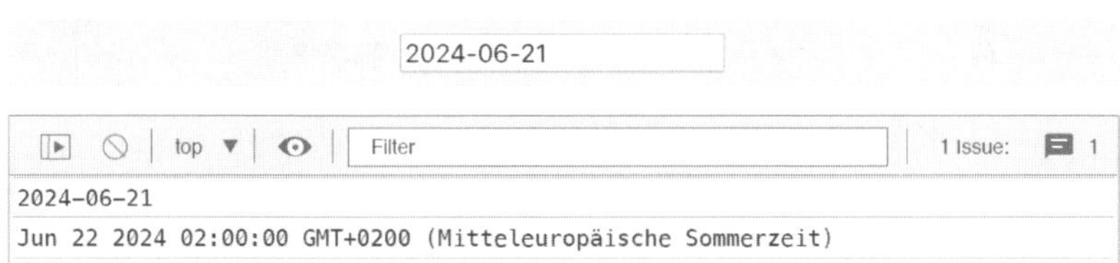

Die typische Vorgehensweise ist der Einsatz eines Event Handlers, der den eingegebenen Wert bei einem input-Event abfängt. Der ausgelesene Wert ist ein String, der dem `new Date()`-Konstruktor übergeben wird, um ein Date-Objekt zu erzeugen.

```
const date = document.querySelector("#datepicker");
date.addEventListener("input", function() {
   const d = this.value;
   document.querySelector("#userinput").innerText = d;

   const date = new Date(d);
   document.querySelector("#userinput").innerText +=
       "\n" + date;
});
```

Alternativ liest der Event Handler das Eingabefeld mit `valueAsDate` anstelle von `value`. Damit liegt der Wert direkt als Date-Objekt vor.

12.3.3 datetime-local – Datum und Zeit auslesen

Auch der Wert aus einem Feld `type="datetime-local"` ist ein String. Hier gilt dasselbe wie zuvor: Um das Date-Objekt zu nutzen, muss `new Date()` den String auswerten.

```
const dt = document.querySelector("#dt");

dt.addEventListener("input", function() {
   console.log(this.value);
   const zeit = new Date(this.value);
   console.log("zeit", zeit);
});
```

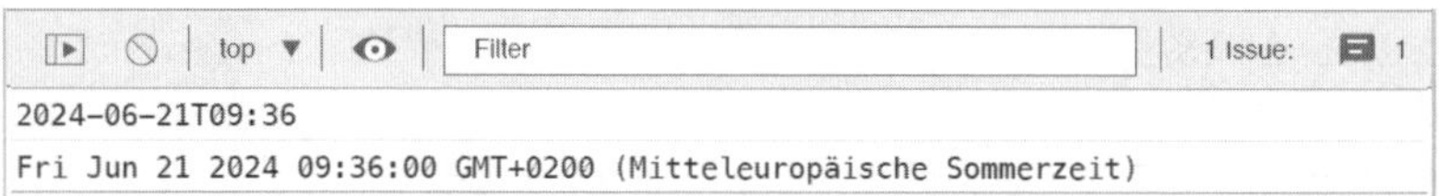

13 Asynchrones JavaScript

13.1 Zeitgesteuerte Anwendungen

13.1.1 Asynchrones JavaScript

Synchron bedeutet im wörtlichen Sinn »gleichzeitig« oder »zur selben Uhrzeit«. In der Programmierung bedeutet »synchron«, dass zur selben Zeit mehrere Operationen gleichzeitig durchgeführt werden können. Bei einer asynchronen Bearbeitung hingegen liegt zwischen der Anfrage und der Antwort eine Verzögerung oder Wartezeit von unbestimmter Dauer.

JavaScript kann Aufgaben nicht gleichzeitig ausführen. Die Skriptsprache JavaScript ist »Single Threaded« – der Ablauf eines Skripts geschieht Anweisung für Anweisung entlang eines »einzelnen Fadens«. Eine Anweisung muss abgearbeitet sein, bevor die nächste Anweisung beginnt.

Wenn eine Anweisung oder eine Funktion längere Zeit benötigt, würde diese Anweisung alle folgenden Anweisungen blockieren. So eine Blockade kennen Sie von `alert()`: Erst wenn der Benutzer das Dialogfenster wegklickt, kann er die Seite wieder scrollen. Auch das Einlesen einer Datei sowie das Warten auf die Antwort vom Server dauern eine unbestimmte Zeit und würden weitere Anweisungen blockieren.

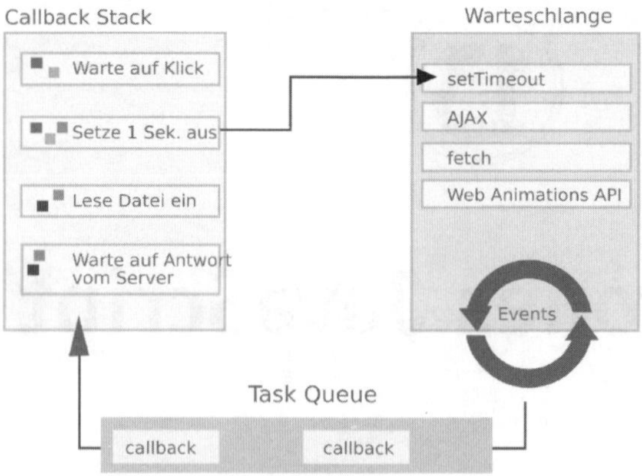

Abb. 13.1: JavaScript versetzt Aufgaben, die nicht sofort gelöst werden können, in eine Art Winterschlaf oder Warteschleife. Wenn ein erwartetes Ereignis eintrifft, werden sie in eine Task Queue geschoben und abgearbeitet, wenn das Skript gerade im Leerlauf ist.

Eine Lösung für dieses Dilemma haben Sie bereits kennengelernt: Während das Skript nach dem Aufruf von `addEventListener` auf den Klick wartet, kann es andere Aufgaben durchführen. Wenn das Event eintrifft – der Benutzer klickt auf einen Button – wird die Callback-Funktion des Event Listeners »zurückgerufen«.

```
function showLarge() {
   ...
}

   ┌── Element              ┌── Art des Events
   ▼                        ▼
button.addEventListener("click", showlarge);
              ▲                         ▲
              |      Callback-Funktion ─┘
   Event Listener
```

Eine ähnliche Situation liegt vor, wenn das Skript eine Datei oder ein Bild lädt oder auf Informationen vom Server wartet. In der Zeit bis zum Eintreffen der Informationen kann das Skript weitere Aktionen in Angriff nehmen. Erst wenn das erwartete Ereignis eintritt, erwacht eine Callback-Funktion.

Die Techniken, die eine asynchrone Verarbeitung ohne Blockaden ermöglichen, sind Callbacks, Promises und die async/await-Syntax.

Verzögerungen wie `setTimeout()`, das Lesen von Dateien und Abholen von Daten mit `XMLHttpRequest` oder `fetch` sind **A**pplication **P**rogramming **I**nterfaces, die vom Browser bereitgestellt werden. Diese gehören nicht zum Kern von JavaScript, sondern bilden eine eigene Umgebung. Diese APIs sind Funktionen des Browsers und Schnittstellen zu Anwendungen, die komplexe Aufgaben übernehmen und dem Programmierer einfache Funktionen und Methoden bieten.

13.1.2 Animationen mit setTimeout()

Zu den ältesten APIs für die asynchrone Ausführung von Anweisungen gehört `setTimeout()`. Die klassischen JavaScript-Animationen werden mit `setTimeout()` und `setInterval()` – mit Timern – in Gang gesetzt. JavaScript-Timer sind keine Events, aber sie benehmen sich wie Events: Sie schlafen für eine bestimmte Zeitspanne und werden nach Ablauf dieser Zeit zurückgerufen, um ihre Anweisungen auszuführen und wieder in den Schlaf zu fallen.

`setTimeout()` übergibt eine Callback-Funktion, die in einer Warteschlange abgelegt wird. Diese Warteschlange steht unter permanenter Beobachtung. Wenn die Timeout-Zeit abgelaufen ist, kehrt das Skript zurück an die Callback-Funktion.

`window.setTimeout(action, timeout)` gibt an, dass eine Aktion oder Funktion nach einer bestimmten Zeit `timeout` (angegeben in Millisekunden) ausgeführt wird.

```
setTimeout(function() {
   const t = new Date();
   console.log("Timeout",
      `${t.getHours()}:${t.getMinutes()}:${t.getSeconds()}`);
}, 5000);

const t = new Date();
console.log("Im globalen Bereich",
   `${t.getHours()}:${t.getMinutes()}:${t.getSeconds()}`);
```

Zuerst erscheint die Konsolen-Ausgabe aus dem globalen Bereich. Die Ausgabe aus `setTimeout()` erscheint mit der Verzögerung von fünf Sekunden.

`setTimeout` blockiert die folgenden Anweisungen also nicht, sondern tritt erst beim vorprogrammierten Erwachen in Kraft. Ein Callback wirkt wie ein telefonischer Rückruf: »Du rufst mich bitte nach fünf Sekunden zurück!«. Selbst bei einer Timeout-Zeit von null Sekunden erscheint zuerst die Ausgabe im globalen Bereich.

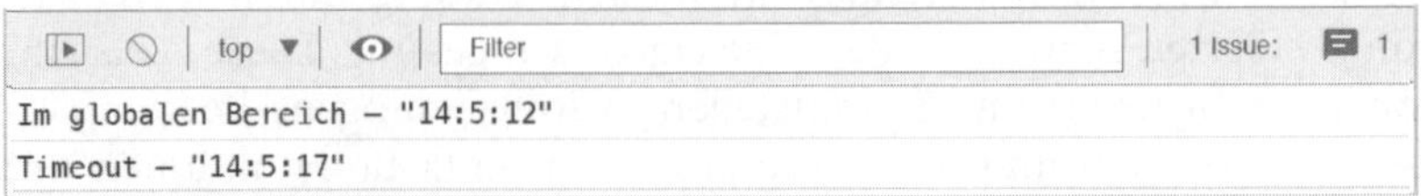

Das erste Argument von `setTimeout()` könnte genauso gut ein Funktionsaufruf sein.

```
function comeback() {
   const t = new Date();
   console.log("Comeback",
      `${t.getHours()}:${t.getMinutes()}:${t.getSeconds()}`);
   );
}
setTimeout(comeback, 5000);
```

Codebeispiel: `sandbox/timeout/index.html`

13.1.3 Timer und Countdown mit clearTimeout()

`setTimeout()` wird heute nur noch selten für Animationen benutzt, sondern für einfache verzögerte Aktionen, z.B. für einen Timer oder Countdown. Im Rahmen dieses Buchs hat `setTimeout()` allerdings eine wichtige Aufgabe: Es simuliert das Warten auf eine Antwort vom Server.

Da `setTimeout()` die Aktion nur einmal durchführt, muss es für die Countdown-Animation in einer Schleife wiederholt aufgerufen werden, bis eine Bedingung nicht mehr erfüllt ist.

HTML:

```
<div class="counterbox">
   <div class="circle">10</div>
   <div>
      <button class="btn" id="countStart">Countdown</button>
      <button class="btn" id="countCancel">Cancel</button>
   </div>
</div>
```

Bei einem Klick auf den Button mit `id="countStart"` ruft das folgende Skript die Funktion `countdown` auf, um die Sekunden herunterzuzählen. Das erste Argument ist das Kriterium für den erneuten Aufruf der Funktion, das zweite Argument nur ein kleiner Animationseffekt: Der Timer wechselt in jeder Sekunde die Farbe (`hue` ist der Farbton einer HSL-Farbe).

```
const countStart = document.querySelector("#countStart");
const countCancel = document.querySelector("#countCancel");

const start = 10;
document.querySelector(".circle").textContent = start;

countStart.addEventListener("click", function(time, hue) {
   countdown(start, 30);
});
```

Bei jedem Aufruf reduziert `countdown` die Variable `time` um 1 und addiert 60 zum Farbwert (Farbwerte im HSL-Farbraum liegen zwischen 0 und 360).

Anschließend prüft `if (time >= 0)`, ob `setTimeout()` die Funktion `countdown` nach einer Sekunde erneut aufrufen soll. Eine Funktion, die sich selbst aufruft, wird auch als rekursive Funktion bezeichnet.

```
                ┌── Rekursive Funktion
                ▼
function countdown(time,hue) {
   document.querySelector(".circle").textContent = time;
   document.querySelector(".circle").setAttribute("style",
      `border-color: hsl(${hue},85%,60%); color:
hsl(${hue},85%,60%)`);

   time -= 1;
   hue += 60;
```

```
    if (time >= 0) {
        const timer = setTimeout(countdown, 1000, time, hue);
    }                                          ▲
}                   rekursiver Aufruf ─────────┘
```

Obwohl die Funktion countdown für eine Sekunde ins Abseits gestellt ist, reagiert das Skript sofort, wenn der Benutzer auf den Cancel-Button klickt. In diesem Fall beendet clearTimeout(timer) den Timer – egal ob bei 7, 3 oder 1.

```
countCancel.addEventListener("click", function() {
    clearTimeout(timer);
});
```

clearTimeout(timer) braucht eine Referenz auf den Timer, der mit setTimeout gestartet wurde. Diese Referenz ist die Variable timer und in diesem Beispiel wird sie gebraucht, um den Timer gegebenenfalls zu canceln.

```
          ┌── optionale Referenz
          │
          ▼
const timer = setTimeout(countdown, 1000, time, hue);
                                ▲      ▲     ▲    ▲
                                │      │     │    │
                 rekursiver    ─┘     Zeit   │    │
                 Aufruf                      │    │
                              Abbruch-   ────┘   Farbton
                              bedingung
```

Codebeispiel: sandbox/countdown/index.html

13.1.4 Animationen mit setInterval()

Während setTimeout(action, t) Anweisungen nach einer Verzögerung von t Millisekunden einmal ausführt, wiederholt setInterval(action,i) Anweisungen in einem Intervall von i Millisekunden und muss nicht rekursiv aufgerufen werden.

setInterval() erwartet zwei Parameter oder Argumente: die Funktion, die bei jedem Schritt der Animation aufgerufen wird, und das Zeitintervall, in dem die Funktion für die Animation aufgerufen wird.

```
       ┌── Referenz für den Aufruf von cancelInterval
       │
       │                        Intervall ──┐
       ▼                                    ▼
const ref = window.setInterval(animate, 1000);
                                  ▲
                                  └-- Callback-Funktion
function animate() {
   const now = new Date();
   console.log(now.getMinutes(), now.getSeconds());
}
```

Im einfachsten Fall läuft das Beispielskript, bis die Seite geschlossen wird und loggt im Abstand von einer Sekunde die Zeit. Auch `setInterval()` übergibt beim Aufruf eine Referenz an eine Variable, mit der `clearInterval()` die Ausführung beenden kann.

HTML:

```
<div class="A1">
   <img id="car" src="images/redcar.svg" width="200" height="120" />
</div>
<button class="btn" id="los">LOS!</button>
<button class="btn" id="reset">RESET</button>
```

Jetzt lassen wir das rote Spielzeugauto bis zum Ende seines umfassenden Elements A1 laufen. Der Button RESET versetzt das Auto wieder an den linken Rand.

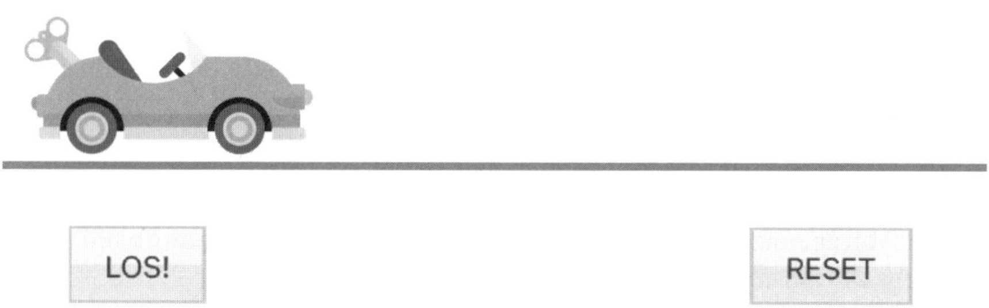

```
const car = document.querySelector("#car");
const los = document.querySelector("#los");
const reset = document.querySelector("#reset");
const A1 = document.querySelector(".A1");

let way = 0;
let interval;

los.addEventListener("click",
         () => interval = setInterval(animate, 20));
```

Der Klick auf LOS! startet die Animation. Die Variable `interval` wird gleich zum Beenden der Animation benutzt.

```
function animate() {
   way += 1;
   los.setAttribute("disabled", true);
   reset.removeAttribute("disabled");
   if (way < A1.clientWidth - car.clientWidth) {
      car.setAttribute("style", "margin-left:" + way + "px");
   } else {
      clearInterval(interval);
   }
}
```

- `A1.clientWidth - car.clientWidth` ist die mögliche Wegstecke: Breite des umfassenden Elements minus Breite des Bilds.
- Bei jedem Durchlauf erhöht die Funktion die Variable um 1.
- `los.setAttribute("disabled", true)` verhindert, dass der Button LOS! im Lauf erneut gedrückt wird.
- Solange noch freie Strecke vor dem Element liegt, versetzt die Funktion das Element mit `margin-left`.
- Die Abfrage beendet die Animation, sobald das Element am linken Rand seines Blocks ankommt.

Jetzt noch die Reset-Funktion:

```
reset.addEventListener("click", function() {
   way = 0;
   clearInterval(interval);
```

```
    reset.setAttribute("disabled", true);
    los.removeAttribute("disabled");
    car.setAttribute("style", "margin-left:0px");
});
```

Reset setzt die Variable für die Wegstrecke zurück, cancelt das Intervall. Der Button RESET wird deaktiviert und der Button für LOS! aktiviert.

13.1.5 Animationen mit requestAnimationFrame()

Die Syntax von `requestAnimationFrame()` gleicht der Syntax von `setTimeout()`, da `requestAnimationFrame` wiederholt aufgerufen wird. Allerdings braucht die Methode keinen Timer oder kein Intervall.

```
function animate() {
    // Hier sitzen die Animations-Anweisungen
    …
    // Die Funktion requestAnimationFrame wird rekursiv aufgerufen
    req = requestAnimationFrame(animate);
}

const req = requestAnimationFrame(animate);

cancel.addEventListener("click", () => {
    cancelAnimationFrame(req);
});
```

`requestAnimationFrame` wird per Vorgabe 60 Mal pro Sekunde aufgerufen – mehr ist selten nötig (oder besser: möglich), denn 60 Hz ist die Refresh-Rate der meisten Browser (oder Zeitrahmen von 16,7 ms).

Bonusmaterial: Animation mit `requestAnimationFrame`:
`sandbox/requestAnimationFrame/index.html`

13.1.6 setTimeout() oder setInterval() oder requestAnimationFrame()?

`setTimeout` ist die älteste Animationstechnik, aber trotz ihres Alters ist sie eine einfache Lösung für zeitbasierte Aktionen und das Starten von Timern. `setInterval` trat etwas später auf den Plan und erspart dem Programmierer den rekursiven Aufruf. `requestAnimationFrame` braucht zwar wieder einen rekursiven Aufruf, verbraucht aber weniger Energie und ist also »nachhaltiger«.

13.1.7 Das Manko der JavaScript-Animationen

Diesen klassischen JavaScript-Animationen fehlt das Verlangsamen und Beschleunigen zwischen den Anfangs- und Endzuständen der Animation. Alle drei Methoden laufen ab wie ein Metronom bei Klavierübungen: Ticktack, ticktack. CSS hingegen lässt Animationen durch »Easing« (`ease-in`, `ease-out`) natürlicher wirken.

`Easing` gab es in JavaScript nur mit komplexen mathematischen Funktionen. Erst mit dem jüngeren Web Animations API stehen langsames Anlaufen und Beschleunigen sowie ruckartiges Starten und langsames Auslaufen für realistische Bewegungsmuster zur Verfügung.

13.2 AJAX – XMLHTTPRequest – Kommunikation mit dem Server

13.2.1 Web 2.0: Laden von Daten im Hintergrund

Die Kommunikation mit dem Server ist das bedeutendste Feld für den Einsatz von JavaScript. Der XMLHttpRequest, auch AJAX (**A**synchronous **J**avaScript **A**nd **X**ML) genannt, war der Kern des Begriffs Web 2.0. Bevor der `XMLHttpRequest` (kurz XHR) auf den Plan trat, war jedes einfache Formular, jeder Shop und jede Anwendung ein aufwendiges Hin und Her zwischen der Anwendung auf dem Server und der Webseite. Mit jeder Anfrage sendete die Anwendung eine komplett neue Seite, obwohl sich nur wenige Daten tatsächlich geändert hatten.

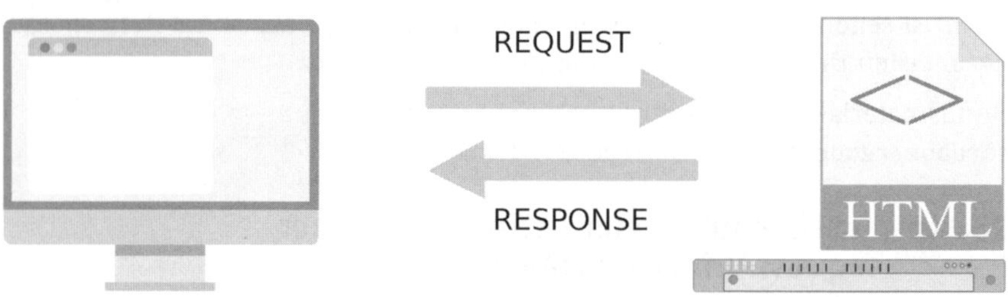

Abb. 13.2: Der ganz alte Weg: Ein Hin und Her zwischen Client und Server

Mit dem `XMLHttpRequest` sendet JavaScript Daten im Hintergrund zum Server und liest die Antwort vom Server. Die Anwendung auf dem Server sendet nur die erforderlichen Informationen und das Skript setzt die Daten ein, ohne die Seite komplett neu zu laden.

13.2.2 HTTP, Client und Server

HTTP ist das Kürzel für `Hypertext Transfer Protocol` – das sind die Regeln für das Senden und Empfangen von Nachrichten im Internet.

HTTP definiert einen Client und einen Server. Ein Client (der Benutzer) stellt eine Anfrage und der Server beantwortet die Frage. Die Antwort kann aus HTML, Bildern, Dateien oder Daten bestehen. Der Client sendet ebenfalls Daten an die Anwendung auf dem Server, z.B. Benutzername und Passwort oder einen ganzen Schwung HTML, der mit dem Editor eines Content-Management-Systems zusammengestellt wurde und jetzt in der Datenbank gesichert werden soll.

13.2.3 XMLHttpRequest – asynchroner Datenaustausch

AJAX oder XMLHttpRequest war die erste Technik für den Informationsaustausch zwischen Client und Server im Hintergrund. Heute nutzen wir zwar vorzugsweise das Fetch-API (siehe Abschnitt 13.3), aber das XMLHttp Request-Objekt ist immer noch im Umlauf. Der Name `XMLHttpRequest` ist irreführend, denn der XMLHttpRequest unterstützt nicht nur XML, sondern alle textbasierten Formate, und sowohl Anfragen (Requests) als auch Antworten (Response).

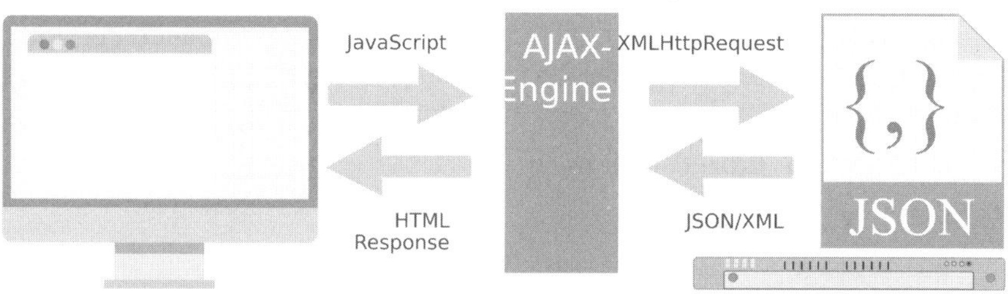

Abb. 13.3: Requests und Response laufen dank der AJAX-Engine im Hintergrund

Bei einem Request und anschließender Anlieferung neuer Daten mischt JavaScript neue Inhalte ein, frischt Listen auf, vervollständigt Tabellen, ohne dass die Seite neu geladen werden muss.

13.2.4 GET, POST: Aktionen zwischen Client und Server

Hinter der Kommunikation zwischen Client und Server steckt zumeist ein Formular, in dem der Benutzer seine Anfrage als Request zusammenstellt oder Daten übermittelt. Im HTML haben Sie diese Begriffe sicher schon im öffnenden form-Tag als `method`-Attribut gesehen.

```
<form action="serverapp.php" method="post">
   <label>Name
      <input type="text" name="username" placeholder="Name">
   </label>
   <label><input type="submit" /><label>
</form>
```

Der Benutzer füllt die Felder des Formulars aus und klickt auf »Absenden«, damit der Browser die Daten zur Weiterbearbeitung an das Programm auf dem Server (`serverapp.php`) überträgt.

GET	Die Daten werden sichtbar als Teil der URL übermittelt.
POST	Daten werden im HTTP-Body übermittelt und sind kein sichtbarer Teil der URL.

13.2.5 Der Status-Code der Antwort

Ganz gleich ob GET oder POST: Der Server sendet eine Antwort mit der Mitteilung, ob der Prozess korrekt abläuft. Falls nicht, bekommt auch der einfache Internet-Besucher einige der Rückmeldung häufig zu Gesicht, nämlich die Statusmeldungen aus den Bereichen 400 oder 500.

- 100 Fortsetzen, Prozess läuft noch
- 200 Erfolg
  - 201 Erzeugt
  - 204 Kein Inhalt
- 300 Redirect/Weiterleitung
  - 301 Ressource verschoben
  - 304 Ressource schon lokal gespeichert, keine neuen Änderungen

- 400 Client-Fehler
  - 401 Keine Autorisierung
  - 403 Verboten
  - 404 Nicht gefunden
- 500 Server-Fehler

13.2.6 XMLHttpRequest in Praxis

Das Senden von Daten an eine Anwendung auf dem Server war das Thema von Abschnitt 12.1. Zur Kommunikation mit dem Server gehört auch das Anfordern und Empfangen von Informationen. Alles, was JavaScript braucht, um Daten von einer PHP-Anwendung zu laden, ist ein HTML-Element für die Daten.

HTML:

```
<div id="demo"></div>
```

Als erste Aktion initialisiert das Skript einen `XMLHttpRequest` und ruft dann die Methode `open()` auf.

```
const xhr = new XMLHttpRequest();
xhr.open("POST", "app.php");
xhr.onreadystatechange = function() {
   console.log(this.readyState);
}

xhr.send();
```

`open()` hat zwei Argumente: die Art des Requests und die URL der Anwendung auf dem Server.

Ein Event Handler wartet auf das Eintreffen eines `readystatechange`-Events. `readystatechange` kommt mit einem von fünf möglichen Werten:

- **0** `request not initialized` – der Request wurde nicht initialisiert
- **1** `server connection established` – die Verbindung zum Server ist aufgebaut
- **2** `request received` – Request erhalten

- **3** `processing request` – Request wird ausgeführt
- **4** `request finished and response is ready` – Anfrage erfolgreich bearbeitet und die Antwort steht bereit

Am Ende sendet `xhr.send()` den Request. Schön zu sehen: Die Rückgabewerte geben den Ablauf des Requests wieder.

Von Interesse sind nur der Wert 4 und der Status-Code. Das sind die Werte, die Hinweise geben, wenn der Request nicht ausgeführt wird. Nach der Zeile `console.log()` die Abfrage einfügen:

```
if (this.readyState === 4 && this.status === 200) {
    const myObj = JSON.parse(this.responseText);
    console.log("myObj", myObj)
    document.getElementById("demo").innerHTML =
        `Studentin: ${myObj.student} <br>
        Alter: ${myObj.alter} <br>
        Note: ${myObj.note}`;
}
```

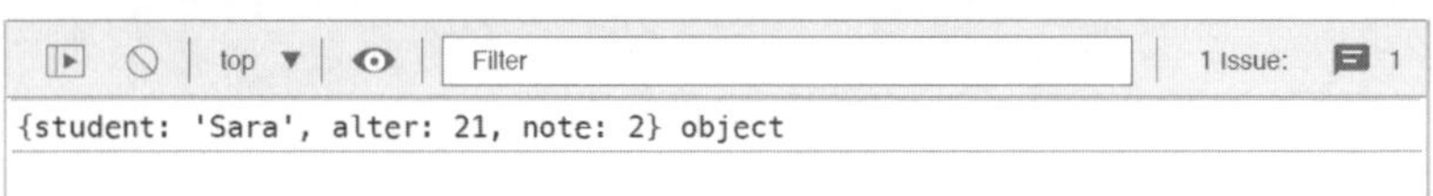

Quellcode: `sandbox/xmlhttprequest/index.html`

13.2.7 API-Programmierung: Daten von einer Server-Anwendung

Das Laden einer Datei – egal ob vom eigenen Rechner oder aus dem Internet – war einfach. Wie aber sieht es aus, wenn Daten über ein API (Application Programming Interface) angefordert werden?

Viele Anwendungen stellen Programmierschnittstellen zur Verfügung, an denen sie Daten für andere Webseiten oder Anwendungen anbieten. Das Spektrum reicht von Wetterdaten über Straßenkarten (z.B. OpenStreetMap auf *https://wiki.openstreetmap.org/wiki/API*) und den APIs der Social-Media-Plattformen bis hin zu GitHub-Benutzern und -Projekten.

Die Form unterscheidet sich von Anbieter zu Anbieter, aber generell besteht das API aus Befehlen, Funktionen, Protokollen und Objekten.

Das Projekt *https://openthesaurus.de* hilft bei der Suche nach dem richtigen Wort, einem Synonym oder einer Assoziation für einen Begriff. Das API von OpenThesaurus ist auf *https://www.openthesaurus.de/about/api* beschrieben und unterstützt sowohl XML- als auch JSON-Abfragen.

HTML:

```
<div class="demo">
   <input id="thesaurus" type="text"/>
   <button id="btn">Suche</button>
</div>
<ul id="alt"></ul>
```

Im Unterschied zum vorangegangenen Beispiel startet die Anfrage über die Eingabe des Suchworts und dem Klick auf den Button »Suche« und löscht eventuelle vorherige Ergebnisse. Der Programmablauf der Anfrage ändert sich jedoch kaum: einen neuem XMLHttpRequest initialisieren, `open()` mit der URL des API aufrufen, in der das Wort aus dem Eingabefeld übergeben wird.

`encodeURI()` übersetzt Sonderzeichen wie Umlaute in Ascii (American Standard Code for Information Interchange), einen Zeichensatz-Standard, der von allen Servern erkannt wird.

```
const button = document.querySelector("#btn");

button.addEventListener("click", function() {
   document.querySelector("#alt").innerHTML = "";
   const thesaurus = document.querySelector("#thesaurus");
   const word = encodeURI(thesaurus.value);
   const xhr = new XMLHttpRequest();

   const url = `https://www.openthesaurus.de/synonyme/search
```

```
                ?q=${word}&format=application/json`;
    xhr.open(“GET”, url);
    xhr.onreadystatechange = function() {
        if (this.readyState === 4 && this.status === 200) {
            const data = JSON.parse(this.responseText);
            console.log(“data”, data);
            resolve(data);
        }
    }
    xhr.send();
});
```

`console.log("data", data)` ist bei den meisten Anfragen an ein API ein erster wichtiger Schritt, denn jede Schnittstelle bringt ihre eigenen Struktur und Objekte mit Schlüsseln, Werten und Funktionen mit. Welche Daten sind verfügbar, welche Daten werden gebraucht?

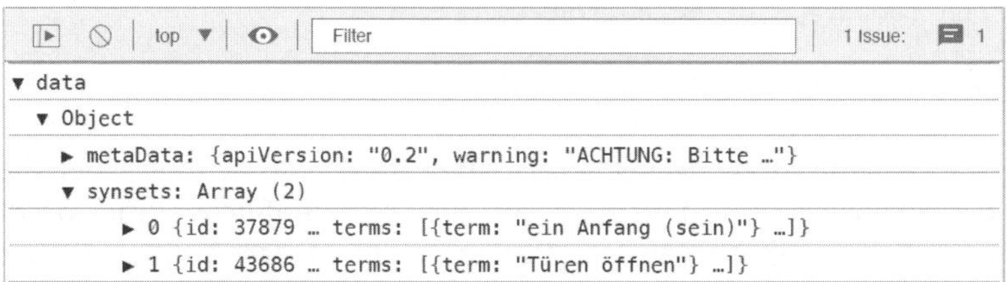

Das Skript entschlüsselt die Daten in der Funktion `resolve()` in verschachtelten `forEach`-Durchläufen, denn einige Begriffe liefern ein Array von Synonymen bzw. Assoziationen.

Quellcode: `sandbox/xmlhttprequest/openthesaurus.html`

```
function resolve(data) {
    data.synsets.forEach(item => {
        item.terms.forEach( e => {
                const li = document.createElement("li");
                li.innerHTML = e.term;
                document.querySelector("#alt").append(li);
            }
        )
    });
}
```

Das Beispiel nutzt verschachtelte Callbacks: In der Behandlung des Klicks auf den Suchen-Button liegt das readystatechange-Event mit einem Callback. Schon einfache Anwendungen führen schnell zu einer schwer nachvollziehbaren Tiefe von Callbacks, die als Callback Hell (Hölle der Rückrufe) bezeichnet wird.

13.3 Das Fetch-API – GET – Daten abholen

13.3.1 fetch() – asynchron Daten holen und senden

Der moderne Nachfolger des XHR (XMLHttpRequest) heißt einfach `fetch` und macht dem kurzen Namen alle Ehre: `fetch` vereinfacht das Anfordern der Daten vom Server. `fetch()` ist eine Methode des Window-Objekts.

```
window.fetch("konzerte-10.json")
   .then((response) => {
      console.log("Content-type: ", response.headers.
get("Content-Type"));
      console.log("Redirected: ", response.redirected);
      console.log("Status: ", response.status);
      console.log("Status-text: ", response.statusText);
      console.log("Response type: ", response.type);
      console.log("Response URL: ", response.headers.
get("Content-Type"));
   })
   .then((response) => console.log(response));

window.fetch("myfile.json")
   .then((response) => console.log(response))
```

Das Präfix `window.` muss nicht sein. `then()` gibt ein `response`-Objekt zurück. Ein kurzer Blick in die Konsole zeigt, welche Informationen im `response`-Objekt liegen.

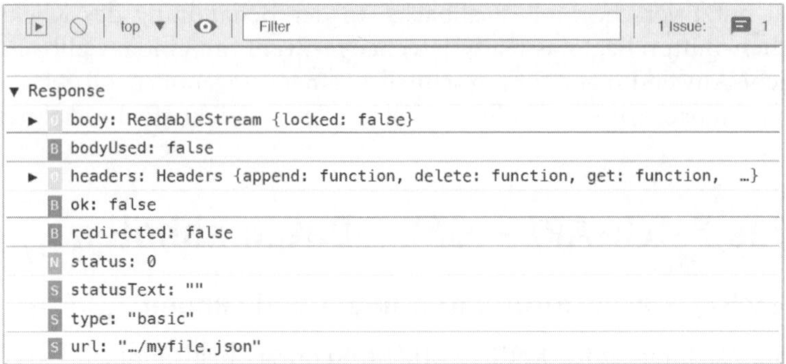

Der interessantere Part sind die gelieferten Daten. Anders als der XMLHttp-Request gibt `fetch()` ein Promise zurück. Das ist ein moderner Ansatz, der die Lesbarkeit des Codes verbessert und die sogenannte Callback Hell vermeidet.

Ein JavaScript-Promise ist das Versprechen, dass eine asynchrone Aktion zu einem späteren Zeitpunkt entweder erfolgreich abgeschlossen werden kann oder fehlschlägt. Das Promise-Objekt verwendet die Methoden

- `then()` bei einem erfolgreichen Abschluss,
- `catch()` bei einer Ablehnung,
- `finally()`, das sowohl bei erfolgreichen Aktionen als auch bei Fehlern eingesetzt werden kann.

Der Rückgabewert des ersten `then()` geht in das data-Argument des nächsten `then()`.

```
fetch("konzerte-10.json")
   .then((response) => {
      return response.json();  ──┐
   }).then((data) => {       ◄───┘      Aktion erfolgreich!
      console.log(data);
   });
```

`fetch()` liest nicht nur JSON, sondern auch Textdateien, die aber einer etwas anderen Behandlung unterliegen, nämlich der Methode `text()`.

```
fetch("wc-product-export.csv")
   .then((response) => {return response.text()})  ──┐
   .then((data) => {console.log(data)});          ◄───┘
```

Wer mit WordPress und WooCommerce arbeitet, erkennt den Produkt-Export als CSV-Datei. Diese CSV-Datei kam jetzt von einem lokalen Verzeichnis. Zumeist holt `fetch()` aber Daten von einer URL.

Als Beispiel für einen XMLHttpRequest zu einer externen URL hat der Abschnitt 13.2 Synonyme vom Projekt `openthesaurus.de` geholt. Dafür nutzen wir jetzt `fetch()`:

```
fetch(`https://www.openthesaurus.de/synonyme/search?
   q=Programmierung&format=application/json`)
      .then((response) => { return response.json() })
      .then((data) => { console.log(data) });
```

Wenn keine weiteren Optionen angegeben sind, ist `fetch()` ein einfacher GET-Request und lädt den Inhalt von einer URL.

13.3.2 REST-APIs

Mit dem Abholen und Einlesen der JSON-Daten ist es nicht getan, sondern jedes Application Programming Interface hat eine andere Struktur. Ein großer Teil der APIs agiert als REST-API oder RESTful-API (Representational State Transfer). Ein RESTful API ist eine weitverbreitete Schnittstelle, um Daten zu übertragen und zu manipulieren.

So ist z.B. ein REST-API in Content-Management-Systeme wie WordPress und Drupal integriert, um Entwicklern Zugriff auf Funktionen und Informationen über HTTP-Abfragen zu ermöglichen. Die Informationen werden als JSON, HTML, XLT, Python, PHP oder Plain Text bereitgestellt.

```
function fetchPosts() {
   fetch("https://my-blog.de/wp-json/wp/v2/posts")
      .then((response) => response.json())
      .then((data) => console.log(data))
}

fetchPosts();
```

Diese Codezeilen liefert alle Posts des Blogs als JSON-Array:

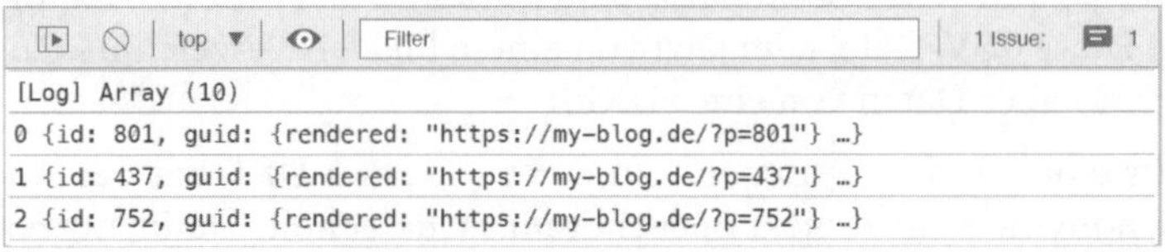

13.3.3 Ein JSON-fetch-Projekt für eigene Versuche

Das Projekt `DummyJSON` auf *https://github.com/Ovi/DummyJSON* stellt JSON-Endpunkte für erste Schritte mit JSON und `fetch` zur Verfügung, z.B. *https://dummyjson.com/products/*. Anhand des Projekts lassen sich das Vorgehen und die Strukturen von Informationen erforschen, um eigene Projekte in Angriff zu nehmen.

Der erste Schritt ist: Mal sehen, was es dort zu holen gibt und welche Struktur die Daten haben.

```
function fetchProducts() {
   fetch("https://dummyjson.com/products/")
      .then((response) => response.json ())
      .then((data) => console.log(data))
}
```

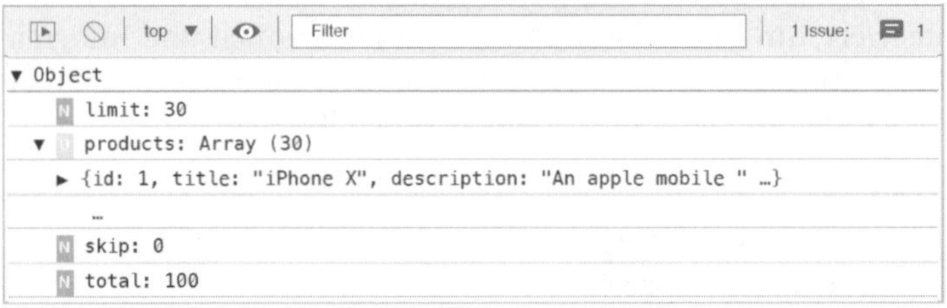

Das API gibt ein Objekt zurück, in dem ein Array `products` liegt. Die Elemente des Arrays sind Produktbeschreibungen.

```
function fetchProducts() {
   fetch("https://dummyjson.com/products/")
      .then((response) => response.json())
      .then((data) => {
         console.log(data.products[15]);
      });
}
```

Jetzt kann man sich ein Produkt herauspicken, um die Struktur eines Produkts näher zu untersuchen:

```
▼ Object
    S brand: "L'Oreal Paris"
    S category: "skincare"
    S description: "L'Oreal Paris introduces Hyaluron Expert …"
    N discountPercentage: 13.31
    N id: 16
  ▶ O images: ["https://i.dummyjson.com/data/products/16/1.png" …]
    N price: 19
    N rating: 4.83
    N stock: 110
    S thumbnail: "https://i.dummyjson.com/data/products/16/thumbnai
    S title: "Hyaluronic Acid Serum"
```

Ein Produkt kommt mit einer Marke (`brand`), einer Kategorie wie Hautpflege (`skincare`), hat einen Preis, ein Vorschaubild und eine Bewertung (`rating`). Diese Informationen werden im HTML-Template für ein Produkt abgelegt.

```
<div class="product">
   <div class="category"></div>
   <div class="thumbnail"></div>
   <div class="title"></div>
   <div class="description"></div>
   <div class="price"></div>
   <div class="rating"></div>
</div>
```

Der Ablauf des Skripts spiegelt sich in der `then()`-Liste:

1. `fetch()` holt die Daten von der URL.
2. Wenn die Daten geladen sind, werden sie als JSON interpretiert.
3. Das Skript übernimmt das Array `data.products` aus dem gelieferten Objekt, baut in `generateOptions()` die Optionen für das HTML-select-Element und übergibt `data.products` an das nächste `then()`.
4. `showProduct()` zeigt ein erstes Produkt als Platzhalter und ein Event Listener wartet auf die Aktion des Benutzers.

```
function fetchProducts() {
   fetch("https://dummyjson.com/products/")
      .then((response) => response.json())
      .then((data) => {
         generateOptions(data.products);
         return data.products;
      })
      .then((option) => {
         showProduct(option [1]);
         selection.addEventListener("change", (e) => {
            const id = e.target.value;
            showProduct(option [id-1]);
         })
      })
   }

fetchProducts();
```

Die Funktion `generateOptions()` erzeugt für jedes Element des Arrays `products` ein option-Element mit dem sichtbaren Text und der `id` des Produkts.

```
const selection = document.querySelector("#products");

function generateOptions(data) {
   data.forEach((item) => {
      const option = document.createElement("option");
      option.innerText = item.title;
      option.value = item.id;
      selection.append(option);
   });
}
```

13.4 Übung: showProduct(option)

Schreiben Sie die Funktion `showProduct()`, um die Informationen zu einem Produkt in das HTML-Template (das `div`-Element mit `class="product"`) des vorangegangenen Abschnitts einzusetzen.

Beispiellösung: `sandbox/fetch-api/fetch-products.html`

13.5 Fetch Async/Await – warten auf die Antwort

13.5.1 Asynchrone Verarbeitung vs. async/await

`async/await` sind Schlüsselwörter, die unter der Decke mit Promises arbeiten. Sie vereinfachen den Umgang mit asynchronen Aktionen um einen weiteren Schritt.

Ein Counter soll jeweils mit einer Verzögerung (delay) von einer Sekunde bis fünf zählen, dabei nach der »2« eine Pause (delay) von drei Sekunden einlegen.

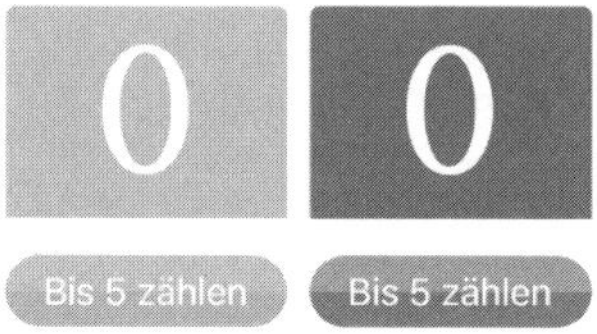

Wenn Sie einen Timeout einsetzen, stellen Sie sich einen einfachen Ablauf vor. Mit dem scheinbar gut verständlichen linearen Skript funktioniert der Counter nicht so, wie Sie sich das vorstellen, denn der Zähler springt sofort auf 5: `setTimeout` läuft asynchron, die Zeilen unter den Aufrufen von `delay` werden sofort ausgeführt.

```
/** Der erste Counter  **/
const counter1 = document.querySelector(".counter1");
const button1 = document.querySelector(".button1");

const delay1 = sec => { return new Promise(
   resolve => setTimeout(resolve, sec * 1000)
)};
```

```
function countToFive1() {
   counter1.textContent = "1";
   delay1(1);
   counter1.textContent = "2";
   delay1(3);
   counter1.textContent = "5";
}
document.querySelector(".button1").addEventListener
   ("click", () => {countToFive1()});
```

Der zweite Zähler mit den Aufrufen von `async` und `await` ist genauso linear geschrieben wie die erste Fassung. Der Unterschied liegt in `await delay()`. Statt mit der nächsten Zeile fortzufahren, wartet das Skript mit `await` auf die Ausführung des Requests und führt erst dann die nächste Anweisung aus.

```
const counter2 = document.querySelector(".counter2");
const button2 = document.querySelector(".button2");

const delay2 = sec => {
   return new Promise(
      resolve => setTimeout(resolve, sec * 1000))
};

async function countToFive2() {
   counter2.textContent = "1";
   await delay2(1);
   counter2.textContent = "2";
   await delay2(3);
   counter2.textContent = "5";
}

document.querySelector(".button2").addEventListener
   ("click", () => { countToFive2() });
```

13.5.2 async/await

`fetch()` ist wie `setTimeout()` von Haus aus asynchron. Was nach dem Aufruf von `fetch()` folgt, zögert nicht und spring sofort an.

```
const response = fetch("https://api.com/values");
const json = response.json();
console.log(json);
```

Also funktioniert dieses Skript genauso wenig wie der erste Zähler.

`fetch()` mit folgenden `then` funktioniert, liest sich aber nicht so intuitiv wie die vorangehende Fassung.

```
fetch("https://api.com/values")
    .then(response => response.json())
    .then(json => console.log(json));
```

Dafür steht heute in den modernen Browsern `async/await` zur Verfügung. `async/await` ist besser lesbar und einfacher nachvollziehbar als Code mit Promises. Dabei erzeugen `async` und `await` unter der Oberfläche ebenfalls Promises.

`async` als Teil der Deklaration einer Funktion gibt an, dass der Code asynchron ausgeführt werden soll. `await` vor einer Anweisung verspricht, dass die Funktion anhält und auf das Ergebnis wartet, bevor die Ausführung fortgesetzt wird.

```
async function fetchProducts() {
    const products = "https://dummyjson.com/products/";
    const response = await fetch(products);   ←┐
    const data = await response.json();       ←┘ 2 x await
    console.log(data);                            statt then!
}

fetchProducts();
```

Also: `async` vor die Deklaration der Funktion setzen und `then()` durch `await` ersetzen. Wo vorher ein `.then()` in langen Ketten stand, haben wir jetzt ein `await` in einfachen Anweisungen. Im Grunde genommen ist es egal, ob wir `then()` oder `async/await` einsetzen, denn `async/await` ist nur eine andere Schreibweise.

13.5.3 async/await als Arrow-Funktion

Arrow-Funktionen lassen sich mit `async/await` ebenfalls einsetzen, aber die Schreibweise ändert sich.

```
const fetchProducts = async() => {
   const products = "https://dummyjson.com/products/";
   const response = await fetch(products);
   const data = await response.json();
   console.log(data);
}

fetchProducts();
```

14 Window, Cookies und die Web-APIs

14.1 Grundsätzliches zum Window-Objekt

Das HTML-`body`-Tag erzeugt automatisch ein Window-Objekt in JavaScript. Im Window-Objekt liegen Methoden und Funktionen wie Cookies und der Browser-Speicher, Geolocation (Ortsinformationen), das Browserfenster sowie die Adresse der aktuellen Seite.

Obwohl sich JavaScript überwiegend um das Document Object Model dreht, ist das Window-Objekt das alles umfassende Objekt. Tatsächlich ist `document` ein Unterobjekt des Window-Objekts.

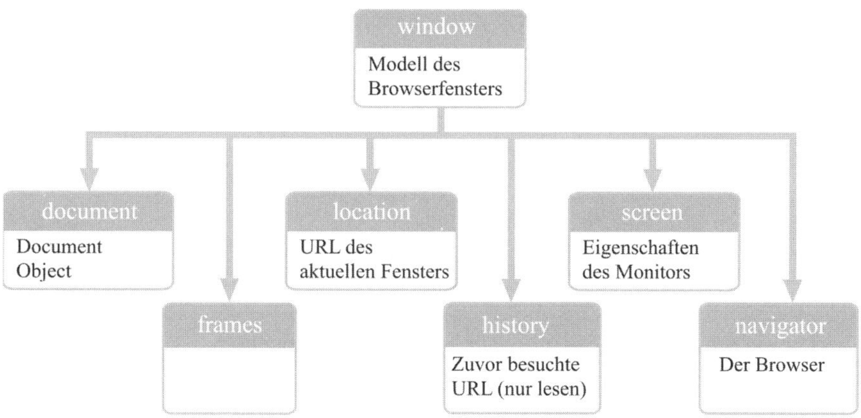

Abb. 14.1: Unterobjekte des Window-Objekts: Das frames-Objekt ist heute veraltet, history kann auf den Verlauf des Browsers zugreifen, screen wird dank CSS-Media-Queries kaum noch gebraucht.

JavaScripts `window` greift auf das Browserfenster mit Breite und Höhe des Viewports, auf Events und Timer und auf das API zur URL (Uniform Resource Locator) und Geolocation zu. Die Eigenschaften des Window-Objekts geben Aufschluss über Breite und Höhe des Browserfensters, seine Methoden steuern Animationen, Window-Ereignisse wie `onload` prüfen, ob das Dokument und alle Ressourcen geladen sind.

14.1.1 URL der Webseite

Die einfachste Methode für den Zugriff auf die vollständige URL der Webseite ist `window.location`.

```
const myURL = window.location;
console.log("myURL", myURL);
```

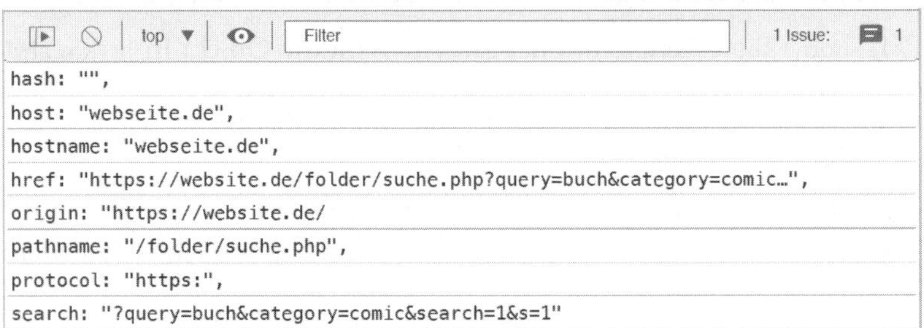

Sowohl `window.location` als auch `document.location` liefern die URL. Alle Eigenschaften von `window.location` sind Strings, die Komponenten der URL darstellen. Die URL hat diese generelle Form:

```
            origin
     ┌─────────┴──────────┐
     ▼                    ▼
<protocol>//<host>[:<port>]/<pathname>[<hash>][<search>]
     ▲         ▲                 ▲                ▲
     |         |                 |       ┌────────┘
 https://website.de/folder/suche.php?query=buch& …
```

Aus diesen Teilen setzt sich eine URL zusammen:

`protocol`	Protokoll mitsamt dem ersten Doppelpunkt – z.B. `http:`, `https:` oder `file:` (wenn die Webseite lokal gespeichert ist)
`host`	String aus Hostname und Portnummer `localhost:5000`. Die Portnummer ist optional und wird z.B. benötigt, wenn ein Server auf dem lokalen Rechner angesprochen wird
`port`	Portnummer für die Kommunikation mit dem Server (Port 80 für http und Port 443 für https sind Standardports für das jeweilige Protokoll und werden der Benutzerfreundlichkeit zuliebe ausgeblendet)
`pathname`	Teilstring der URL, Pfadnamen zu einer Ressource
`hash`	String für einen Anker, der mit einem Hash-Zeichen beginnt `let anker = window.location.hash;`
`hostname`	Name des Servers, der Subdomain, Domainname oder IP-Adresse
`href`	String mit der vollständigen URL
`origin`	Komfort-String mit Protokoll, Hostname und Portnummer der URL
`search`	Ein String, der mit einem Fragezeichen beginnt (z.B. in Antworten von einer Anwendung auf dem Server nach einer Anfrage mit GET)

Während `window.location` in allen Browsern sowohl gelesen also auch geschrieben werden kann, hatte `document.location` zunächst nur lesenden Zugriff. Heute können die modernen Browser `document.location` zwar auch neu schreiben, aber der Cross-Browser-Sicherheit zuliebe sollte man `window.location` vorziehen.

14.1.2 URL mit window.location umleiten bzw. neu laden

Die Zuweisung einer URL zum location-Objekt veranlasst den Browser, sofort zur angegebenen URL zu navigieren. Neben `location.href = url` gibt es auch `location.assign(url)`, um mit JavaScript auf eine andere Webseite weiterzuleiten. Der Aufruf einer Funktion anstelle der Zuweisung einer neuen Adresse könnte um einen Hauch langsamer sein, aber ansonsten wird `location.assign` genauso gut funktionieren wie `location.href`.

14.1.3 Zugriff auf die Elemente der URL

Manchmal braucht man nur das letzte Segment der URL der aktuellen Seite. Den URL-String mit `split("/")` (siehe Abschnitt 4.8) in ein Array umwandeln. `array.pop()` liefert das letzte Element des Arrays (siehe Abschnitt 8.2).

14.2 Das Window-Objekt und das Navigator-Objekt

Einige Web APIs haben Sie bereits kennengelernt: das fetch-API und `requestAnimationFrame`. Web APIs erweitern die Funktionalität der Browser und vereinfachen komplexe Funktionen.

`window.navigator` liefert Informationen über das System und den Browser des Benutzers. Dazu gehören Geolocation, `cookieEnabled` (ob Cookies beim Besucher aktiviert sind), das Clipboard zum Kopieren von Texten, ob die Seite online besucht wird oder im Cache liegt, die eingestellte Sprache mit `language` und Informationen zum Browser selbst.

14.2.1 navigator.geolocation

Geolocation ist die Basis für die Positionsbestimmung in mobilen Apps und unterliegt besonderen Vorkehrungen zur Wahrung der Privatsphäre: Bevor der Browser die Daten herausgibt, fragt er den Benutzer um Erlaubnis. Am Desktop-Rechner liefert die Geolocation die regionalen Wetterseiten und setzt einen Marker in Karten.

Auf unverschlüsselten Seiten (HTTP) liefert Geolocation keine Daten.

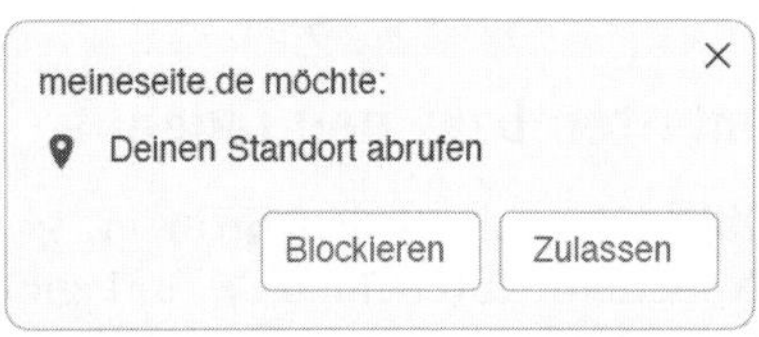

Abb. 14.2: Abfrage nach dem Standort

Wenn der Benutzer die Auskunft verweigert, kommt eine Fehlermeldung zurück.

`geolocation.getCurrentPosition()` hat drei Argumente: `success`, `error` und `options`. `success` und `error` sind Callback-Funktionen, `options` ist ein Objekt.

```
function geoSuccess(position) {
   console.log(position);
}

function geoError(error) {
   console.log(`Fehler: ${error.code} : ${error.message}`);
}

const options = {
   enableHighAccuracy: true, // GPS nutzen, falls verfügbar
   timeout: 5000, // Wartezeit
   maximumAge: 0 // Keine Position aus dem Cache
}

navigator.geolocation.getCurrentPosition(geoSuccess,
                                         geoError,
                                         options);
```

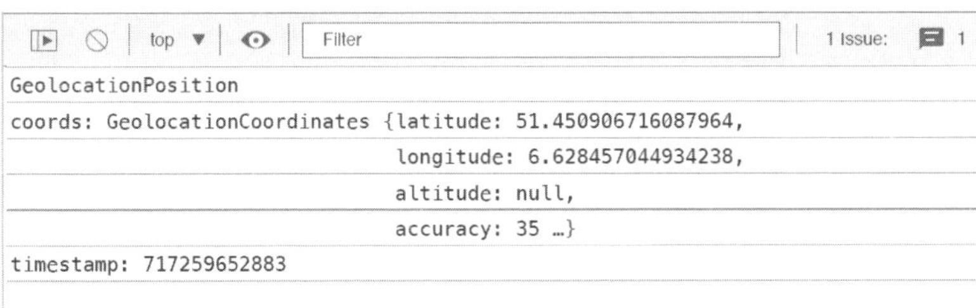

Die optionalen Optionen sind:

`maximumAge`	Maximale Zeit in Millisekunden, in der die Position aus dem Cache akzeptabel ist.
`timeout`	Maximale Zeit in Millisekunden, in der die Position geliefert werden muss.
`enableHighAccuracy`	Ein Boole'scher Wert: Bei `true` soll das Gerät eine höhere Präzision nutzen, falls möglich.

14.2.2 Position überwachen: geolocation.watchPosition() und clearWatch

`watchPosition()` feuert, um automatisch Positionsänderungen zu melden, etwa wenn eine Fahrradtour ihr Ziel erreicht hat.

Das Skript ändert sich nur wenig:

```
const ziel = {
   latitude: 51.44238270,
   longitude: 6.55372590
}
function watchPosition(position) {
   const coords = position.coords;
   if (ziel.latitude === coords.latitude &&
       ziel.longitude === coords.longitude) {
      console.log("Ziel erreicht");
   }
}

function watchError(error) {
   console.log(`Fehler: ${error.code} - ${error.message}`);
}

const watchOptions = {
   enableHighAccuracy: true, // GPS nutzen, falls verfügbar
   timeout: 5000, // Wartezeit
   maximumAge: 0 // Keine Position aus dem Cache
}

geolocation.getCurrentPosition(watchPosition,
                               watchError,
                               watchOptions);
```

Der Aufruf von `clearWatch` cancelt einen vorangegangenen Aufruf von `watchPosition`.

14.2.3 JavaScript-Library »Leaflet« – Geolocation für Karten nutzen

Leaflet ist eine Sammlung von Open-Source-Skripten, die das Einsetzen von Markern in Karten vereinfachen. Die Library kann entweder über ein CDN

(Content Delivery Network) geladen oder auf den eigenen Webspace kopiert werden.

Auf der Startseite *https://leafletjs.com* zeigt Leaflet ein Beispiel, das für den ersten Test so übernommen werden kann. Das Beispiel braucht ein HTML-div-Element mit `id="map"`. Etwas CSS zum Element (`width` und `height`), und schon zeigt die Testseite einen Ort in London.

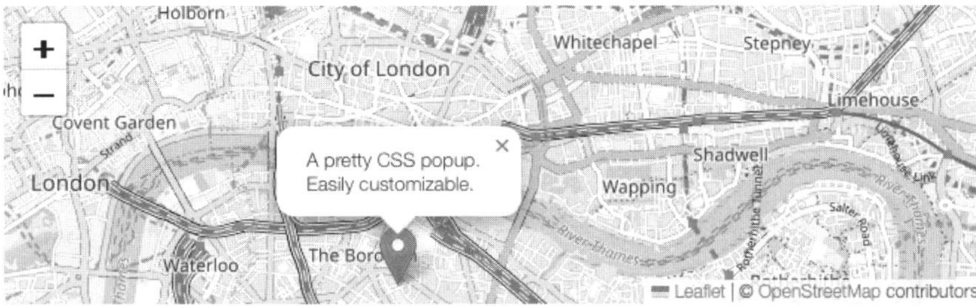


```
const map = L.map("map").setView([51.505, -0.09], 13);
```

Das große `L` ist das Leaflet-Objekt, die Leaflet-Methode `setView()` setzt die Karte auf den Ort mit der Longitude und Latitude sowie einen Zoomfaktor.

`L.tileLayer()` holt die Kacheln einer Karte – hier von OpenStreetMap. Karten wie OpenStreetMap und auch Google Maps sind in Kacheln eingeteilt, um die Ladezeit in Grenzen zu halten.

```
L.tileLayer('https://tile.openstreetmap.org/{z}/{x}/{y}.png', {
   attribution: `©
      <a href="https://www.openstreetmap.org/copyright">
         OpenStreetMap</a> contributors`
}).addTo(myMap);
```

Am Ende setzt `L.marker()` den Marker auf den Ort.

```
L.marker([51.5, -0.09]).addTo(map)
    .bindPopup('A pretty CSS popup.<br> Easily customizable.')
    .openPopup();
```

14.2.4 Die eigene Position einsetzen

Jedes API hat seine eigene Struktur. Das Leaflet-API bietet Entwicklern Methoden wie `setView()` und `addTo()`.

Um die eigene Position bzw. die Position eines Nutzers in der Karte anzuzeigen, beginnt das Skript mit der gleichen Anweisung wie das Leaflet-Beispiel, nur mit `setView([0, 0])`.

```
const myMap = L.map('myLeafletMap').setView([0, 0], 0);
```

`L.tileLayer` können Sie ohne Änderung übernehmen.

```
L.tileLayer('https://tile.openstreetmap.org/{z}/{x}/{y}.png', {
   attribution: `©
       <a href="https://www.openstreetmap.org/copyright">
          OpenStreetMap</a> contributors`
}).addTo(myMap);
```

Mit dem Zoomfaktor 0 zeigt die Karte die ganze Welt in einem Streifen. `myMarker` deklariert den Marker und setzt ihn vorab auf die Position 0,0.

```
const myMarker = L.marker([0,0]).addTo(myMap);

function location(position) {
     const lat = position.coords.latitude;
     const lng = position.coords.longitude;
     myMarker.setLatLng([lat, lng]).update();
     myMap.setView([lat, lng], 10);
}
navigator.geolocation.getCurrentPosition(location);
```

`getCurrentPosition()` ruft die Funktion `location()` auf, die Latitude und Longitude aus der Eigenschaft `coords` liest. Das sind die Werte, die `L.marker()` mit der Leaflet-Methode `update()` überschreibt.

Am Ende setzt `setView()` die Position des Markers in die Mitte der Karte und den Zoomfaktor auf 10.

Das vollständige Skript finden Sie mit OpenStreetMap und Cookie-Abfrage in den Downloads zum Buch unter `sandbox/cookies/index.html`.

14.2.5 Karte und DSGVO – Privatsphäre

Jedes Mal, wenn ein Besucher die Seite mit der Karte besucht, wird die Karte von einem Kartenserver geladen und die IP des Besuchers wird geloggt. Ohne einen Hinweis auf die Weitergabe der Daten an den Kartenserver ist das ein Verstoß gegen die DSGVO (Datenschutz-Grundverordnung).

Die CSS-Datei und das Leaflet-Skript können Sie auf den eigenen Webspace laden, die Kacheln der Karte allerdings nicht. Vor dem Einspielen der Karte brauchen wir einen Hinweis, und damit der Nutzer nicht bei jedem Besuch erneut zustimmen muss, müssen Sie Cookies (siehe Abschnitt 14.5) einsetzen.

14.3 IntersectionObserver – Überwachung des sichtbaren Bereichs der Webseite

14.3.1 Wenn ein Element in den sichtbaren Bereich gescrollt wird

Das Intersection Observer API beobachtet, ob und wie weit sich ein Element mit dem Viewport – dem aktuell sichtbaren Ausschnitt der Webseite – überschneidet. Mit diesen Informationen startet JavaScript Animationen, lädt Dateien, Videos oder iframes, wenn Elemente im Browserfenster sichtbar werden.

Abb. 14.3: Wann kommt die CSS-Animation in den sichtbaren Ausschnitt des Browserfensters?

So starten Animationen auf dem Punkt, die Seite ist schneller aufgebaut und ein Datentransfer, der unter Umständen nicht benötigt wird, findet gar nicht erst statt.

14.3.2 Syntax des Intersection Observer

Der Aufruf `new IntersectionObserver()` hat zwei Argumente:

- Das erste Argument ist eine Callback-Funktion, die ausgeführt wird, sobald ein Element in den Viewport kommt oder wenn sich der Abstand zwischen Elementen um einen gewissen Betrag geändert hat.
- Das zweite Argument ist die Liste der Optionen für den Intersection Observer.

```
                  Callback-Funktion  ──────┐
                                           │
                                           ▼
const io = new IntersectionObserver(callback, options);
                                                 ▲
                                                 │
                                Optionen  ───────┘
```

14.3.3 Optionen des Intersection Observer

Entsprechend den vorgegebenen Optionen ruft der Intersection Observer die Callback-Funktion auf, wenn ein Element teilweise in den Viewport kommt und den Viewport verlässt. Das Observer API arbeitet nicht mit einem Pixelwert für das Überschneiden der Elemente, sondern reagiert, wenn die Überschneidung »so irgendwie« bei dem angegebenen Prozentsatz des `threshold` liegt.

Diese Optionen stehen zur Verfügung:

- **`root`**

  Das Eltern-Element oder der Viewport, in dem das Element liegt. `null` steht für den Viewport des Browsers.

- **`threshold`**

  ist ein Wert oder ein Array von Werten zwischen 0 und 1, bei denen der Intersection Observer die Callback-Funktion ausführt. Das ist der Anteil, zu dem das Element sichtbar sein soll, bevor `isIntersecting` zu `true` wird. Beim Default-Wert 0 wird eine Überschneidung sofort anerkannt.

- **`rootMargin`**

  Beim Umfang des Überschneidungsbereichs zum root-Element wird ein Abstand eingerechnet, ähnlich dem `margin` bei CSS.

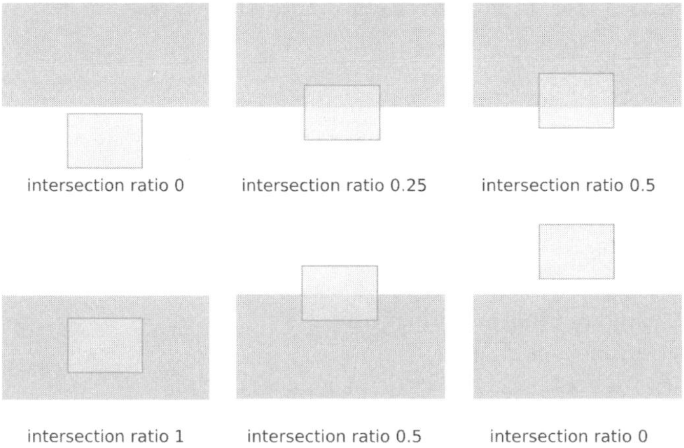

Abb. 14.4: Das Element bewegt sich von unten nach oben.

14.3.4 CSS-Animation mit Intersection Observer starten

Die Animation im folgenden Beispiel beginnt, wenn 150 Pixel des Elements im Browserfenster sichtbar sind. Sie vergrößert das Bild im sichtbaren Ausschnitt und setzt die Größe zurück, wenn das Element aus dem Viewport hinausläuft.

Abb. 14.5: Ein Bild zoomen, wenn es in den sichtbaren Bereich der Webseite kommt

HTML:

```
<figure class="image-container">
   <div class="scaling"></div>
   <figcaption>CSS Transition und Transform Scale …</figcaption>
</figure>
```

JavaScript:

```
const scale = document.querySelectorAll(".scaling");
const options = {rootMargin: "-150px"};

const io = new IntersectionObserver(function(entries, observer)
{
   entries.forEach(function(entry) {
      if (entry.isIntersecting) {
         entry.target.classList.add("image-scaling");
      } else {
         entry.target.classList.remove("image-scaling");
      }
   });
}, options);

scale.forEach(function(scale) {
   io.observe(scale);
});
```

`const options = {rootMargin: "-150px"}` leitet den Effekt ein, wenn ungefähr 150 Pixel des Bilds im sichtbaren Browserausschnitt liegen. Die `forEach`-Schleife läuft über alle Elemente mit der CSS-Klasse `scaling`.

Bonusmaterial: Ein weiteres Beispiel für den Einsatz des Intersection Observer: `sandbox\async-intersection-observer\index.html`

14.3.5 Die Beobachtung beenden: unobserve()

Wenn das observierte Element nicht länger beobachtet werden soll – etwa weil die Animation nach Ablauf nicht erneut starten soll oder Dateien nicht erneut geladen werden sollen –, beendet die Methode `unobserve()` den Intersection Observer.

```
if (entry.isIntersecting) {
   loadFile(entry);
   observer.unobserve(entry.target);
}
```

14.4 Web Animations API

Das Web Animations API stellt die Methode `animate(keyframes, options)` zur Verfügung, die sich eng an CSS-Keyframes-Animation anlehnt. Der Aufruf von `animate()` setzt ein Array von CSS-Keyframes mit der Dauer und der Zahl der Wiederholungen ein. Damit überwindet JavaScript die Grenzen der CSS-Animationen.

CSS-Animationen wirken nur auf individuelle Elemente und erkennen keine Abhängigkeiten zwischen dem Verhalten einzelner Elemente. CSS kann nicht feststellen, ob eine Animation noch läuft oder beendet ist, also gibt es auch keine Option, um eine Animation anzustoßen, wenn eine andere Animation beendet ist.

14.4.1 JavaScript Animationen – animate()

Den klassischen JavaScript-Animationen bis hin zu `requestAnimationFrame()` fehlt wiederum das elegante Easing der CSS-Animationen. An dieser Stelle springt das Web Animations API (Application Programming Interface) ein. JavaScript `animate()` hat zwei Argumente: ein Array von Keyframes und die Optionen für die Steuerung der Animation.

```
                    ┌── JavaScript-Objekt mit Eigenschaften
                    │   wie Dauer, Iterationen, Verzögerung
                    ▼
animate(keyframes, options)
          ▲
          │
          └── Array von Keyframes
```

Das folgende Beispiel besteht aus einem dreifarbigen HTML-div-Element.

HTML:

```
<div class="wheel"></div>
```

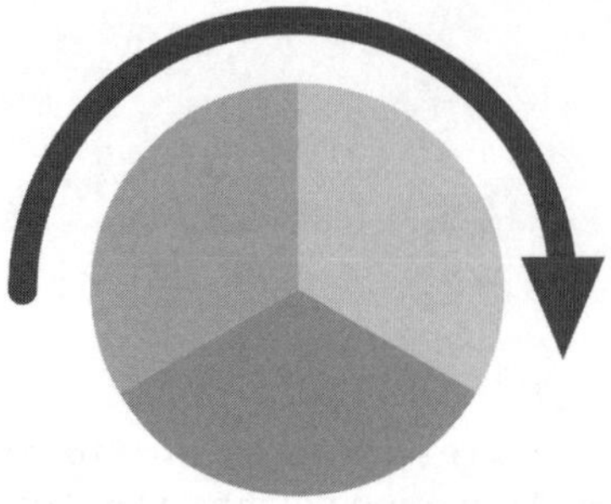

Abb. 14.6: Die Animation dreht das Rad um seine Mitte.

Die Animation »rad« lässt sich mit CSS-Keyframes einfach aufsetzen:

CSS:

```
#wheel {
   animation: rad 2s infinite;
}

@keyframes rad {
   from { transform: rotate(0deg) }
   to { transform: rotate(360deg) }
}
```

Und so setzt JavaScript dieselbe Animation um:

```
const wheel = document.querySelector(".wheel").animate (
   [                                       ←┐
     { transform: "rotate(0deg)" },         |
     { transform: "rotate(360deg)" }        ├— Array der Keyframes
   ],                                      ←┘
   {                                      ←┐
      duration: 2000,                      |
      iterations: Infinity                 ├— Objekt mit Optionen
   }                                      ←┘
);
```

14.4.2 JavaScripts animate() vs. CSS-Animationen

An einigen Stellen müssen Sie sich beim Umschalten von CSS-Keyframes-Animationen auf JavaScripts `animate` an kleine Unterschiede gewöhnen.

	CSS	JavaScript
Dauer der Animation	Sekunden	Millisekunden
Eigenschaften	mit Bindestrichen	camelCase
Easing-Voreinstellung	ease-in	linear
Iteration	infinite	Infinity

14.4.3 JavaScript-Animationen steuern

Die meisten einfachen Animationen lassen sich ebenso gut mit CSS wie mit JavaScript steuern. Die Animation von komplexen Objekten und Abläufen ist hingegen in der Kombination von JavaScript und CSS besser aufgehoben. Hinzu kommt, dass die Animation auf Knopfdruck – mit `elem.pause()` – pausiert und der Benutzer Optionen wie die Ablaufgeschwindigkeit mit `playbackRate` steuern kann. So entsteht die Basis für Spiele oder einen Trickfilm.

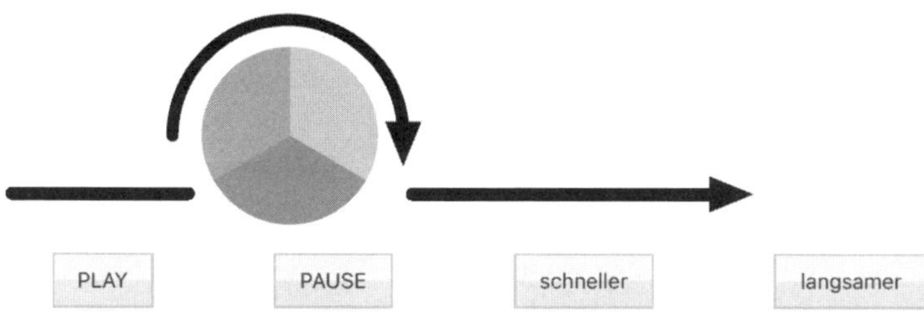


```
<div class="cardo">
   <div id="ballo"></div>
</div>
```

`elem.pause()` und `elem.playbackRate()` sind so einfach, dass sie ausnahmsweise direkt im HTML-Element als onclick-Attribut sitzen (siehe Abschnitt 11.1).

```
<div class="columns">
   <button class="btn" onclick="ballo.play()">PLAY</button>
   <button class="btn" onclick="ballo.pause()">PAUSE</button>
   <button class="btn"
     onclick="ballo.playbackRate += 0.2">schneller</button>
   <button class="btn"
     onclick="ballo.playbackRate -= 0.2">langsamer</button>
</div>
```

Das folgende Skript berechnet die Laufstrecke und den Kreisumfang, um die Animation an die Laufstrecke anzupassen. Ein kleines Extra, das mit CSS nicht zu bewältigen wäre.

```
const width = document.querySelector(".cardo").offsetWidth;
const elemWidth = document.querySelector("#ballo").offsetWidth;
const circumfence = elemWidth * Math.PI;
let umdrehungen = parseInt(width / circumfence);
const duration = width * 10;
const rotate = duration/1000 /umdrehungen;

const ballo = document.querySelector("#ballo").animate(
  [
    { transform: "translateX(0) rotate(0deg)",
                 easing: "ease-in"},
    { transform: `translateX(${width - elemWidth}px)
                 rotate(${umdrehungen * 360}deg)`},
    { transform: "translateX(0) rotate(0deg)",
                 easing: "ease-out"}
  ],
  {
    duration: duration,
    iterations: Infinity
  }
);
```

Ein weiterer Vorteil von JavaScript `animate()` gegenüber CSS-Animationen: Die JavaScript-Konsole meldet Typos und Fehler. Das Debugging der Abläufe in der Browser-Konsole ist ein weiterer Pluspunkt. Fehlersuche im CSS hingegen fördert Nägelkauen und Frust.

14.4.4 finished.then() – Animation in Serie schalten

Die Eigenschaft `.finished` einer Animation gibt ein Promise zurück, das auslöst, sobald die Animation abgelaufen ist. Das ist ein Signal für das Skript, eine weitere Animation zu starten.

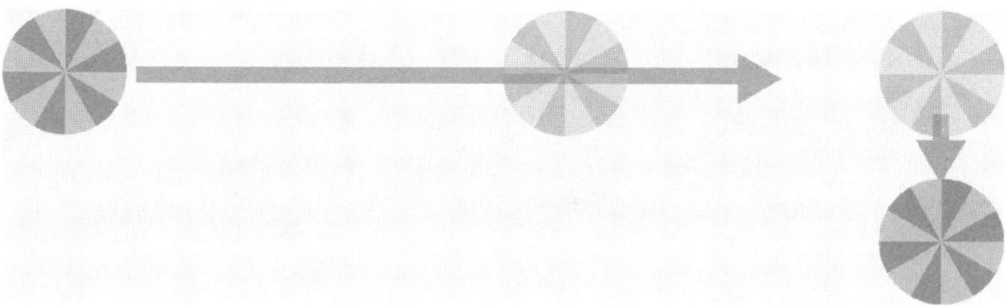

Abb. 14.7: Animationen mit finished.then verbinden

Die Turbine »fährt« im Element mit der id »schiene« von links nach rechts, wartet eine halbe Sekunde (`delay`: 500), die Schiene bewegt sich nach unten, und wenn die Animation der Schiene abgelaufen ist, rotiert die Turbine wieder.

HTML:

```
<div id="canvas">
   <div id="schiene">
      <div id="turbine"></div>
   </div>
</div>
```

JavaScript:

```
const schiene = document.querySelector("#schiene");
const turbine = document.querySelector("#turbine");

turbine.animate(
   [ {transform: "rotate(180deg)"} ],
   { duration: 1000, fill: "both", easing: "ease-in-out" }
)
```

```
schiene.animate(
    [ { transform: "translate(calc(100% - 75px), 0)" } ],
    { duration: 1000, fill: "both", easing: "ease-in-out" }
).finished.then (() => {
    schiene.animate(
        [ {transform: "translate(calc(100% - 75px), 100px)"} ],
        { delay: 500, fill:" both", duration: 2000 }
    ).finished.then (() => {
        turbine.animate(
            [ {transform: "rotate(-180deg)"} ],
            { duration: 1000, fill: "both", easing: "ease-in-out" }
        )
        // und weitere Animationen starten
    })
});
```

Das ist also der große Schritt für CSS-Animationen mit dem Web Animations API: Das Skript verkettet Animationen mit `finished.then`.

14.5 Cookies – Gedächtnis für Webseiten

Desktop-Anwendungen wie Word oder Photoshop erinnern sich, welches Dokument zuletzt geöffnet war, wo welche Werkzeugleisten saßen und welche Schrift Sie am liebsten benutzen.

Das HTTP-Protokoll hingegen ist zustandslos und hat kein Gedächtnis. Auch wenn Sie zum zweiten oder hundertsten Mal auf eine Webseite kommen, erinnert sich die HTML-Seite nicht an Sie. Niemals würde sich der eigene Blog merken, ob der Benutzer angemeldet ist und lieber ohne grafischen Editor arbeitet.

Cookies bilden das Gedächtnis für Anwendungen: für das Nutzerverhalten, Warenkörbe und individuelle Einstellungen. Cookies speichern bis zu 4 KB, und entsprechend der Spezifikation RFC 6265 (April 2011) soll ein Browser bis zu 3000 Cookies speichern. Dieser letzte Punkt ist ein wichtiger Hinweis: Cookies werden im Browser des Benutzers gespeichert!

Die Anwendung auf dem Server erzeugt die sicherheitsrelevanten Cookies für ein Login, den Warenkorb und die persönlichen Informationen zum Benutzer mit einer httpOnly-Option und lässt JavaScript nicht an diese Cookies rühren.

JavaScript-Cookies kommen zum Zuge, wenn Daten zurückgehalten werden müssen, bis der Benutzer eine bestimmte Aktion durchführt, z.B. der Anzeige einer Karte (siehe Abschnitt 14.2) zustimmt. Daten, die ohne Zustimmung nicht angezeigt werden dürfen, werden gar nicht erst geladen. Erst nach der Zustimmung lädt JavaScript die Karte und merkt sich die Zustimmung für eine bestimmte Zeit, z.B. für 14 Tage.

```
<?php
setcookie("identifier",$identifier,time()+(3600*24*365));
setcookie("securitytoken",$securitytoken,time()+(3600*24*365));
...
?>
```

14.5.1 Cookies setzen, ändern und löschen

`document.cookies` ändert und löscht Cookies. `document.cookie` ist aber keine Eigenschaft, sondern greift lesend oder schreibend auf Cookies zu. Diese Zugriffe bezeichnet man als Getter bzw. Setter.

```
document.cookie = `theme=blue twenty;          // Name / Wert
                  background=dark;             // Name / Wert
                  max-age=86400;               // max. Haltbarkeit
                  path=www.meineseite.de;`;    // Cookie-Domain
```

Cookies sehen aus wie Strings, sind aber Paare aus einem Schlüssel oder Namen und einem Wert, die im Browser des Besuchers gespeichert werden. Wenn Sie die Seite später erneut besuchen, liest JavaScript im Cookie nach, welches Theme gerade eingestellt ist und ob ein dunkler Hintergrund aktiviert wurde.

Abb. 14.8: Die Entwickler-Werkzeuge in Firefox zeigen Cookies unter »Web-Speicher«, in der Safari-Konsole unter »Speicher« und in Chrome unter »Application/Storage«.

In der Konsole sehen Sie unter »Speicher« auch `SessionStorage`, `LocalStorage` und `indexedDB`. Das ist ebenfalls Speicher für Informationen im Browser des Benutzers, aber mit mehr Möglichkeiten und einem größeren Volumen als Cookies.

14.5.2 Aufbau und Format von Cookies

Jedes Paar aus Name und Wert ist ein Cookie für sich. Ein Semikolon trennt die Paare voneinander.

```
cookie1=wert1; cookie2=wert2;
```

Jeder schreibende Zugriff auf `document.cookies` ändert nur die aufgeführten Cookies, ohne andere Cookies anzurühren.

```
document.cookie = `theme=Rhododendron;`;
```

Korrekt formatierte Namen und Werte bestehen nur aus den Buchstaben des Alphabets, Ziffern und einer Handvoll Sonderzeichen.

`encodeURIComponent` codiert alle Umlaute, Leerzeichen, Semikolons und Hochkommas, bevor das Skript das Cookie speichert. Der Begriff für dieses Konvertieren oder Codieren ist »escape«.

Ein Leerzeichen wird dabei z.B. zu %20 und das Semikolon zu %3B.

```
const username = encodeURIComponent("Aysegül Çiçek");
document.cookie = `user=${username};`;
```

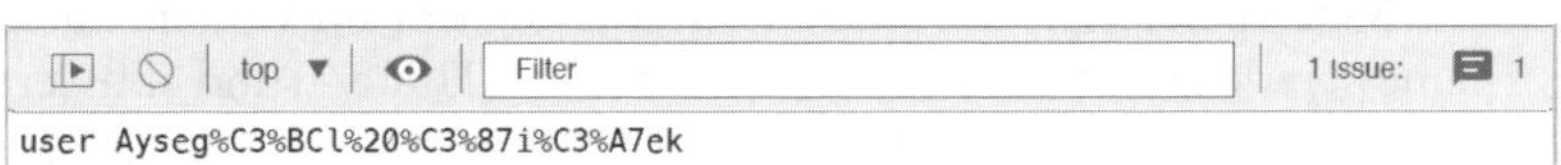

14.5.3 Cookie-Optionen

Die Optionen des Cookies setzen ein Ablaufdatum und bestimmen sowohl die Domain als auch, für welche URLs das Cookie gilt.

- **`comment`** (optional)

  kann den Benutzer über die Nutzung des Cookies aufklären.

- **`domain`** (optional)

  Der Domainname der Webseite. Ein Cookie für die Subdomain `blog.myhome.me` gilt nur in der Subdomain. Der Name der Domain braucht mindestens zwei Punkte. Damit ein Cookie für alle Subdomains gilt, beginnt der Name mit einem Punkt: `domain=.myhome.me`.

- **`HttpOnly`**

  gibt an, dass das Cookie nicht für JavaScript zur Verfügung steht und unsichtbar bleibt. HttpOnly wird in der HTTP Response gesetzt, also serverseitig. Wenn dynamische Werte erforderlich sind, leitet JavaScript einen Request an den Server.

- **`max-age`**

  Die Geltungsdauer des Cookies (ersetzt das veraltete `expires`). Ohne die Geltungsdauer (in Sekunden, z.B. 60*60*24*3 = 3 Tage) läuft das Cookie ab, sobald der Besucher den Browser schließt.

- **`path`**

  Der Pfad zur Seite, die das Cookie setzt. Normalerweise gelten Cookies für Webseiten im aktuellen Verzeichnis und in deren Unterverzeichnissen. Ein Cookie, das von `myhome.me/archiv/page.html` gesetzt wird, gilt also auch für `myhome.me/archiv/andereseite.html` und für `myhome.me/archiv/daily/hierauch.html`, aber nicht für `myhome.me/tags/hiernicht.html`. Wenn der Pfad nicht gesetzt wird oder path=/, kann das Cookie von jeder URL der Seite gelesen werden.

- **`secure`**

  Wenn der Wert den String `secure` enthält, kann das Cookie nur von einem sicheren Server (über HTTPS) gelesen werden. Bleibt das Flag leer, gibt es keine Einschränkung.

- **`version`** (dezimal, ganzzahlig)

  Version der Cookie-Spezifikation (version=1)

- **`expires`**

  Das alte Format des Ablaufdatums ist überflüssig, wird aber noch von allen Browsern unterstützt. Anstelle von `expires` tritt das einfachere `max-age`.

14.5.4 Cookies auslesen

Das Setzen eines Cookies ist einfach, das Auslesen fällt deutlich aufwendiger aus. Man merkt der Cookie-Syntax an, wie alt diese Technik ist (1997!) – zwar nicht besonders kompliziert, aber angestaubt.

Es gibt keine Methode, ein einzelnes Cookie zu isolieren. Beim Auslesen verhält sich `document.cookie` wie ein String und gibt eine durch Semikolons getrennte Liste aller Cookies des aktuellen Dokuments zurück. Nur eine Suche im Cookie-String bringt einen bestimmten Cookie-Wert zutage.

```
function getCookie(name) {
   const matches = document.cookie.match(new RegExp(
      "(?:^|; )"
      + name.replace(/([\.$?*|{}\(\)\[\]\\\/\+^])/g, '\\$1')
      + "=([^;]*)"
   ));
   return matches ? decodeURIComponent(matches[1]) : undefined;
}

const user = getCookie("user");
console.log("user", user);
```

Die Funktion `getCookie` sucht nach einem Cookie mit einem bestimmten Namen, hier z.B. nach dem Cookie `"user"`. Was aussieht, als wäre die Katze über die Tastatur gelaufen, ist ein regulärer Ausdruck (siehe Abschnitt 4.10).

Vor der Rückgabe muss der String mit `decodeURIComponent()` decodiert – entschlüsselt – werden.

14.6 Übung: Cookies für Leaflet-Kartenposition

Das Navigator-Objekt (Abschnitt 14.2) weist darauf hin, dass die Karte aufgrund der DSGVO nicht ohne Genehmigung des Benutzers geladen werden darf. Das Skript muss den Benutzer darüber unterrichten, dass die Karte ein Element von einem externen Kartenserver (OpenStreetMap) lädt und dabei Informationen über den Benutzer zu diesem Server überträgt.

Legen Sie eine Anfrage an, in der Sie den Benutzer darüber informieren und ihn bestätigen lassen, dass er mit dieser Übertragung einverstanden ist. Erzeugen Sie ein Cookie für die Bestätigung und laden Sie alle Ressourcen der Karte erst, wenn die Erlaubnis vorliegt.

Vollständiges HTML, CSS und Skript: `sandbox/cookies/index.html`

14.7 Web Storage – Speicher im Browser

Web Storage ist ein Sammelbegriff für Techniken, die Informationen im Browser des Benutzers speichern und Alternativen zu Cookies darstellen. Local Storage und Session Storage ändern und löschen Daten, auch wenn die Anwendung offline ausgeführt wird. Das garantiert eine schnellere Verarbeitung und erleichtert die Programmierung von browserbasierten Anwendungen, denn sie stellen einen größeren und zuverlässigeren Speicher in Browser zur Verfügung.

	Local Storage	Session Storage	Cookies
Nutzlast	5–10 MB	5–10 MB	Mindestens 4 KB
Max. Lebenszeit	Praktisch unbegrenzt	Bis die Seite geschlossen wird	Praktisch unbegrenzt
Geltungsbereich	Alle Browserfenster/Tabs	Ein individuelles Browserfenster/Tab	Alle Browserfenster/Tabs
Löschen	Wird nur von JavaScript oder beim Löschen des Browser-Cache gelöscht	Wird beim Schließen des Browserfensters automatisch gelöscht	Haltbarkeitsdatum wird bei der Erzeugung des Cookies festgelegt

Um größere Datenmengen zu speichern, legen die Browser eine SQLite-Datei in einem Unterverzeichnis des Benutzers an.

14.7.1 Session Storage vs. Local Storage

Im Grunde genommen ist die Lebenszeit von Session Storage und Local Storage der gravierende Unterschied zwischen beiden Techniken. Session Storage gilt nur im aktuellen Browserfenster bzw. Tab und hält nur, bis das Browserfenster bzw. das Tab geschlossen wird. Local Storage erhält den Kontext, bis der Browser alten Speicher zugunsten neuer Daten freigibt oder der Benutzer den Browser-Cache löscht.

Local Storage wird etwa für Informationen verwendet, die nicht privater Natur sind, z.B. Einstellungen zum Erscheinungsbild der Seite wie Farben, Hintergrund und Sprache.

Wenn sensible Daten verarbeitet werden – etwa bei einem Einkaufswagen – kommt Session Storage zur Anwendung. Der Browser löscht diese Daten, sobald die Seite geschlossen wird.

Beide Speichertypen arbeiten mit einfachen Schlüssel-/Wertpaaren und kennen weder Objekte noch Arrays.

- **`localStorage.setItem(key, value)`**
  `sessionStorage.setItem(key, value)`

  erzeugt einen Eintrag oder überschreibt den Eintrag ohne Warnung, wenn der `key` bereits existiert
- **`localStorage.getItem(key)`**
  `sessionStorage.getItem(key)`

  gibt den Wert des Schlüssels oder `null` zurück, wenn der `key` nicht existiert
- **`localStorage.removeItem(key)`**
  `sessionStorage.removeItem(key)`

  löscht einen Eintrag
- **`localStorage.clear()`**
  `sessionStorage.clear()`

  löscht den Speicher

14.7.2 Beispiel: Lokaler Speicher für ein Theme

Für alle Liebhaber von Pastelltönen: Farbe der Überschriften ändern. Das Beispiel bietet dem Benutzer vier Farben. Bei jedem erneuten Laden der Seite gilt die Einstellung weiterhin und die Dauer der Farbeinstellung ist quasi unbegrenzt. Die Browser sind angehalten, den Speicher nur aus Sicherheitsgründen oder wenn der Benutzer die Daten löscht, freizugeben.

Die einfache Notation reicht schon zum Setzen des Keys (`cols` ist die Farbauswahl).

```
const cols = document.querySelectorAll(".col");

for (const item of cols) {
   item.addEventListener("click", function() {
```

```
        localStorage["favorite"] = this.style.backgroundColor;
        let h2 = document.querySelectorAll("h2");
        for (const h of h2) {
            h.setAttribute("style",
                "color:" + localStorage["favorite"]);
        }
    });
}
```

Während wir bei Cookies den Cookie-String in mühevoller Kleinarbeit auflösen müssen, halten `localStorage` und `sessionStorage` Schlüssel für den direkten Zugriff bereit. So ist das Auslesen des lokalen Speichers eine einfache Abfrage: Ist der Schlüssel `localStorage["favorite"]` ungleich `null`?

```
if (localStorage["favorite"] != null) {
    const h2 = document.querySelectorAll("h2");
    h2.forEach ((item) => {
        item.setAttribute("style",
            "color:" + localStorage["favorite"]);
    });
}
```

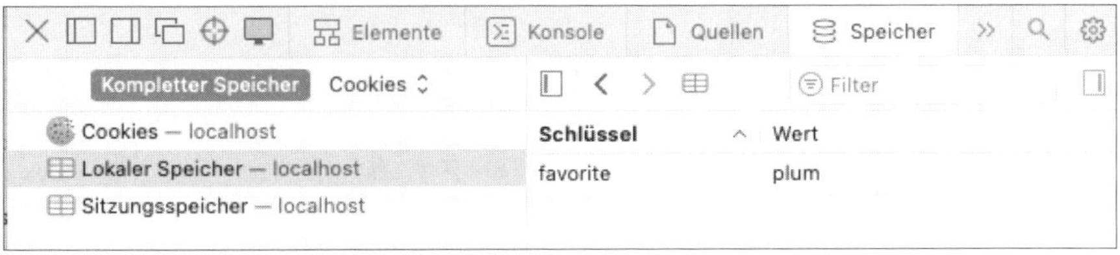

Abb. 14.9: Die Konsole in Safari zeigt Cookies, lokalen Speicher und Sitzungsspeicher unter `Speicher`. Google Chrome zeigt diese Informationen unter `Application`.

Ist einmal eine neue Farbe für die Überschriften auf dieser Seite gewählt, bleibt die Farbe, auch wenn das Browserfenster geschlossen und die Seite später noch einmal aufgerufen wird.

Um die Wirkung zu testen, markieren Sie mit einem Rechtsklick die Zeile LOKALER SPEICHER und wählen Sie dann `Löschen` im Kontextmenü.

14.8 Übung: Local Storage

Es ist nicht fair, den Benutzer für alle Zeiten auf dieser Farbeinstellung sitzen zu lassen. Fügen Sie eine Option hinzu, mit der ein Benutzer den Eintrag löschen kann. Das muss kein aufpoppender Overlay wie in der Übung zu Cookies sein, sondern in diesem Fall reicht ein einfacher Text.

Musterlösung: `sandbox/local-storage/index.html`

Anhang

Glossar

Die meisten Begriffe der Programmierung stammen naturgemäß aus dem Englischen und viele dieser Begriffe lassen sich nicht ohne Weiteres ins Deutsche übersetzen.

- **Rendern**

  Das Berechnen der Darstellung des Dokuments im Browser und die anschließende Ausgabe.

- **Camel Case**

  Für eine bessere Lesbarkeit nutzen JavaScript und JavaScript-Programmierer Großbuchstaben anstelle von Bindestrichen. `addEventListener`, `backgroundColor`, `masterCard`.

- **Parser**

  Der Parser zerlegt das Programm, analysiert und untersucht es und bringt unter Umständen die Anweisungen in eine bestimmte Reihenfolge.

- **Literal**

  Im Gegensatz zu einer Variablen wie `strg` ist ein Literal ein Wert wie `"Hallo Welt"` oder eine Zahl wie 7.

- **Hoisting**

  Das Anheben von globalen Variablen, die z.B. irgendwo auf Zeile 180 deklariert sind, an den Anfang des Skripts.

- **Deklaration**

  Die Vorstellung oder Einführung einer Variablen oder Funktion: `const x = 17`.

- **Interpreter**

  Der Interpreter führt den Code Zeile für Zeile aus, analysiert dabei die Zeile und setzt den Code in Maschinencode um. Das ist anders als bei einem Compiler, der den Code in einem Arbeitsschritt analysiert und übersetzt.

- **Scope**

  Variablen gelten für einen bestimmten Bereich des Programms, ihrem Scope. Wenn die Variablen mit `let` oder `const` deklariert wurden, gelten sie nur innerhalb der geschweiften Klammern, unter denen sie liegen.

- **Heap**

  JavaScript speichert Objekte in einem Heap – sozusagen ein Haufen von Eigenschaften und Methoden »auf einem Haufen«.

- **Stack**

  Der Speicher für einfache Variablen ist der Stack – ein Stapel, auf dem eine Variable nach der anderen gespeichert wird.

- **Single Threaded**

  JavaScript kann immer nur eine Zeile Code nach der anderen ausführen, eine parallele Verarbeitung gibt es nicht.

- **Instanz**

  In objektorientierten Sprachen bezeichnet man die Realisierung eines Objekts – z.B. durch `new formData(form)` – als Instanz. Man könnte anstelle von `Instanz` auch einfach »Vorkommen« sagen.

Error – Fehlermeldungen

- **[Error] Cannot access uninitialized variable**

  Eine Variable wurde benutzt, bevor sie deklariert wurde.

- **[Error] SyntaxError: Unexpected EOF**

  Entsteht meist bei fehlenden, überzähligen oder falschen Klammern oder Hochkommas.

- **[Error] SyntaxError: Invalid character '\u201e'**

  Ein an dieser Stelle unerlaubtes Zeichen. Entsteht z.B., wenn Zeichen aus einem Texteditor in das Programm kopiert werden.

- **[Error] TypeError: null is not an object (evaluating '...')**

  Meist eine Fehlinterpretation des DOM-Baums, wenn etwa ein Element angesprochen wird, das es nicht gibt.

- **[Error] SyntaxError: Unexpected token '{'. Expected ')' to end an argument list**

  Klammer- und Hochkomma-Setzung prüfen.

- **[Error] TypeError: Attempted to assign to readonly property**

  Eine Variable, die mit `const` deklariert ist, wurde überschrieben.

Keywords (Schlüsselwörter)

abstract	arguments	await*	boolean
break	byte	case	catch
char	class*	const	continue
debugger	default	delete	do
double	else	enum*	eval
export*	extends*	false	final
finally	float	for	function
goto	if	implements	import*
in	instanceof	int	interface
let*	long	native	new
null	package	private	protected
public	return	short	static
super*	switch	synchronized	this
throw	throws	transient	true
try	typeof	var	void
volatile	while	with	yield
Mit »*« markierte Wörter sind in ECMAScript 5 und 6 neu aufgenommen worden.			

Quellen

p5js (*https://p5js.org/*) ist eine JavaScript-Library, die das Skripten vereinfacht und als Open Source frei verfügbar ist.

Floating Point Arithmetic: Issues and Limitations,
https://docs.python.org/release/2.5.1/tut/node16.html.

Keycodes: *https://www.toptal.com/developers/keycode/table.*

GitHub (*https://github.com*) ist eine Plattform, auf der Entwickler Programme speichern und auch für die Nutzung durch Dritte freigeben können.

Mehr zu REST-APIs auf
https://www.redhat.com/de/topics/api/what-is-a-rest-api

Prettier: *https://prettier.io*

ESLint: *https://eslint.org*

Bildnachweis

Alice and the Cheshire Cat
by frankes auf *openclipart.org*

Stichwortverzeichnis